塩見 昇 編著
SHIOMI NOBORU

図書館概論

四訂版

JLA図書館情報学
テキストシリーズⅢ
1

日本図書館協会

TEXTBOOK SERIES Ⅲ

Introduction to Library and Information Science
(*JLA Textbook Series of Library and Information Studies* Ⅲ ; 1)

図書館概論 ／ 塩見昇編著. － 四訂版. － 東京 ： 日本図書館協会, 2015. － 284p ； 26cm. － (JLA 図書館情報学テキストシリーズⅢ ／ 塩見昇［ほか］編集 ； 1). － ISBN978-4-8204-1417-9

t1. トショカン　ガイロン　t2. ジェイエルエイ　トショカン　ジョウホウガク　テキスト　シリーズ　1　a1. シオミ, ノボル
s1. 図書館　①010

テキストシリーズⅢ刊行にあたって

　情報と資料の専門機関として，地域社会の経済，教育，文化にかかわる多様な課題に応える図書館活動を創造するためには，それに携わる人材の育成が欠かせない。しかも，先人の叡智を尊重し，現代のニーズに対応し，将来の発展を見据える能力が求められる。また，世界規模での連携や協同をも視野に収めて行動する力量が期待される。こうした人材の要となる司書を養成する教育の基礎課程が，図書館法に謳われ，図書館法施行規則に明示された「図書館に関する科目」である。

　日本図書館協会は，1997年の図書館法施行規則改正に基づき，司書養成教育の充実に向け，本格的なテキストブックの刊行を開始した。当時の課程は，大学で開設される「図書館に関する科目」ではなく，司書講習のためのものであった。しかし，シリーズ編集者は，この改正を「図書館に関する科目」へと展開していく段階の一つであると認識して企画を進めた。テキストブックは順次刊行され11巻を揃えるに至り，扱う題材に応じた改訂や補訂を加えてきた。2007年からは図書館を巡る情勢の変化を反映させ，内容を刷新した「シリーズⅡ」に移行した。これにより，両シリーズを通じて予定した13巻を刊行し，多くの読者の好評を得てきた。

　「シリーズⅢ」は，2008年の図書館法改正に沿って「図書館に関する科目」が2012年度より適用されることを機に，これまでの構想と基調を踏まえながら，全面的な見直しを図ったものである。すなわち，現代および未来の司書養成教育として，日本図書館協会が少なくともこれだけはと考えている内容を取り上げ，教育実践の効果が高まるようUNIT方式を導入している。2単位科目を50UNIT，1単位科目を25UNITとし，スタンダードな内容を解説している。また，発展的に扱うことが望まれる内容をoptionに収めている。これにより，教員の取り組みとの協調が促されることを期待している。その上で，「シリーズⅢ」の新たな試みとして，各巻にUNIT0を設け，教育課程全体における当該科目の意義を記し，他の科目との関係を示すようにした。教育課程の体系を読者が意識できることが，学習成果を高めることにつながると確信するからである。さらに，養成教育と研修を一貫した過程ととらえ，構成と記述に配慮した。本シリーズが大学の授業教材となるとともに，図書館員のキャリア形成の素材として多面的に活用されることを願っている。

　お気づきの点，ご提言やご批判，ご叱正をいただければ，専門職の技能形成という日本図書館協会の基幹事業にも貢献する。各位のお力添えを賜れば幸甚である。

シリーズ編集者
塩見昇　　柴田正美　　小田光宏　　大谷康晴

は じ め に

　第Ⅰ期，Ⅱ期と重ねてきた本テキストシリーズにおいて，本書は三冊目の『図書館概論』となる。その間，図書館および図書館を取り巻く状況の変化，例えば図書館法の改正，管理運営形態の多様化や職員雇用をめぐる社会の構造的変化などをできるだけ内容に反映させ，現代社会における図書館を学びの対象にしていただきたいと考え，改訂作業を加えてきた。

　今回は「シリーズⅢ刊行にあたって」に述べるように，図書館法施行規則に定める「図書館に関する科目」の制定にかかわっての新シリーズであり，省令科目の名称に，これまでの「図書館資料」に代わって「図書館情報資源」という用語が使われるなど，かなりの変化があり，まったく新たな科目が生まれたりもしており，カリキュラム総体の印象もよほど違ったものになっている。その中で『図書館概論』は一貫して「図書館概論」であり，その扱う対象や範囲等に基本的な違いはない。図書館概論は，図書館という社会機関の意義や在り方，制度と活動の現状と課題を概説し，一連の図書館に関する学習への導入，さらに深く学ぼう，学びたい，という意欲を喚起するような役割を負った科目である。

　当然そこで取り上げる対象，範囲はきわめて幅広いものとなり，単独の執筆者で扱うのはなかなか難しい。多くの類書が複数者による分担執筆となっているのは理由のあることである。その中で本書は当初から，外国の図書館を扱っているUNITを除いて私の単著として取り組んできた。図書館全般に精通するという難しさはありつつも，全体として一貫した内容を貫きたいという思いを先に立ててきた。

　そのことでは幸いといおうか，Ⅱ期の刊行を始める少し前から，筆者は日本図書館協会の理事長という立場に就き，全館種・あらゆる主題を視野において役割をこなさねばならない責務を担った（もちろんそんなことが徹底できるわけはないが）。

　そこでは日本の図書館総体の年間の動きを概観する仕事が毎年2回求められる。一つは『図書館年鑑』の「図書館概況総説」執筆であり，もう一回は秋の全国図書館大会全体会議における「基調報告」である。そのために，あまり得手ではない領域・主題にもいくらか目を向け，できる限り日本の図書館のいまと課題を総合的に把握しようと努めることになる。この仕事がそのまま「図書館概論」になるわけではないが，図書館概論をまとめるうえでは貴重な経験となっていることは間違いない。

　図書館について学ぼうとする皆さんが，日本の図書館概況を知ろうとすれば，ちょっと大部な本ではあるが『図書館年鑑』（日本図書館協会）冒頭の概況編の少なくとも数年分くらいに目を通すことを奨めたい。そこには，理事長がまとめる総

説のほか，ブロック（地区）別，館種別，問題別の概況が30項目ほどに分けて綴られており，それぞれの執筆者はそのことに直接かかわる代表的な実務者，研究者があたっている。館種別には医学図書館，病院図書室，音楽図書館など『概論』では単独に言及し得ていない図書館もあるし，問題別では整理技術と書誌情報，施設と設備，国際交流などの項もある。ぜひ折々に参照していただきたい。

Ⅲ期の『図書館概論』ではUNITレベルの変更として，図書館の危機管理に新たな項を設定した。図書館や読書環境にも大きな被害と課題を残した東日本大震災が提起した問題であるが，ほかにも現代の図書館には人間関係を含めて多様な「危機」が存在し，その対応はまさに図書館の「いま」を象徴しているからである。そのほか，UNITの組み合わせ，配列を一部見直した。

Ⅱ期の記述をおおむね残しているものも少なくないが，データや新たな動きはできる限り補足した。特に館種別の「めぐる諸問題」は最新状況を踏まえて全面的に改稿している。中でも情報資源のデジタル化の急激な進展にからんでの国立国会図書館の変化は顕著である。

とはいえ，新たな動きに対するテキストによる対応には限度がある。それについては教授者，学習者が上記の資料等で補い，幅を広げてくださることを期待したい。本書をご活用いただく皆さんの手で，本書が支え，育てられることを強くお願いする。

2012年9月1日
塩 見 　 昇

【四訂版にあたって】

2014年6月の学校図書館法の一部改正により，長期にわたって日陰の存在であった「学校司書」が法で認知され，学校図書館の整備・充実に新たな動きと課題が顕在化した。その関係をはじめ2014年のいくつかの動きや変化，データ等の更新を取り込んで四訂版を刊行する。

併せて今回は，全般にわたって文章の一部や表現の手直しも行ったので，三訂版と比べると変わっている個所がかなりある。使用にあたってご留意いただきたい。

これらの修訂には，本書をテキスト等で活用いただいている多くの方々からの指摘や協力に負うところが大きい。ここに記して感謝の意を表する。

2015年1月30日
塩 見 　 昇

目次

テキストシリーズⅢ刊行にあたって……………3
はじめに……………4

| UNIT 0 | 大学で図書館を学ぶということ……………10 |

●図書館とはなにか

UNIT 1	図書館の定義と意義……………13
UNIT 2	図書館の種類……………17
UNIT 3	協力・連携とネットワーク……………21
UNIT 4	図書館職員……………25
option A	図書館とは何か（諸説）……………29
option B	ユネスコ公共図書館宣言 1994 年……………30
option C	図書館／その役割と活動……………33

●現代社会と図書館

UNIT 5	生涯学習と図書館……………34
UNIT 6	情報環境の変化と図書館……………38
UNIT 7	図書館の危機管理……………42

●出版と図書館，著作権

| UNIT 8 | 出版文化と図書館……………45 |
| UNIT 9 | 図書館と著作権……………49 |

●図書館の理念

UNIT 10	図書館の自由　1……………53
UNIT 11	図書館の自由　2……………57
UNIT 12	図書館の自由　3……………61
UNIT 13	図書館員の倫理と倫理綱領……………73
option D	図書館の自由に関する宣言……………65
option E	図書館の権利宣言……………68
option F	図書館の自由関係略年表……………69
option G	図書館員の倫理綱領……………77

●図書館法規と行政，施策

UNIT 14	図書館の法的基盤……………81
UNIT 15	教育基本法と社会教育法……………85
UNIT 16	地方自治法……………90
UNIT 17	国の図書館行政と施策……………98
UNIT 18	地方自治体の図書館行政と施策……………102

option H	図書館関係法体系図	94
option I	公立図書館の設置運営に関連ある法規の条文（抄）	95
option J	2013年度図書館関係国家予算（公共・学校図書館分）	106
option K	図書館振興策の歩み	107

●地域社会と図書館

UNIT 19	地域の情報拠点としての図書館	110
UNIT 20	まちづくりと図書館	113
UNIT 21	図書館づくりへの市民参加	117
option L	これからの図書館像	121
option M	私の求めた図書館づくり（西田博志）	122
option N	私たちの図書館宣言（図書館友の会全国連絡会）	124

●公共図書館の制度と機能

UNIT 22	図書館法　1	125
UNIT 23	図書館法　2	130
UNIT 24	公共図書館の機能	146
UNIT 25	公共図書館をめぐる諸問題	151
UNIT 26	公立図書館の管理運営をめぐって	155
option O	図書館法	134
option P	図書館の設置及び運営上の望ましい基準［抄］	139
option Q	「公共」か「公立」か	159
option R	アメリカ社会に役立つ図書館利用12箇条	160

●学校図書館の制度と機能

UNIT 27	学校図書館法	161
UNIT 28	学校図書館の機能	165
UNIT 29	学校図書館をめぐる諸問題	169
option S	学校図書館法	173
option T	ユネスコ学校図書館宣言	174

●大学図書館の制度と機能

UNIT 30	大学図書館に関する法律・基準等	177
UNIT 31	大学図書館の機能	180
UNIT 32	大学図書館をめぐる諸問題	184
option U	学術情報システム―NIIの事業紹介	188

●専門図書館の制度と機能
- **UNIT 33** 専門図書館の特性と機能 …………………………………………… 190
- **UNIT 34** 専門図書館をめぐる諸問題 …………………………………………… 194
- **UNIT 35** その他の図書館 ……………………………………………………… 199
  - option V 専門図書館(文庫)のいろいろ ………………………………… 197

●国立図書館の制度と機能
- **UNIT 36** 国立国会図書館法 …………………………………………………… 203
- **UNIT 37** 国立国会図書館の機能 ……………………………………………… 207
- **UNIT 38** 国立国会図書館をめぐる諸問題 …………………………………… 212
  - option W 国立国会図書館法(抄) ………………………………………… 216
  - option X 国立国会図書館60周年を迎えるにあたってのビジョン
    (長尾ビジョン)と平成22年度重点目標(抄) ………………… 220

●図書館の歴史的展開
- **UNIT 39** 図書館には歴史がある ……………………………………………… 221
- **UNIT 40** 近代公立図書館の制度化 ………………………………………… 225
- **UNIT 41** 日本の公立図書館100年 …………………………………………… 229

●外国の図書館
- **UNIT 42** アメリカの図書館 …………………………………………………… 233
- **UNIT 43** イギリスの図書館 …………………………………………………… 238
- **UNIT 44** 北欧の図書館 ………………………………………………………… 242
- **UNIT 45** 中国の図書館 ………………………………………………………… 247
- **UNIT 46** 韓国の図書館 ………………………………………………………… 252
  - option Y 各国公共図書館の設置密度と規模 …………………………… 257

●図書館関係団体と学習の手引き
- **UNIT 47** 国際機関と全国規模の図書館協会 …………………………………… 258
- **UNIT 48** 日本図書館協会の図書館政策 ………………………………………… 262
- **UNIT 49** 図書館関係団体 ……………………………………………………… 268
- **UNIT 50** 図書館関係学術研究団体 …………………………………………… 272
  - option Z 豊かな文字・活字文化の享受と情報環境—図書館からの政策提言 ………… 266

参考文献 ……………………… 275
索引 …………………………… 279
執筆者紹介 …………………… 284

TEXTBOOK
SERIES III

図書館概論

四訂版

UNIT 0 大学で図書館を学ぶということ

●………図書館について学ぶ

　皆さんはこれまで小・中・高等学校において，図書館のことを学ぶ機会があったかと思う。それは主として図書館の使い方，あるいは図書館における資料や情報の探し方とそれの活用法などに関する内容であったことだろう。

　小・中・高等学校には必ず学校図書館が設置され，学校教育の充実にとって不可欠なものと考えられている。それを上手に使いこなせることは，学習を深めるうえで有効なことであり，そのために図書館の使い方や資料・情報の探し方などが指導されているわけである。「主体的に学ぶ」「自ら学ぶ」といった学習方法が重用されるところでは，そのための学びの環境として図書館の活用は欠かせない。

　大学においてもそれは一層必要なことであり，皆さんも入学当初や学年初めのオリエンテーションなどで同様の経験をしてきたかと思う。大学ではそのほかに，学習内容（授業科目）として図書館についての授業が行われることがある。

●………図書館についての科目

　大学で開講される図書館に関する授業には大きく分けて三種類のものがある。一つは図書館を研究・教育の対象とするもので，哲学や社会学，文学などと同じように，図書館や図書館情報システムについて学ぶ図書館（情報）学の授業である。それを主専攻として学べる大学・学部はごく一部の大学に限られている。

　二つ目は，図書館で働く専門職員の養成を目的に開講される課程の授業である。学校教員の資格取得を目的とする教職課程と同様に，「司書課程」と呼ばれる科目群で，図書館法に基づき，公共図書館の専門職員である司書の資格取得を直接の目的として，かなり多くの大学・短期大学で開講されている。大学によっては，前記の専門科目としての図書館学と合わせて開講することもある。

司書課程

　三つ目のタイプは，大学における学習や研究に必要な基礎的科目として，図書館の活用や情報資源の入手と活用，論文の書き方，などを学ぶ内容で，高校までの図書館利用教育の延長線上にある科目である。大学のカリキュラム上は教養基礎科目の位置づけで設定されていることが多いようである。この種の科目は近年，多くの大学・短期大学において開講されるようになった。学生の学習能力を高めたいとい

う要請と，情報環境の急激な変化がそれを求めているという事情があるだろう。

● ……… **司書課程の学習**

　本テキストシリーズの諸科目は，前記二つ目の司書資格取得に必要な科目群＝司書課程の学習に主要に対応するものとして想定されている。

　図書館法第5条には，司書となる資格を取得する要件の第一に，「大学を卒業した者で大学において文部科学省令で定める図書館に関する科目を履修したもの」を掲げている。それを受けて図書館法施行規則が「図書館に関する科目」の内容として，必修科目（甲群）11科目22単位，選択科目（乙群）7科目中2科目2単位以上の履修を定めている。大学においてこれらの科目を履修することで，図書館法に定める専門的職員である「司書」の資格を取得できる。その科目群は以下の通りである。

〔傍注〕司書となる資格
〔傍注〕図書館に関する科目

甲群（必修科目）		乙群（選択科目）	
生涯学習概論	2単位	図書館基礎特論	1単位
図書館概論	2	図書館サービス特論	1
図書館制度・経営論	2	図書館情報資源特論	1
図書館情報技術論	2	図書・図書館史	1
図書館サービス概論	2	図書館施設論	1
情報サービス論	2	図書館総合演習	1
児童サービス論	2	図書館実習	1
情報サービス演習	2		
図書館情報資源概論	2		
情報資源組織論	2		
情報資源組織演習	2		

● ……… **司書資格に必要な科目の体系**

　それぞれの科目の概要は，本テキストシリーズ各巻の冒頭で説明されるはずだが，文部科学省が示す説明資料を基に科目全体の体系，組立てを見ておこう。

　必修科目は，①基礎科目，②図書館サービスに関する科目，③図書館情報資源に関する科目，の三区分からなり，それをさらに深める科目として選択で特論を配している。①の基礎科目には，生涯学習概論，図書館概論，図書館情報技術論，図書館制度・経営論を置き，②，③にはそれぞれ基本的な内容を図書館サービス概論，図書館情報資源概論とし，それを踏まえて講義主体の「論」と演習を配している。

　区分を横断する内容の選択科目として，図書・図書館史，図書館施設論を設け，各区分の特論のほかに図書館に関する課題研究等を行う図書館総合演習，図書館現

場での図書館実習を加えている。これらの内容と授業時間数を開講大学が工夫することで，特色のある教育課程がつくられることを期待した構想となっている。

資格取得に必要な最低13科目24単位は，「図書館で勤務し専門的職員として図書館サービス等を行うための基礎的な知識・技術を修得するため」のものであり，その後「さらに専門的な知識・技術を身に付けていくための入口として位置付けることが適切」だとしている。専門職としての司書の形成は，職業生涯を通して継続的な学びによってなされるものであり，その基礎を培うものとして24単位があるという認識である。

● ……… 図書館概論の位置づけ

こうした科目群の体系の中にあって本書が扱う「図書館概論」という科目は，次のような位置づけをもつと考えることが適当であろう。

図書館についての学習全般にわたっての最も基礎的，原論的な内容を取り上げ，各科目で学習する内容へのつながり，方向付けを示すものであることが必要である。それには履修の順序として，まず最初に学ぶ科目となるのが妥当であり，この科目の履修を通して，後に続く多くの諸科目への筋道を把握し，司書となるには，なぜ，何を学ぶことが必要かの大枠が理解でき，学習への関心と意欲を高めるようなものとなることが望ましいと思われる。

具体的には，図書館が社会においてもつ意義や役割，機能を理解し，人類の歴史の中で歩んできた概要を把握し，現状と課題，これからの展望を示すものであるべきであろう。図書館と言っても，そこにはいろいろな種類があるので，それぞれの制度や現状，課題に触れ，相互の関連を理解することも必要である。図書館のはたらきを構成する職員，資料，施設の三要素と，利用者のニーズ，図書館サービスの基礎的な考え方を学ぶことも重要である。一口に言えば，「図書館についてもっと深く学びたい」という意欲を高める科目であることが重要であろう。

● ……… 大学で図書館を学ぶ意義

本書が司書課程の教材として使われることを主要に意図して用意されていることから，「図書館概論」も資格取得の学習に直接かかわることは確かである。しかし，資格取得のために受ける授業ということだけではなく，大学における学習全体にとっての基礎的な素養を身に付け，さらにはその後に続く生涯にわたっての学びの基盤として，必要に応じて図書館を使いこなせる人，情報を主体的に活かせる生き方ができる人，であるための基礎をこの科目を通して修得してほしい，と思う。生涯学習者を育む基礎科目，という側面がこの科目の学習の成果として果たされることを期待したい。

UNIT 1 ●図書館とはなにか
図書館の定義と意義

●………図書館

　「図書館」ということばを耳にしたとき,そこから人々が連想するものは必ずしも一様ではなかろう。ある人は仕事や暮らしの知恵とかヒント,楽しみのための読書資料を求めて訪ねる巷の図書館を思うだろうし,ある人はかつて受験勉強に通った公共図書館の学習室,大学時代に卒論の資料を探索した日々を思い起こすかもしれない。ローソクの灯ったお話し室で本を読んでもらった幼い日を懐かしく回想する人もあろう。入学した小学校で,「図書室」と表示され多くの本が並んだ部屋を,好奇心いっぱいでのぞき込んだ経験をもつ人もあろう。ビジネスや商品開発,販売対策の情報を会社や研究所の資料室（情報センター）に求めている人には,それが自分の図書館である。そこではコンピュータの端末機が並び,ディスプレイの画面と向き合うことが多かろう。これらがそれぞれ「図書館」の一断面である。共通するのは,人々が必要な資料や情報に出会う場,もしくは仕組みとでも表現できよう。

　近年,よく目につくことばに「電子図書館」(digital library) という表現がある。「仮想図書館」(virtual library) とも言われるように,それは「場所」として実在するわけではなく,ネットワーク上に登場し,あるいは次の瞬間には消滅するかもしれない情報を,コンピュータや携帯端末を操作してキャッチし活用するシステムである。ここには,背にラベルをつけた本が整然と並ぶ書架,老若男女いろいろな人が思い思いに雑誌や新聞を手にしたり,読書に没頭する独特の雰囲気はみじんもない。未来の図書館では在宅利用が常態化する,と予言する人もいる。

　一方,過去に目を向けると,人類文明の発生地とされる古代の遺跡からは,楔形文字を刻んだ粘土板が大量に出土し,図書館の跡だろうと推定されている。刻まれた文字を解読すると,共通した主題のものが同一個所から固まって出土することから,粘土板が内容に従って分類して保管されていたことが確認され,それが図書館だったろうと考えられている。あのクレオパトラが活躍した時代の国際都市アレキサンドリアには,パピルスに文字を書きつけた巻物の本が数十万巻も収集された大図書館があり,当時の学問のメッカであったと伝えられている。歴史家ディオドロスによると,古代テーベの図書館には,その建物の正面に「魂の医薬」ということばが彫り刻まれていたという（アンドレ・マソンほか『図書館』クセジュ文庫,白

水社，1969）。2000年以上も昔にかくも高い理想がうたわれていたのである。人はそこで書物を通して心の慰安を得ていたのであろうが，さてどんな人が実際にそれを利用したのだろうか。これらのすべてを包括して「図書館」というとき，図書館とはいったい何だろうか。

●………ALAの定義を手がかりに

図書館の定義

アメリカ図書館協会（ALA：American Library Association）の用語辞典は，図書館の項に次のような説明を与えている。

> （図書館とは）サービス対象集団に，物としての，また書誌的および知的なアクセスを提供するために組織化された資料のコレクションで，当該集団の情報ニーズに関するサービスとプログラムを提供するよう訓練されたスタッフをもっているもの（『ALA図書館情報学辞典』丸善，1988，p.167）。

この定義を手がかりに，図書館と図書館を構成する要素，その変化について考えてみよう。

いずれの図書館も，誰かが，何らかの目的，必要から書物（資料）を集積したことは確かだが，それを「サービス」として提供する営みには，個人の私的なコレクションは含まれない。「図書館」という語は，「図書」プラスそれを収容する「館」からなる合成語で，それは欧米におけるLibrary，あるいはBibliothekについても同様である。

> Library：ラテン語のliberに由来する。本来は樹皮を意味するが，木の皮や木を薄く切った板が書写の材料に使われたことから，この語が書物を意味するようになり，これに場所を示す接尾語の-ryがついてlibraryとなった。
> Bibliothek：ギリシャ人はパピルスで作った書物をビブロスと呼んだ。それが変形したBiblioに場所を示す接尾語の-thekが合わさった語である。

「図書館」以前に使われた類似語の「文庫」には，個人の私的コレクションを指すものが多かった。いま図書館として考察の対象とするものには，少なくともそれが広く公衆に開放されており，さまざまな制約はあるにせよ，そのコレクションが社会的な共有資源として存在していることが必要である。

社会的な共有資源

図書館の公開性を規定するのは，それを誰が設置し，誰の所有に属するか，「訓練されたスタッフ」が所有者とどのような関係にあるかにかかわる。いずれの図書館も，その図書館の主たる「サービス対象集団」をもつ。学校図書館や大学図書館

サービス対象集団

は，自校の児童・生徒・学生と教職員にまずは奉仕する責任があり，その上で一般公衆への開放も必要とされるが，決してその逆ではない。公立図書館ではその自治体の住民すべてが対象であり，設置の経費が自治体の資金による以上，域外の公衆をまったく同一には考えられない。その上で，そうした図書館相互の機能を高める働きとして，相互利用，ネットワークによりサービス対象を拡大することになる。

コレクション概念は伝統的な図書館資料から大きく変化している。かつてはそのほとんどが印刷もしくは手書きの図書，図書と類似の文字資料（雑誌，新聞，小冊子）に限られていた図書館資料であるが，科学技術の進歩は多様な記録媒体を生み出し，その多くが図書館資料に加わっている。ネットワーク上の情報を対象に，自館の物的なコレクションを形成しない「仮想」の図書館にも「図書館」の語が使われる現在，「図書館資料」という呼称が妥当かという問題も含めて，図書館が扱うコレクションは多種多様であり，今後ますますその広がりは進行するだろう。それだけにその「組織化」と「提供」には，新たな技術の創出，駆使が重要となる。

＊コレクション概念

上の定義が掲げるように，「情報ニーズに関するサービスとプログラムを提供する」ことが図書館の機能である。それぞれの図書館のサービス対象が社会生活の中で抱く情報ニーズもまた多様であり，そのすべてが図書館に向けられるわけではない。図書館への期待度，信頼感によってよほど違ってこようが，図書館は，まずは図書館に寄せられる顕在化したニーズに対して徹底して応えるという責任を負う。貸出，資料案内，レファレンスサービス，検索の支援，複写サービスなど，図書館活動の多様な方法が駆使されなければならない。図書館相互の協力やネットワーク形成もそのために必要となる。その上で，潜在しているニーズに対しても，それが図書館によって応え得るものであることを伝える工夫とプログラムが必要となる。図書館や図書館資料の利用法，図書館がどのように役立ち得るか，を広くサービス対象に伝えることで，利用を拡大する努力が払われなければならない。図書館を利用するかどうかは個々人の自由な判断であるが，図書館の存在とその活用法について知らないままに，図書館利用の圏外に置かれることがあってはならないのである。

＊情報ニーズ

こうした考え方は，図書館の設置とサービス対象の関係をどのように把握するかによって違ってくる。英語の文献では図書館利用者をpatronと表現することがよくあるが，少なくとも公的な資金によって設置・運営される図書館においては，図書館を利用することは個人の権利であり，あてがいぶちの恩恵ではない，という認識が基礎にある。人が日常，暮らしの中でさまざまな必要から知識，情報を入手し，それを駆使して暮らしに活かすことは，人間として生きる上での欠かせない権利であり，それを保障するためにこそ図書館に公費が使われる，という関係が少なくとも現代の制度としての図書館である。その点で，利用が一部の特権階層に限られた近代以前の図書館と現代の図書館は，同じ「図書館」の語を使っても性格がはっき

＊patron

り異なる。また，受益者，情報の顧客として代価を払って所要の情報を手に入れる民間・営利の情報サービス業と図書館は区別される。

　定義は最後に「訓練されたスタッフ」の備えを指摘している。単に資料のコレクションがモノとして在るだけでは図書館ではない。「サービス対象集団に……提供する」営みは，それがニーズに応える有効・的確なもの，権利の保障と言い得るものであろうとすればするほど，そのための専門的な知識・技術の裏づけをもち，よく訓練された専門スタッフが存在することによってのみ果たされる。資料に精通していること，資料・情報の検索に長けていること，資料の紹介方法，利用者への理解，ニーズの背景をなす社会への関心などが不可欠である。それは直接に資料を提供することにだけ必要なわけではなく，図書館の経営から資料の収集，組織化など一切の業務の遂行に欠かせない基礎的な要件である。そうした有為なスタッフが適正数配備されていなければ，図書館とは言えないのである。

※専門スタッフ

●………図書館は成長する有機体

※ランガナタン
※『図書館学の五法則』

　インドの世界的に知られた図書館学者であるランガナタン（S. R. Ranganathan）は，『図書館学の五法則』（森耕一監訳，日本図書館協会，1981）において，図書館のあるべき姿を示す普遍的原理を五つの簡潔な表現にまとめている。その第5法則には，「図書館は成長する有機体である」（Library is a growing organism.）を掲げている。図書館を構成する資料，利用者，スタッフの三つが三位一体の調和のある成長を遂げなければならないことを強調している。この本の初版が書かれた1931年当時と比べると，図書館をめぐる状況は大きく変貌しているが，ランガナタンの指摘はますます重要になっている。急速に進むメディアの多様化，利用者ニーズの広がりと高度化は，図書館情報学と図書館専門職員に次々と新たな課題を提起している。いかによく整備された図書館でも，単独でその機能を完結させることはできない，というのはこの数十年の図書館界が探り当てた原理である。資料，利用者ニーズ，専門スタッフ，それに図書館機能を支える施設・設備を含めて，それぞれが成長するとともに，一体として調和のとれた成長を遂げ，有機体＝生き物として，急速に変化する社会環境のもとで一段と大きな役割を果たしていくことが必要である。

　図書館とは何か，についてはいろいろな答え方があろう。数千年におよぶその歴史において，時代の要求で変わった部分，変わらない部分があるのは当然である。未来に向けてその振幅は一層大きくなろう。有機体として一層の成長が望まれる。

　最後に筆者なりに図書館の定義を掲げて参考に供する。

　図書館とは，さまざまな方法で記録化された資料やインターネット上の情報を社会的な共有資源として認識し，それを求める人々の利用に供する社会システムであり，そのことの支援を職務とする専門スタッフにより担われる働きである。

UNIT 2 ●図書館とはなにか
図書館の種類

● ……… **図書館における種別**

　一口に「図書館」といってもその内容はさまざまであり，現に存在する図書館にはいろいろな種類がある。設置の目的，利用対象が異なれば，当然その活動や当面する課題も違ってくる。日本の図書館の全国的な職能団体である日本図書館協会（日図協）に，公共図書館部会，大学図書館部会，学校図書館部会，専門図書館部会といった館種に対応した部会が設けられているのは，そのためである。

　図書館の種類分けには，いくつかの観点が考えられる。日本で最初に書かれた図書館管理法である西村竹間『図書館管理法』（1892年）では，「図書館ニ参考図書館普通図書館等種種ノ性質アリ……」と述べ，参考図書館と普通図書館という区分を示していた。図書館史をひもとけば，公開図書館と非公開図書館，あるいは蔵書の質に応じて学術図書館と通俗図書館，といった区分も可能である。

図書館の種類

　現在では，奉仕対象の違いとそれに対応する設置者の別を加味した種別が一般的であり，通常，図書館の種類というとこれが常用されている。すなわち，国立図書館，公共（公立）図書館，大学図書館（高等教育機関の図書館），学校図書館，専門図書館，その他の図書館という区分である。かつては「特殊図書館」という表現もあったが，いまでは使われていない。

　以下，各館種ごとの概要，設置根拠法令（それがある場合），特性等について簡単に紹介する。それぞれについての詳細，当面する諸問題等は，UNIT 22 から UNIT 38 の館種別記述で扱う。

● ……… **国立図書館（national library）**

　文字どおり国民全体を奉仕対象とする図書館であり，日本では，国立国会図書館法に基づく国立国会図書館（NDL：National Diet Library）がその唯一のものである。国立大学や国立の研究所など独立行政法人の図書館も「国立」図書館には違いないが，それらは奉仕対象の面から大学図書館，専門図書館の範疇に加えることが通常で，「国立図書館」という場合，それらは含まれない。

国立国会図書館

　世界の多くの国々には，その国の全国的な図書館組織の要にあたる国立図書館が存在する。アメリカの議会図書館（Library of Congress），イギリスの英国図書館

(British Library)，中国の国家図書館などであり，それぞれその国の代表的な大規模図書館である。

国立図書館としての要件　　国立図書館であるための要件としては，国が設置し，国民すべてが奉仕対象であるというだけでは十分でなく，全国的な図書館組織の要の役割を果たし得るために，①法定納本制による国内刊行物の網羅的収集，②それを基にした全国書誌の作成，③国内各種図書館への協力・支援活動が必要である。多くの国の国立図書館がそういう役割を負っており，アメリカのように納本が著作権保護と連動している場合もある。

　日本のNDLは，こうした国立図書館の役割とともに国会の立法補佐機能を担う「国会」図書館という性格を併せもつ図書館で，1948年にアメリカの議会図書館を参考に設置された。納本制に基づく収集，JAPAN MARC をはじめとする各種書誌の編纂・頒布，来館者への直接サービス（閲覧，レファレンス，複写）のほか，各図書館への図書館サービスを通じて国民に対するサービスを行っている。国の各省庁や最高裁判所の図書館を支部図書館としてその組織の中に位置づけている。

　東京本館のほか，関西館，国際子ども図書館を擁し，2013年3月現在，所蔵図書約1030万冊，職員定数890人の国内最大規模の図書館である。

● ……… **公共図書館（public library）**

　近代市民社会の形成のもとで，誰もが知識を等しく享受することの重要性が社会的に合意されることで成立した図書館である。「教育，文化，情報の活力」であるこうした図書館の存在が，「社会と個人の自由，繁栄および発展」に欠かせないと考えるユネスコ（UNESCO）は，「公共図書館宣言」を作成して，国際的にその普及に努めている。明確な法の根拠をもち，公費によって維持され，誰もが平等に利用できる図書館であることがその要件として広く承認されている。

ユネスコ公共図書館宣言

図書館法　　日本においては，1950年に制定の図書館法により，地方自治体が設置する公立図書館のほかに，一般社団法人もしくは一般財団法人等が設置する私立図書館を含めて対象としており，「公共図書館」と称されることが多い。

　一般に「図書館」といえばこの種の図書館を指すのが普通で，住民の教育，文化，情報ニーズに応えて貸出，レファレンス，集会文化活動等をサービスとして行う。日本の現状では，都市部においてはほぼすべてに設置されているが，町村の設置はいまだ5割強にすぎず，地域格差の解消が大きな課題となっている。

● ……… **学校図書館（school library）**

　初等・中等教育機関（小・中・高等学校）に設置される図書館であり，日本では学校図書館法により，「図書，視覚聴覚教育の資料その他学校教育に必要な資料を

収集し，整理し，及び保存し，これを児童又は生徒及び教員の利用に供することによって，学校の教育課程の展開に寄与するとともに，児童又は生徒の健全な教養を育成することを目的として設けられる学校の設備」と定義されている。このような図書館の存在が学校の中に求められるには，学校が画一的な教科書の教え込み一辺倒ではなく，児童・生徒が自ら学び，考え，討論する教育方法が普遍化することが必要であり，19世紀末から20世紀初頭の新教育（new education）の思潮が高揚するもとで，先進諸国の学校に普及するに至った。

新教育

日本の学校図書館は戦後の教育改革のもとで，「学校教育にとって欠くことのできない基礎的な設備」という認識から，すべての学校に必置の施設として制度化をみた。しかし，専門的職務を掌る人の配置が伴わなかったことから，学校教育が教え込みの色彩を強める中で，学校教育における確かな存在感を欠き，ごく限られた子どもたちが放課後や昼休みの読書を楽しむ程度の「本のある教室」にとどまり，必ずしも「教育課程の展開」とかかわりをもてない存在を長く続けてきた。

戦後教育改革

20世紀末以降，自己教育力や生涯学習能力の育成が教育改革の主眼として強調される動きのもとで，文部省（現・文部科学省）の学校図書館図書整備5カ年計画が実施されたり，市民レベルで専任スタッフの配置を求める学校図書館整備要求が各地で強まるなど，学校図書館に再び関心が高まり，国の施策にも積極的な変化が生まれている。

●……… 大学図書館（college library, university library）

大学など高等教育機関を構成する教職員，学生を対象に，学術資料や学習資料を収集・整理し，利用に供する図書館であり，教育機関の図書館としては上述の学校図書館と共通の役割をもつが，学術研究活動に奉仕するという側面が特徴をなす。

大学図書館は，いまある各種の図書館の中では最も古い歴史をもっている。西洋の中世末期に人々が学問の師と書物を求めて集まり，それが大学を構成するに至るかなり早い時期から，その萌芽がみられる。18世紀になると，大学の機能の二本柱である研究と教育に奉仕する大学図書館という観念が定着する。

日本における近代的な大学の成立は，1877年創立の東京大学を嚆矢とするが，その当初から大学に図書館は必備のものと意識され，戦前には学校図書館の実態が弱かったこともあり，大学図書館が「学校図書館」と呼ばれることも珍しくなかった。現在では文部科学省令である大学設置基準により，大学に不可欠の施設として一定水準以上の図書館を整備することが求められている。

大学設置基準

1980年代以降，学術情報を社会的資源とみる視点から，国立情報学研究所（NII）を核とする学術情報ネットワークの構築，電子化への対応が重点的な課題となり，「学術情報基盤」としての性格を強めている。また，生涯学習の時代にあって，大

学術情報ネットワーク

学の機能を社会に開くという視点から，大学図書館と地域の公立図書館との協力・連携，図書館の地域開放にも関心が広がっている。

● ……… 専門図書館（special library）

　特定の機関に付置し，ある専門主題領域の資料を収集・整理・保存して，その専門領域の利用者の利用に供する図書館，といった説明が一般になされるが，その全容を表現するのはきわめて難しい。非常に多様な図書館の総称である。さまざまな目的をもった設立母体（親機関）があり，その目的に奉仕するために，その機関に設置され，したがってそこで扱う資料・情報は，その機関の本来の目的遂行に必要なものに限られるところから，結果としてある専門領域の主題に限られた図書館となる，というのが正確なところであろう。そのため，その活動は，親機関の目的にそって徹底したサービスが求められるし，上記の各図書館に共通してみられる教育的な要素は乏しいのが特徴である。

　設置母体としては，政府機関，地方議会，企業体，学協会，公・私の研究機関，病院，民間の各種団体など，多様なものが含まれる。医学図書館や大学の学部図書館のように，大学図書館の範疇である図書館もあり，教科書図書館，はきもの図書館など，業界団体が設立する各主題の文庫や「博物館」と称しているものなどにも専門図書館に含まれるものが少なくない。

　規模はおおむね職員数名程度の小さなものが多く，情報サービス，電子媒体，ネットワークへの志向が強い。利用を一般に公開しているものも少なくない。

　東京子ども図書館のように，親機関がなくそれ自体が法人の専門図書館もある。

● ……… その他の図書館

　広げて解すれば専門図書館の範疇に含めてもよいだろうが，利用対象が限られ，扱う資料の特殊性等から，かつて「特殊図書館」の名で別に把握されていたいくつかの図書館がある。視覚障害者を対象として設置されている点字図書館，入院患者のための病院患者図書館，刑務所の服役者を対象とする刑務所図書館，遠洋航海の船員のための船員図書館，などである。日本においては点字図書館を除いてはいずれも実態はきわめて弱いのが現状である。

点字図書館　　点字図書館は，身体障害者福祉法に根拠をもち，視覚障害者のために点字図書，録音テープ（テープ図書）を製作・収集し，利用に供する図書館で，厚生労働省の所管に属する。公立・私立を含めて各県に少なくとも一つの点字図書館が設置されている。図書館自身が資料の製作にあたらなければならないこと，対面朗読や資料の製作などが多くのボランティアの働きによって支えられているところに特徴がある。（UNIT 35 で詳述）

UNIT 3 ●図書館とはなにか
協力・連携とネットワーク

●………成長する有機体

　先にも取り上げたように,『図書館学の五法則』においてランガナタンが,「図書館は成長する有機体である」と指摘している。これが意味する内容としてはいろいろのことを想定できるが,現代の図書館活動を通して言えることとして,どんなに充実した図書館といえども,自館の力だけでもって利用者のあらゆる求めに必ず応えることは不可能であるということがある。むしろよく整備され,サービス活動にすぐれた図書館であればあるほど,そのことがあてはまる。一見すると貧しい図書館が他の力を頼らざるを得ないように思われるが,実際はそうではない。一度利用して,その活動に広がりを期待できない図書館に対して,人は二度と目を向けないという対応をするのが普通である。逆に,使ってみていろんな可能性を感じられる素晴らしい図書館に対しては,それじゃこんなことにも応えてくれるかもしれないと期待感をふくらませる。図書館は利用者の期待感との相互関係で大きく育ったり,小さく固まってしまったりもする。図書館はまさにそういう有機体＝生き物であり,組織的な連携,つながりを基に機能する存在である。

> 図書館は成長する有機体

●………図書館協力

　高まる利用者のニーズに対して,自館の力の限界を越えてまでも応えていこうとすれば,そこで必要になるのは他の図書館との協力・連携である。図書館法第3条は,図書館奉仕の内容として「他の図書館……と緊密に連絡し,協力し,図書館資料の相互貸借を行うこと」を掲げ,それが時代を越えて図書館サービスの基本的なことだと法の提案者は当初から指摘している。それどころか,「図書館協力」という用語は,戦前からもアメリカの事例紹介などを通じて,しばしば『図書館雑誌』などに登場している。用語として,あるいは知識として知られながら,実態を欠いた図書館活動はほかにも少なくないが,「図書館協力」はその典型的な一つであった。それは,他の図書館の協力を得てまでも,利用者のニーズに必ず応えようというところにまで図書館サービスの意識と実態がおよんでいなかったことによる。

> 図書館法第3条

> 図書館協力

　1970年前後から意識的に追求されるようになった図書館サービスの進展,とりわけ住民の資料要求には必ず応えるという活動の実践が,それまで知識の段階に止

まっていた図書館協力を必然化させることになる。予約，リクエストの実践がそれである。「利用者の求める資料は，草の根を分けてもさがします」ということを利用者に約束することで，自館に所蔵しない資料を入手しようとすれば，それが購入できないときは所蔵館を探し，借用を申し入れるしかない。いやおうなく他の図書館との提携を求めざるを得なくなる。この関係が図書館協力の起点である。わが国の図書館界で，図書館協力を最も早くから具体化させたのはおそらく医学図書館の分野だろうが，それはこの世界が利用者サービスに先進的に取り組んだ結果と言えよう。

●………協力の内容

相互貸借　図書館協力の内容としてはいろいろなことが考えられる。図書館が資料提供を最も基本的な機能とする以上，中心的には互いの所蔵資料を必要に応じて相互に貸借することである。個々の図書館は当然，自館の利用者のニーズに応えることに第一義的な責任をもつが，そのことに徹しようとすれば他の図書館の力を借りねばならないし，それには自分の図書館も応分の負担と協力をせねばならない。相互貸借は図書館協力の基本である。それをさらに組織的に広げると，資料収集の段階，保存の段階での協力・協定になる。近隣の図書館で，あるいは同種の図書館間で，性格

収集の分担　の似通った図書館の間で話し合い，相互に利用しあうことを前提として，収集の分担をすることがある。それによって全体としての所蔵資料の幅を広げることができる。ただしこの場合，重要なことは自館の日常的な利用者のニーズを横においての分担になったのでは本末転倒である。よく「特色ある図書館」という言い方で，互いに他の図書館がもっていない資料を揃えることに熱心で，多くの利用者が求めるポピュラーな資料の収集を怠るケースがあるが，これは本来の図書館協力の精神にかなうものではない。

保存の分担　収集の段階よりもむしろ実際的で有効なのは保存の分担である。資料として残す必要はあるが，日常的にそれほどいつも使われるわけではない資料の保存は，収蔵スペースの面で多くの図書館が頭を痛める問題である。そこで，近隣の図書館間で協定して雑誌や新聞のバックナンバーなど，スペースをとる資料について保存を分担し，必要に応じて相互に利用しあう。この事例は少なくない。さらに複数館で共同して保存書庫をもつことも考えられる。

そのほか，共同で総合目録や索引類を作成する，図書館行事（講演会などの文化活動）を計画したり，広報活動を行う，職員研修や採用試験を一緒に実施するといったことも協力の内容として考えられる。

広域貸出　このところ異なる自治体間で図書館資料の利用を相互に認めあう広域貸出が増えている。他の自治体の住民に本を貸すことの是非は議論のあるところであるが，相互に図書館をもっていることを前提とすれば，これも協力の一種とみてよい。

図書館協力は同一館種の間だけとは限らない。近年，大学の地域への貢献が大学経営の視点からも重視される中で，大学図書館の資料を地域に開放する例が増えており，その場合，地域の公立図書館と話し合って相互貸借，相互利用を協定することが多い。学校図書館に専任職員が配備され，学校の構成員からの資料要求に積極的に応えるようになると，学校が所持する資料の不備が明らかとなり，公立図書館に借用を申し込むことが多くなる。公立図書館からの学校もしくは学校図書館への支援であり，これも図書館協力の一つである。

●……協力とネットワーク

　こうした協力，共同の仕事は，素朴にはそれぞれの図書館で働く職員間の親しい関係が基礎になるが，それをさらに組織的，計画的に進めることで全体としての図書館サービスを強めようとすると，図書館間での公式の協定を結ぶことも必要となるし，さらには協力・連携を推進するための組織・機構を新たに整備することが必要にもなる。これは図書館協力の一歩進んだ段階である。

　近年の情報通信技術の進展，インターネットの普及は，この図書館協力の分野に顕著な展開をもたらしている。オンラインでお互いの所蔵資料に関する最新情報を交換し，広域的な横断検索を可能にすることで資料や情報の共有を進めたり，資料組織化の作業を共同化し，作業の標準化，能率化を図ることも一般化している。図書館協力がこうした段階に進むと，より大きな一つの組織の仕事に近づく。それを「図書館ネットワーク」と呼ぶことができる。一般的な図書館協力と図書館ネットワークを区別するとすれば，協力を推進するための組織・機構の存在と，コンピュータなどの情報通信技術の導入をメルクマールとするのが適当であろう。

> 図書館ネットワーク

●……図書館ネットワーク

　ここで改めて図書館ネットワーク（library network）の定義を確かめてみよう。

　複数の図書館が，資料収集，提供，保存，目録作業といった図書館業務において，共通の目的のもとに相互依存関係を持ち結び付いた状態，あるいは結び付いてできた組織。図書館協力の同義語として用いられることも多いが，コンピュータや通信といった技術的要素が図書館間の結び付きの基盤として存在する（日本図書館情報学会用語辞典編集委員会編『図書館情報学用語辞典』第3版，丸善，2007）。

　こうした考え方が成立し，実態を強めるためには，図書館が本来備えている「組織的」という特徴を最大限に活かし，資料や情報は万人のための社会的な共有資源であるという認識を基礎に図書館活動の可能性を追求する共通意思が欠かせない。

国際的には一国の枠をも越えたさまざまな図書館ネットワークがすでに稼働し，情報社会にあって人々が必要な情報にアクセスするための不可欠なシステムとして機能している。一例として，アメリカのオンライン・コンピュータ・ライブラリー・センター（OCLC）は世界的規模での館種を越えた図書館ネットワークである。

OCLC

　日本においても図書館活動の全般的な進展の中で，本格的な図書館ネットワークが形成されている。公立図書館では，まずは県立図書館を要に県域で相互貸借の仕組を整えることが有効であり，県立図書館をはじめ各館の所蔵情報をインターネットに公開して横断検索ができるようにすること，現物へのアクセスを可能にする資料の配送手段を整備することが多くの県で現に稼働している。県域ネットワークに域内の大学図書館や公共性の高い専門図書館の参加を得られれば，提供できるサービスは大きく可能性を広げることになる。全国の規模では，国立国会図書館と県立・政令指定都市立の図書館等との総合目録データベースが1993年以来構築され，所蔵資料のデータを提供する館，収録データの規模が2012年3月現在，67館，約4000万件に広がっている（参加館は1,101館）。

横断検索

総合目録データベース

　大学図書館の世界では，1980年代以降，国立情報学研究所（NII，前身は学術情報センター）を核に全国の大学・研究機関が参加して構成されている学術情報システムが，学術情報の共有に重要な役割を果たしている（その詳細は option U 参照）。

学術情報システム

●········図書館以外の機関との連携

類縁機関

　図書館と性格や役割が類似しており，近い関係にある機関・施設を「類縁機関」と呼び，図書館活動を行うにあたってさまざまな連携・協力が図られている。類縁機関として一般に考えられるのは，公民館図書室，児童館，学習情報提供機関（生涯学習センター），女性センター資料室，試験所・研究機関の資料室など情報提供の機能を備えた機関であるが，地域における情報ネットワークの構築と活用を考えれば，市役所，商工会議所，生活センターなどにもその範囲は広げられよう。

　最近では情報資源の収集・保存・共有の観点から博物館，文書館と図書館との提携（MLA連携）が強調されている。

MLA連携

図書館法第3条

　公共図書館が各種の類縁機関等と連携して機能の拡充を図ることは，図書館法においても奨励されている。図書館奉仕を定めた第3条第4号に，「他の図書館，国立国会図書館，地方公共団体の議会に附置する図書室及び学校に附属する図書館又は図書室と緊密に連絡し，協力し，図書館資料の相互貸借を行うこと」とあるのは，いわゆる図書館協力の範疇であるが，第9号に掲げる「学校，博物館，公民館，研究所等と緊密に連絡し，協力すること」は，図書館間を越える類縁機関との関係を指している。図書館が軸になって，地域に人々の情報へのアクセスを保障する仕組みを各種機関と連携して構築することの意義は大きい。

UNIT 4 ●図書館とはなにか
図書館職員

●……図書館に不可欠な構成要素＝司書

　利用者の求めに応じて適正な資料や情報を提供し，その多様な目的達成を援助する図書館の働きを成り立たせる基礎的な構成要素として，資料，施設および職員の三つをあげることが一般に認められている。図書館の活動を考えれば，それに利用者を加えて四つの構成要素ととらえることも可能である。その中で，図書館の理念・目的を具現化する担い手として，図書館職員のもつウエイトは大きい。図書館職員の有効・適切な働きがなければ，図書館は単なる建物（場所）であったり，資料の集積にすぎないからである。専任の職員を欠く多くの義務教育学校の図書館が，しばしばマスコミが揶揄するように「本の倉庫」にとどまりがちなことが，それを端的に示している。

　図書館職員とは，文字どおりには図書館で働くすべての人を総称するものであるが，ここでは特に図書館固有の専門的な仕事に携わる職員，すなわち司書のことを取り上げる。「司書（補）」という名称は，図書館法が専門的職員として規定するものであり，その関係では本来，公共図書館の専門職員に限られた名称であるが，社会的に図書館の専門職員を指す用語として広く一般に受容されているとみてよい。

▶図書館の構成要素

▶司書（補）

●……司書の専門性

　社会に分業としてさまざまな仕事，専門職種がある中で，図書館員（司書）はどのような固有の役割を担うのか，司書の専門性とは何か，が問われるとき，これまで常用されてきたのは，1974 年に日本図書館協会（日図協）の図書館員の問題調査研究委員会によってまとめられた「図書館員の専門性とは何か」の最終報告である。その第 5 章で提案された案文を基にして，1980 年には「図書館員の倫理綱領」が日図協総会において承認されている（UNIT 13 参照）。

　委員会報告から「利用者の要求にこたえる専門性」の部分を要約しよう。

▶司書の専門性

▶図書館員の倫理綱領

(1) 利用者を知ること

　利用者一人ひとりの要求を察知するとともに，利用者の本来の意味をとらえる。それには日常の対話の記録，利用者調査，利用者の権利に関する研究などが必要。

(2) 資料を知ること

　　資料をよく知り，客観性をもった価値判断ができること。図書館員として当然備えるべき基本的な資料についての知識の上に主題別知識を積み上げる。出版流通に関する理解をもち，たえず出版情報に目を向けることも必要。

(3) 利用者と資料を結びつけること

　　自館の奉仕計画への参画と的確な資料組織が重要。技術を自己目的化することなく，標準化された"利用のための技術"の習得を。

　これらを基に整理すれば，司書とは，収集し組織化した情報資源を，住民（児童生徒や学生，その社会の構成員等）の求めに応じて提供し，彼（女）らの暮らしや仕事，学び，教養，楽しみを豊かにし，人間として生きる喜びを保障する営みに意識的に従事し，そのことの一層の充実，発展に努める専門家である，と言えよう。

●………司書の形成——養成教育と研修

　図書館法が定める「司書」の資格を取得し，図書館に職を得ることは，司書への第一歩であるが，それはあくまで最初の一歩にすぎない。司書の社会的な役割を前述のようにとらえるならば，そういう司書は，初期学習としての養成機関における教育を基礎に，職に就くための選抜をクリアし，職業人としての自覚とその職場（組織）における職務の従事に必要な事柄を学ぶ新任研修，さらに仕事に従事しながらの現職研修を，「司書」に向けての一連の過程として学習することではじめて形成される。その際，多様なニーズをもった利用者に対する情報資源の的確な提供をサービスとして行う司書の専門的な力量は，利用者の顕在的・潜在的な要求を通して図書館活動の根拠を学ぶという視点と，それを自らの職業人としての発達（継続教育）に活かす主体的な努力によって鍛えられる。

司書資格の取得　司書の資格を取得するための初期学習は，図書館法および同法施行規則によって制度化されているが，大別すると次の三つの方法がある。

　①大学在学中に，文部科学省令で定める図書館に関する科目を履修する。

　②大学・短期大学または高等専門学校を卒業，もしくは大学に2年以上在学し62単位以上習得し，文部科学省の委嘱により大学が開催する司書講習を受講する。

　③3年以上司書補として図書館に勤務した上で司書講習を受講する。

図書館に関する科目　2008年の図書館法改正により，司書養成の教育を従前の講習主体から大学における履修が主たる方式に改め，「図書館に関する科目」を文部科学省令で定めた。

研修　図書館法第7条は，司書（補）の資質向上に必要な研修の実施を文部科学省，都道府県教育委員会に求めている。図書館員を対象とする研修には，実施の時期（初任者，中堅職，管理職研修など），実施の主体（国，設置団体，図書館関係団体，

学会・研究会等）などの違いにより多様な機会が現に存在する。「図書館員の倫理綱領」が指摘するように、「図書館員は個人的、集団的に、不断の研修につとめる」義務と権利があり、その成果を「図書館活動全体を発展させる専門知識として集積」していかねばならない。それには、単に設定される場に参加するだけでなく、日常的に自主的、主体的に学ぶということが基本になければならない。さらに、司書の生涯発達という視点に立つならば、働きながらそこでの経験や問題意識を掘り下げ、研鑽するリカレント型の学習機会（内地留学、社会人対象大学院など）の整備と参加の便を確保することも重要である。

こうした研修の成果と実務経験の蓄積をもとに、日図協が「日本図書館協会認定司書」の制度を2010年から創設し、応募を奨励している。

> 日本図書館協会認定司書

本物の司書は、その職業生涯を通して、図書館協会や研究会に参加し、自ら研鑽に努めるとともに、権利としての学習機会を活用し、何よりも日常の仕事の中で利用者に学ぶという視点を大事にすることで形成される存在である。

● ……… 採用と司書職制度

ある職が専門職として社会的認知を得ているかどうかを分ける要件に、体系化された専門知識・技能の修得、職能団体による自律的統制、倫理綱領の存在などと併せて、その職に従事することの排他的独占があげられる。誰でもその仕事ができるわけではない、ということである。司書が専門職としてどの程度に社会的認知を得ているかはさておき、図書館の仕事が司書資格を備えた人によって独占的に従事されているか、といえば決してそうではない。図書館の仕事なんて誰でもできる、という認識が根強くあり、司書職としての制度化がきわめて脆弱なのが日本の現状である。日図協の図書館員の問題調査研究委員会が1984年に提起した次の6項目、

> 専門職

> 司書職としての制度化

①自治体ごとに司書有資格者の採用制度が確立していること。

②一定の経験年数と能力査定（昇任試験）のもとに司書独自の昇任の道が開かれていること。

③本人の意思を無視した他職種への配置換えが行われないこと。

④館長および司書業務の他の役職者も原則として司書有資格者であること。

⑤自主研修の必要性が確認され、個人・集団の双方にわたり研修制度が確立していること。

⑥司書その他の職員の適正配置基準が設けられていること。

が遺憾ながらいまもなお、ほぼそのまま課題であり続けている。

これらの要件のうち、司書職としての整備への第一歩には、図書館の仕事をやりたいと思ってそのための一定の初期学習を経験した人、すなわち司書有資格者を特定しての採用試験が実施されることが重要である。司書として採用された職員は、

司書として経験と研鑽を重ね、専門職員のリーダーとして処遇される、ということが制度化にとっては重要だが、とりあえずは図書館で働く意思をもった人を図書館に配置することの常態化を広げることが必要である。

職員採用（配置）の形態

公立図書館における正規職員採用（配置）の形態は、次の三つに区分できる。

①専門職種として「司書」の職名をもち、採用にあたっては司書有資格者を特定しての専門試験を行い、原則として採用者を図書館以外の職場に転出させることはない。

②図書館職員の採用に際して有資格者を特定しての採用試験を実施、もしくは過去に実施したこともあるが、一般職採用者をもって充てることもある。また、司書で採用した者を他の行政部門に配置換えすることもある。

③有資格者に限っての司書採用は行わず、一般職（行政職）採用者を庁内の一部門として図書館に配置する。

現状では、①の制度化が確立していると言い切れる自治体は、県や政令指定都市など比較的大きな自治体、図書館行政に積極的な市町のいくつかに限られ、ごく少ない。②のタイプも子細に見ると一様ではなく、限りなく①に近い運用をしている自治体もあれば、図書館開設のときには司書採用を行ったがその後は実施しておらず、一般職の職員を配置しているという場合もある。職員規模が小さいために、職種を特定しての採用や配置は人事の柔軟性を制約し、人事行政上望ましくない、との考えが人事当局に強いためと思われる。しかし、図書館行政に相当の見識をもつ自治体では、ゆるやかにでも②のタイプの採用がなされていると言ってよい。

図書館設置団体の中では③の形態が最も多いが、この場合も、司書としての採用はしないが、図書館に配属するにあたっては、資格所持を配慮したり、図書館に配属した上で公費で司書講習に派遣し、司書資格の取得を奨励するケースもある。

司書資格

「司書」の資格が公共図書館を対象とする図書館法によって規定されるものであるところから、公共図書館以外の図書館では基本的に「司書」の資格が問われることはない。しかし、図書館員＝司書という社会一般の理解から、職員制度の不備な学校図書館、あるいは公私立大学図書館、専門図書館で職員を採用する際、司書資格を要件に求めることは少なくない。

官製ワーキングプア

ただ全体的には、昨今の行財政改革、厳しい財政状況、市場原理に立った管理運営の下で、正規職員の採用を抑制し、嘱託・臨時職員、あるいは派遣職員に依存する傾向がどの館種でも顕著で、加えて専門性のある職種の外部化の人事管理政策もあり、新たな人材を図書館界に迎える情勢は厳しくなっている。図書館員が「官製ワーキングプア」の典型としてマスコミに報じられる状況は、図書館事業の将来の発展にとっても重大な問題である。

●――― option A

図書館とは何か（諸説）

「図書館とは何か」について，これまで多くの人たち，機関によって，さまざまな説明，定義がなされてきた。ここにその主要ないくつかを掲げ，学習の参考に資したい。それぞれが「図書館」に独自なある要素，属性をどのようにとらえ，いかに表現しているかを考察することで，図書館の本質を把握してほしい。

◆図書館法第2条（1950）
　この法律において「図書館」とは，図書，記録その他必要な資料を収集し，整理し，保存して，一般公衆の利用に供し，その教養，調査研究，レクリエーション等に資することを目的とする施設で，地方公共団体，日本赤十字社又は一般社団法人若しくは一般財団法人が設置するもの［中略］をいう。

◆『図書館情報学用語辞典』第3版（日本図書館情報学会用語辞典編集委員会編，丸善，2007）
　人間の知的生産物である記録された知識や情報を収集，組織，保存し，人々の要求に応じて提供することを目的とする社会的機関。図書館は，通時的に見るならば，記録資料の保存，累積によって世代間を通しての文化の継承，発展に寄与する社会的記憶装置であり，共時的には，社会における知識や情報の伝播を円滑にするコミュニケーションの媒介機関としての役割を果たす。

◆『最新図書館用語大辞典』（図書館用語辞典編集委員会編，柏書房，2004）
　各種の図書およびその他の資料（図書館資料），情報を収集・組織・保存して利用者の要求に応じて提供する公共的サービス機関。その機能は，資料・職員・場所（施設）の3要素によって支えられる。

◆『図書館用語集』四訂版（日本図書館協会用語委員会編，日本図書館協会，2013）
　記録された知識・情報を収集・整理・保管して，利用に供する施設。

◆ピアス・バトラー
　図書とは人類の記憶を保存する一種の社会的メカニズムであり，図書館はこれを生きている個人の意識に還元するこれまた社会的な一種の装置である（『図書館学序説』藤野幸雄訳，日本図書館協会，1978）。

◆裏田武夫

　言語的，図象的，音響的に記録された知的文化財の内容を，社会的に制御して利用に供する機関（『図書館評論』14号，1975）。

◆ランガナタンの五法則（The Five Laws of Library Science, 1931）
　1. 図書は利用するためのものである
　2. いずれの読者にもすべて，その人の図書を
　3. いずれの図書にもすべて，その読者を
　4. 図書館利用者の時間を節約せよ
　5. 図書館は成長する有機体である
（『図書館学の五法則』森耕一監訳，日本図書館協会，1981）

option B

ユネスコ公共図書館宣言 1994年
(UNESCO Public Library Manifesto 1994)

　社会と個人の自由，繁栄および発展は人間にとっての基本的価値である。このことは，十分に情報を得ている市民が，その民主的権利を行使し，社会において積極的な役割を果たす能力によって，はじめて達成される。建設的に参加して民主主義を発展させることは，十分な教育が受けられ，知識，思想，文化および情報に自由かつ無制限に接し得ることにかかっている。

　地域において知識を得る窓口である公共図書館は，個人および社会集団の生涯学習，独自の意思決定および文化的発展のための基本的条件を提供する。

　この宣言は，公共図書館が教育，文化，情報の活力であり，男女の心の中に平和と精神的な幸福を育成するための必須の機関である，というユネスコの信念を表明するものである。

　したがって，ユネスコは国および地方の政府が公共図書館の発展を支援し，かつ積極的に関与することを奨励する。

公共図書館

　公共図書館は，その利用者があらゆる種類の知識と情報をたやすく入手できるようにする，地域の情報センターである。

　公共図書館のサービスは，年齢，人種，性別，宗教，国籍，言語，あるいは社会的身分を問わず，すべての人が平等に利用できるという原則に基づいて提供される。理由は何であれ，通常のサービスや資料の利用ができない人々，たとえば言語上の少数グループ（マイノリティ），障害者，あるいは入院患者や受刑者に対しては，

特別なサービスと資料が提供されなければならない。

いかなる年齢層の人々もその要求に応じた資料を見つけ出せなければならない。蔵書とサービスには，伝統的な資料とともに，あらゆる種類の適切なメディアと現代技術が含まれていなければならない。質の高い，地域の要求や状況に対応できるものであることが基本的要件である。資料には，人間の努力と想像の記憶とともに，現今の傾向や社会の進展が反映されていなければならない。

蔵書およびサービスは，いかなる種類の思想的，政治的，あるいは宗教的な検閲にも，また商業的な圧力にも屈してはならない。

公共図書館の使命

情報，識字，教育および文化に関連した以下の基本的使命を公共図書館サービスの核にしなければならない。

1. 幼い時期から子供たちの読書習慣を育成し，それを強化する。
2. あらゆる段階での正規の教育とともに，個人的および自主的な教育を支援する。
3. 個人の創造的な発展のための機会を提供する。
4. 青少年の想像力と創造性に刺激を与える。
5. 文化遺産の認識，芸術，科学的な業績や革新についての理解を促進する。
6. あらゆる公演芸術の文化的表現に接しうるようにする。
7. 異文化間の交流を助長し，多様な文化が存立できるようにする。
8. 口述による伝承を援助する。
9. 市民がいかなる種類の地域情報をも入手できるようにする。
10. 地域の企業，協会および利益団体に対して適切な情報サービスを行う。
11. 容易に情報を検索し，コンピュータを駆使できるような技能の発達を促す。
12. あらゆる年齢層の人々のための識字活動とその計画を援助し，かつ，それに参加し，必要があれば，こうした活動を発足させる。

財政，法令，ネットワーク

＊公共図書館は原則として無料とし，地方および国の行政機関が責任を持つものとする。それは特定の法令によって維持され，国および地方自治体により経費が調達されなければならない。公共図書館は，文化，情報提供，識字および教育のためのいかなる長期政策においても，主要な構成要素でなければならない。

＊図書館の全国的な調整および協力を確実にするため，合意された基準に基づく全国的な図書館ネットワークが，法令および政策によって規定され，かつ推進されなければならない。

＊公共図書館ネットワークは，学校図書館や大学図書館だけでなく，国立図書館，地域の図書館，学術研究図書館および専門図書館とも関連して計画されなければならない。

運営と管理
* 地域社会の要求に対応して，目標，優先順位およびサービス内容を定めた明確な方針が策定されなければならない。公共図書館は効果的に組織され，専門的な基準によって運営されなければならない。
* 関連のある協力者，たとえば利用者グループおよびその他の専門職との地方，地域，全国および国際的な段階での協力が確保されなければならない。
* 地域社会のすべての人々がサービスを実際に利用できなければならない。それには適切な場所につくられた図書館の建物，読書および勉学のための良好な施設とともに，相応な技術の駆使と利用者に都合のよい十分な開館時間の設定が必要である。同様に図書館に来られない利用者に対するアウトリーチ・サービスも必要である。
* 図書館サービスは，農村や都会地といった異なる地域社会の要求に対応させなければならない。
* 図書館員は利用者と資料源との積極的な仲介者である。適切なサービスを確実に行うために，図書館員の専門教育と継続教育は欠くことができない。
* 利用者がすべての資料源から利益を得ることができるように，アウトリーチおよび利用者教育の計画が実施されなければならない。

宣言の履行
　国および地方自治体の政策決定者，ならびに全世界の図書館界が，この宣言に表明された諸原則を履行することを，ここに強く要請する。

　この宣言は，国際図書館連盟（IFLA）の協力のもとに起草された。

（長倉美恵子，日本図書館協会国際交流委員会訳）

● ── option C

図書館／その役割と活動

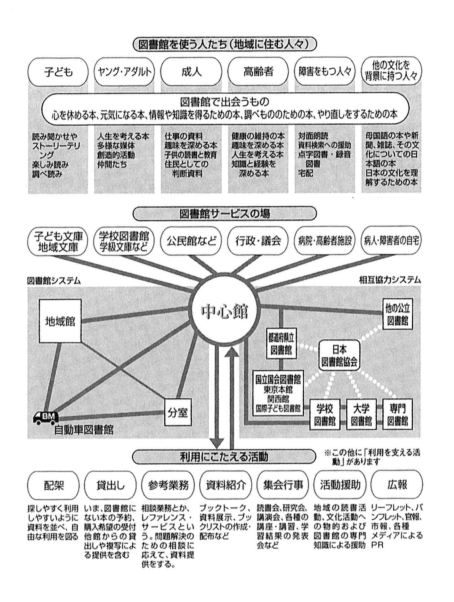

(『ディスカバー図書館 2004』(日本図書館協会, 2004) より, 原案作成：竹内悊)

UNIT 5 ●現代社会と図書館
生涯学習と図書館

●……生涯学習

　人の生涯を継続した学びの過程としてとらえ，人はライフサイクルを通して学びつつ成長する存在である，という生涯教育の考え方は，1965年12月にユネスコが開催した成人教育推進国際委員会の席上，成人教育担当官であったポール・ラングラン（Paul Lengrand）の「エデュカシオン・ペルマナント」（Education permanente）と題したワーキングペーパーによって新しい時代に向けての教育改革の理念として提起され，国際的に普及することになった。

　日本においては1970年代初期の中央教育審議会，社会教育審議会の答申でこのことばが引かれ，次第に広がりをみせるが，1980年代半ばの臨時教育審議会による教育改革論が，「生涯学習体系への移行」をその中心的な柱に据えたことで，「生涯学習」という言い方で定着することになった。

　現在，生涯学習は，国・自治体をあげて教育改革の中核的な理念であり，学校教育をもその一環として包含する概念となっている。そこには，人はいくつになっても成長し発達する存在であるという成人教育学や成人発達学の理論が背景としてあり，加えて余暇の増大，高齢化が進む現代社会におけるすぐれて日本的な要請としては，暮らしの豊かさや「まちづくり」の象徴としても語られている。

●……学習社会

　1990年に「生涯学習のための施策の推進体制等の整備に関する法律」が制定され，2006年には教育基本法の改正により，第3条に「生涯学習の理念」が法定された。

　　国民一人一人が，自己の人格を磨き，豊かな人生を送ることができるよう，その生涯にわたって，あらゆる機会に，あらゆる場所において学習することができ，その成果を適切に生かすことのできる社会の実現が図られなければならない。

　学習が尊重され，その成果が活かされる社会，すなわち学習社会の理念は，ユネスコの教育開発国際委員会が1973年に公刊した"Learning to be"と題した報告書（フォール・レポート）で未来の社会形態を指向する概念として提起されたもの

で、エーリッヒ・フロムの『生きるということ』に拠って、"to have"（持つこと）から "to be"（あること）への価値判断の転換が強調される。学習社会の学習は、人がどこで何を学んだかよりも、いま何をどう学びつつあるかが重要であり、人の学びの成果をそれとして認め、尊重する社会が「学習社会」だというのである。

　学習の機会は確実に広がり、多様な機会の選択が可能になっている。しかし、そこでの新たな疎外や格差の広がりも無視できない。学びの疎外を生まないという視点が必要である。学習を人が生きるための権利だと確認するユネスコの学習権宣言の理念を具現化する課題が、とりわけ公的施策においては留意されねばならない。

● 図書館の教育機能

　近代図書館は、元来、主として生涯学習の機関としてこそ存在してきたといっても過言ではない。19世紀半ばの米英において、図書館を設置するための課税を認め、図書館設置に法的な根拠を設けた際、常に強調されたのは、人が学校を終えたあとも引き続き学べる場を公立学校と同じ原理の上に樹立することの必要性であった。近代公立図書館の理念を初めて明確に表明したものとして知られるボストン公立図書館の理事会報告（1852年）は、「無償教育と同じ原則に基づき、また公共政策ないし義務として、健全で滋養に富む図書をすべての人に供すべき必要は論をまたない。この種の図書の提供は、すべての人に対する教育の一部分であり、それも最も重要な構成要素」だと述べている。全国的な公立学校制度の確立に先立ち1850年に図書館法を生んだイギリスでも、法案を審議した議会で最も激しい議論になったのは、勤労大衆に無償で本を読ませることの社会政策的な効用をめぐってであった。

　図書館の普及と発展に大きな貢献をした指導者の図書館思想にも、それは明確にみてとれる。「成人教育の語が広く用いられるようになる一世代以上も前から、それを志向した唯一の人物」であったデューイ（Melvil Dewey）は、「家庭教育」ということばで表現する成人教育を図書館（フリーパブリックライブラリー）を中核に達成しようと考え、独特の教育構想を示している（小倉親雄『アメリカ図書館思想の研究』日本図書館協会、1977, p.127-128）。また、『図書館学の五法則』で知られるランガナタンは、第2法則「すべての人に図書を」で、次のように述べている。

　　成人について生涯にわたって教育手段が必要であることを認めようとしない教育制度は、全く無益である。より新しく、よりよい物事の秩序を絶えず発展させているダイナミックな民主主義社会においては、公教育の明確な課題は、成人をこの新しい生活秩序の中に知的に参加できるように絶えず教育することである。

　古来、人が自主的・主体的に学ぶ最も一般的な方法は、本から学ぶこと＝読書で

欄外注:
to have から to be へ

学習権宣言（p.82 参照）

近代公立図書館

ボストン公立図書館

デューイ

『図書館学の五法則』

ランガナタン

読書

5. 生涯学習と図書館　35

あり，いまもそれは変わっていない。読書をあまねく多くの人々に可能にするために図書館がつくられたし，そのことが決してその読者個人の利益にのみ帰するものではないという公益性の承認が，社会制度としての公立図書館を生み出した。読書＝図書館利用による学び・自己啓発を好ましいものと考える文化が，欧米における成人教育の主流を伝統的に「図書館本位」（清水幾太郎）たらしめてきた。

　無償で，誰もが自ら必要とする資料・情報にどこまでもアクセスできる社会的システムである公立図書館は，今日，必ずしも教育のための機関としてのみあるわけではない。図書館の役割として，「教育・文化・情報のための民主的な機関」（ユネスコ），「情報と思想のひろば」（ALA）など多種の内容を掲げることがむしろ一般的である。教育のための機関からその役割をより多方面に広げる方向で図書館は変化してきたし，社会の急激な情報化は「教育機関」としての図書館のウエイトを相対的に低くしている感さえあろう。

　だがそういう時代であればこそ，新たな情報弱者を生むことなく，誰もが自らを情報の主人たらしめ，人間として生きるための学びを自主的・主体的に，いつでも，どこでも，無償で追求できるシステムが必要である。そのことで他に代わるもののない生涯学習の中核的なシステムとして，図書館の社会的意義を強調することが，公共性に即した図書館の独自の役割を示すものとして重要だろう。アメリカにおける「公共図書館運営の諸側面のうち，意思決定者にとって大きな問題になりそうな」今日的テーマを取り上げ，それをめぐる論議を整理したパンジトア（V. L. Pungitore）も，公共図書館を基礎づける最初にして唯一の理念ないし原理である「教育目的」から，図書館の目的を広げようとする幾多の試みが必ずしも有効ではなかったことを指摘し，公共図書館の存続を次のように展望している。

　　［図書館は］人間の経験に洞察と意味を与える図書や知識を収集し，その利用を促進する知識の機関として存続するに違いない。それは生涯学習の機会を提供する教育機関として存続するに違いない。それは，情報への障壁のない平等なアクセスを提供する「民主主義の資源」として存続するに違いない（パンジトア『公共図書館の運営原理』勁草書房，1993，p.226）。

●………生涯学習に資する図書館

　人が「いつでも，どこでも，だれでも」，自らの意志で，自由に選び取れる学習（当面する課題の解決，教養や楽しみを求めて，など）を，と考えたとき，重要なのはそのための場，環境の整備であり，適切な支援や助言の存在である。それを権利として具体化するためには，公的な施策が講じられねばならない。その一つとして公立図書館の整備がある。そうした観点から，生涯学習に資する図書館の働きと

特徴を素描しよう。
(1) 資料や情報の提供を通して個人の学習を支援する

　　求めに応ずる情報資源の提供を徹底して行う。そのための手段として，図書館相互，さらには類縁諸機関との協力・連携（ネットワーク化）を強める。すぐれた資料のコレクションを身近にもつことは，人々の知的好奇心を刺激し，知るべきこと・学ぶべきことが多いことを感じせしめ，学びへの関心と意欲を広げる。

(2) 学びの疎外を生まないアウトリーチ活動の追求

　　図書館利用から疎外されがちな身体障害者，高齢者，非識字者，在日外国人等へのサービスを，学習する権利の保障として重視し，活動方法等を工夫する。

(3) 資料の共有を媒介とする集会・文化活動

　　講演会，資料展示会等の行事を実施するほか，住民の共有財である資料の利用を契機として生まれる利用者相互の交流，グループ活動を奨励，援助する。

(4) 各種の学習プログラムへの資料補給

　　生涯学習センター，公民館，女性センター等の学習機関にはそれぞれの機関にとっての専門図書館ともいうべき資料室を備えているが，そこでの学習の展開に必要なより多くのさまざまな資料を，求めに応じて提供する支援・連携活動。

(5) 地域における生涯学習機関で継続的に学ぶ人々の学習センター

　　放送大学，通信教育，県民カレッジなど生涯学習機関で学ぶ人たちにとって，その学習を深め広げる学習情報センターの役割を担えるのは図書館しかない。

(6) 総合的・系統的生涯学習プログラムの一環を担う

　　地域における多様な学習プログラムを総合的・系統的に編成する県民カレッジ（市民大学）等の学習内容の一環として，図書館の文化活動を組み込む。

(7) 生涯学習の基礎能力を培う事業の企画と実施

　　生涯学習に必要な基礎能力の一つとして，図書館の利用法，情報検索法，各種情報源へのガイドなど，情報リテラシーを高め，情報弱者を生まないためのプログラムを企画・実施する。

(8) 学校（図書館）との連携，支援

　　学校における多様な資料を活用する授業，図書館利用教育，読書教育に協力し，支援することで，子どもたちを生涯学習者に育てる課題を学校と共有する。

(9) 地域課題等についての情報発信

　　地域で解決を迫られる課題など現代的諸課題についての資料・情報ファイルや冊子の編成，講演会や講座等文化活動を企画し，その記録を作成，刊行する。

(10) 図書館づくりへの住民参加の尊重

　　住民自身が「私たちのもの」としてよりよい図書館づくりに力を寄せる活動を，自主的・主体的な学習環境整備への社会参加として歓迎し，支援する。

UNIT 6 ●現代社会と図書館
情報環境の変化と図書館

●……知識基盤社会

知識基盤社会　　「新しい時代を切り拓く生涯学習の振興方策」を提起した2008年の中央教育審議会（中教審）答申は，21世紀を「急速な科学技術の高度化や情報化等により，新しい知識が，政治・経済・文化をはじめ社会のあらゆる領域で基盤となり，重要性を増す，いわゆる『知識基盤社会（knowledge-based society)』である」ととらえる認識を示している。「高度情報通信ネットワーク社会形成基本法」(IT 基本法)を制定し，IT 戦略を構想する立場からも，「工業社会を前提として整備された社会基盤を，情報と知識が付加価値の源泉となる新しい知識創造型社会にふさわしいものへ」の転換を提唱する。情報や知識の重要性を一段と強調するこうした提起は，これからの社会のありようを探る政策的な共通認識となっている。とりわけ，デジ

情報環境の変化　　タル化の進展が急ピッチに進む情報環境の変化は，図書館のあり方に対しても大きな課題を提起し，変化を求めている。

●……情報化の進行

情報（化）社会　　社会において情報のもつウエイトが大きくなる傾向を指して「情報（化）社会」ということばが使われはじめたのは1970年代前後のことであるが，現在ではもっぱら日常生活の中でのデジタル情報の普及，コンピュータやインターネット活用の広がりがそれを象徴している。

インターネット　　『情報通信白書』平成23年度版によると，インターネットの利用状況は，2010（平成22)年末で前年末より54万人増加し9462万人となり，人口普及率は78.2％，前年比0.2ポイント増となっている。年ごとの増加傾向をみると，1998年から2003年にかけて1700万人から7700万人に急増し，その後は漸増で，人口普及率が5割を超えたのは2002年である。インターネット利用者を年齢と所属世帯の年収別にみたデータでは，13〜49歳が9割を超えるのに対し，70〜79歳では前年比6.3ポイント増とはいえ39.2％にとどまる。世帯収入が2000万円以上の層では12.4ポイント増であり，白書は「70歳以上の高齢者層の利用率は前年より増加するものの，年齢や年収間の格差はいまだ存在」するとまとめている。

● ……… 科学技術の進歩

　インターネットの広範な活用，携帯電話や続々と登場する新たな情報端末機の普及に見られるこうした情報化の進展は，20世紀末以来の科学技術の急速な進歩に負うところが大きい。この百年余を振り返ると，20世紀の幕開けにあたる1901年に，ノーベルの遺言に基づきノーベル財団が設立され，「人類に対して最大の貢献をした人物」に贈るノーベル賞が創設された。世紀の半ばには，原子力が大量殺戮手段として実用化され，人間の理性がどこまでそれを制御できるかが問われることになった。地球規模の環境破壊が，「共生」という考え方を提起したし，最近では，人間の尊厳に最も深くかかわる生命の領域に科学技術が挑戦し，人為的な関与を相当程度にまで可能にさえしている。

　生物としてのヒトがどこまで「人間」であり得るか，人間と人間が生み出した科学技術の成果との葛藤が，これまで人類が経験したことのない規模と深さにおいて問われているのが現代である。その中で，社会のインフラストラクチャーとしての情報の主体的，積極的な活用と制御（control）が重要な課題となっている。

　　　　　　　　　　　　　　　　　　　　　　　　　　　インフラストラクチャー

● ……… 図書館における変化

　こうした社会変化のもとで，図書館の世界に科学技術がもたらした変化は大きい。教養，学習，調査研究，趣味，娯楽など人々の図書館利用の目的はさまざまだが，その目的にかなう最適の資料や情報を判断の素材として入手し，活用できることが，効果的な目的達成に欠かせないという認識が，図書館利用層の拡大を促進し，図書館整備を公共的な課題として重視させることになった。さらに，そのことを徹底するため，情報資源を公共財と見る立場から，図書館間相互の連携・協同，ネットワークの形成が進行している。図書館サービスは，もはや一館のみで機能を完結できるものではなく，図書館間の連携・協力を基底に据えての活動が常態化している。これもまた情報通信技術に代表される科学技術の進展に負うところが大きい。

　　　　　　　　　　　　　　　　　　　　　　　　　　　情報資源

　だが，必要とする情報へのアクセスを高める環境の整備により，利用の可能性が広がったということと，その利用を誰もが享受できる状態にあるということとは同じではない。インフラストラクチャーとしての情報へのアクセスについての社会の認識，評価が問われるところである。

● ……… 情報アクセスをめぐって

　かつて個々の図書館ごとに手作業（マニュアル）で目録が作成され，ごく限られた手がかり（標目）で検索を行い，その図書館になければあきらめるか他のありそうなところを自分で探して訪れる，といった利用のしかたが一般的であった。その図書館に，機械化された資料組織化の協同処理過程が導入され，多くの図書館が資

源共有の視点でネットワークを形成し，電子化されたデータベースにどこからでもアクセスできる状態が普及すれば，情報資源へのアクセスが飛躍的に広がることになる。さらにマルチメディアやインターネットの進展が，これまで既存の情報を一方的に受け入れるほかなかったユーザーに，自らも働きかけて多様な情報を入手できる道を開くことで，情報へのアクセスに画期的な変化をもたらしている。こうした技術の革新は，「いつでも，どこでも，誰でも，何でも」という図書館サービスの基本を徹底し，拡充する上で大きな力となるし，大いに生かすべきことである。

しかしその一方で，情報へのアクセスを高めたはずの技術革新が，新たな情報からの疎外を生み出す側面を見落としてはならない。情報化に伴う光と影への注視である。そのことを打開するためには，次のような現代的課題に留意しなければならない。

(1) 情報公開の保障と徹底

情報アクセスの徹底を図る最も基本的な要件として，情報そのものの自由な流れと公開が社会的に保障されていなければ，すべては形骸化を免れない。これまでも「灰色文献」(gray literature) と呼ばれて図書館では把握しにくい一群の資料（情報）があった。とりわけ公権力が収集し，編成する資料を民間人や研究者が入手し利用する上での障壁は小さくない。これはアクセスのためのシステム整備の問題ではなく，情報公開の質にかかわる課題である。情報の自由な流れを規制しようとする社会の意思もあとを絶たない。あらゆる情報を選択的に入手し，活用できることは，人が人間らしく生きるための生存権の一部をなす基本的人権だという認識が社会の中で原則的に承認されることが，まずは必要である。

(2) 情報疎外を生まない

これまで富の偏在が社会的不公平をもたらしてきた。社会生活における情報のもつウエイトが大きくなればなるほど，情報の偏在，情報からの疎外は，新たな社会的不公平や不利益，差別を生む元凶となる。東日本大震災の被災自治体221のうち69が公立図書館未設置であったという総務省統計局の調査結果がある。これらの自治体は，図書館を通じて暮らしに必要な資料や情報を入手する環境がもともと脆弱であり，経済活動の低迷など，より厳しい状況を多く抱えた地域であったことがうかがえ，それだけ復興への道の厳しさが危惧される。情報へのアクセスの機会を均等に保障すれば，ただちに平等が実現するものではないが，必要な情報をより確実に，地域的な偏りがなく入手できるよう，情報疎外による不利益を生まないための基盤整備，情報弱者をつくらない施策が大切である。図書館はそのための開かれた地域情報拠点として機能することが必要である。

(3) 情報リテラシーの習得

情報アクセスの基盤整備が進んでも，それを使いこなす意思と能力を欠けば結

果的に情報から疎外され，情報貧者になるおそれが大きい。現に情報ネットワークの活用には，年齢や収入の違いによって格差が存在することは，先の『情報通信白書』の指摘に明らかである。そのため，情報の入手・活用にかかわるノウハウの習得＝情報リテラシーの問題を学校だけでなく生涯学習の世界で受け止め，教育の課題としていくことが重要である。それは単に機械や技術に強くなるというだけでなく，情報に対する主体性の確立，情報を選択的に使いこなせる人間の形成という視点に立つものでなければならない。

> 情報リテラシー

●……情報技術の人間化

文字を介して所要の情報に接することの多い現代社会にあって，視覚障害者は典型的な情報弱者，情報障害者である。文字社会において視覚障害者が晴眼者に比べて情報から疎外されがちなことは明らかである。その他の身体障害者，高齢者も情報疎外を受けやすいことは想像に難くない。この人たちが音声への変換や文字の拡大など，それぞれの条件にかなった方法・手段で情報ネットワークを活用することで日常生活の可能性を広げ，健常者との共同，社会参加を強めていくことは，障害者基本法の理念にかなう必備の課題である。先端的な技術はこうしたことにこそ積極的に生かされるべきであり，社会資本として思い切った公費の投入が承認されねばならない。そうした考え方を技術の人間化と呼ぼう。

> 視覚障害者

> 技術の人間化

マルチメディア型のインターネットの特徴としてあげられる双方向性を，コミュニケーションの質的転換に活かすことが必要である。

●……情報環境の変化を活かす図書館

急速に進行する情報化の波の中で，図書館がその本質を変えることになるのかどうか，がよく論議される。物理的な形態の資料を収集，整理し，求めに応じて提供してきた図書館が，形のない情報資源＝ネットワーク上の電子化情報をも対象とし，それぞれの特性を生かしたサービスを追求するハイブリッドライブラリーを目指すことで，得られる情報の範囲を拡大し，情報アクセスの可能性が飛躍的に広がることは確かである。しかしそれは本質的な違いではあるまい。むしろそうした変化を質的な発展に導く技術運用の視点の確立こそが当面する重要課題である。

> ハイブリッドライブラリー

人が相互の理解を深め，協同の営みを発展させるには，情報の自由で確実な流れと，それを駆使したコミュニケーションの活発な交流が基礎である。図書館は知識，文化の収集と伝達という普遍的な役割の一層の徹底を基礎に，あらゆる情報疎外の芽と闘い，情報が人と人とを結び，新たな知識，文化の創造に至るような人間化の視点に立って，技術の革新が生み出す課題に積極的に対処していくことが重要である。それが情報社会における図書館の最も大きな課題である。

UNIT 7 ●現代社会と図書館
図書館の危機管理

『書物の敵』

●………書物の敵と図書館の「危機」

　1880年に『書物の敵』を著したウィリアム・ブレイズは,書物に害を及ぼす元凶として,「火,水,瓦斯と熱,塵埃となおざり,無知と頑迷,紙魚……」をあげ,その非道ぶりを論じている。可燃物である紙の本にとって火が最も恐ろしいのは当然だし,保全上,水も禁物である。人間が及ぼす危害もまた甚大であるが,それは後の「図書館の自由」に譲り,本を扱う図書館にとっての危機を考えることにしたい。

図書館の危機

　図書館にとっても火と水が危機の筆頭要因であることに違いはなく,加えて本のつまった書架の倒壊には重大な警戒を要する。2011年3月11日に発生した東日本大震災は,大規模津波の影響と合わせて,まさにこれらの要素が勢揃いした感の危機であった。

　このところ図書館の管理運営において直面する「危機」を意識することが増えている。自然災害に備えた安全確保や施設・資料の保全対策がまずはイメージされるが,それだけではなく,今の時代の社会の中の開かれた場らしく,さまざまな「危機」が図書館の日常において発生する。人が引き起こすトラブル,利用者同士のいさかいや利用者から図書館(員)への苦情は悩ましい問題である。子どもや高齢者,障害者が安心して利用できる運営や施設整備にも意を払うことが重要である。

東日本大震災と図書館

●………東日本大震災と図書館

　2011年3月11日午後2時46分,三陸沖で発生したマグニチュード9の大地震は,大規模な津波と東京電力福島第一原子力発電所の破壊という災害を惹起し,東北三県をはじめ広い範囲に大きな被害をもたらした。開館中の災害であったが,幸い利用者の人命に係る被災は確認されていない。しかし,宮城県南三陸町では施設が完全に破壊・流失し,館長が死亡,石巻市では臨時職員1名が行方不明,東松島市でも紙芝居ボランティアが亡くなっている。岩手県陸前高田市,大槌町では施設が全崩壊し,資料が流失した。書架からの資料の散乱は枚挙にいとまなく,図書館の再開が震災後半年以降になったところも少なくない。

　1995年1月の阪神・淡路大震災の際も図書館の被害は大きかったが,東日本大震災の場合は津波と原発事故のため,非常に広範囲に被災地域が拡散し,救援や復

興への足取りが格段に長期化したことが特徴的である。原発災害のため今でも立ち入ることのできない図書館もある。

　この被災の中で図書館はどう対応したか。どのような課題を残したか。それを教訓として今後に活かすことが必要である。

● ········ 災害が起きる前に

　施設の耐震チェックと所要の補強工事は当然のことであるが，図書館では書架の固定がまず肝要である。移動書架の倒壊が意外に多く，もろいこと，修復に困難の大きいことが判明している。開館中を想定すれば，利用者の安全を第一に考え，日ごろから危険のある場所をチェックし，安全な避難場所を確認しておき，適切な避難誘導に留意し，訓練を重ねておくことも重要である。

〔避難誘導〕

　この日本列島，いつ，どこで，何が起きても不思議でない状況のもとで，「不測の」とか「予想を越えた」という弁解は許されない。災害は忘れたころにやってくる。災害は起こるということを前提に，阪神・淡路大震災や東日本大震災の経験，記録を共有し，図書館運営の日常に取り込んでおかねばならない。そのための記録資料，震災アーカイブを構築し，共用できる便を図っておくことは図書館界全体の課題である。

〔震災アーカイブ〕

● ········ 災害が起きたときに

　開館中であれば，利用者の安全な避難誘導がまず優先されねばならない。書架の近く，書架の間に入っている人には特に目配りが必要である。万一けが人が出た際には，応急処置を行い，救急機関と速やかな連絡が必要である。

　住民が避難を要するような被災の際には，公立図書館の職員は自治体の職員としてまちの救援体制に組み込まれることが多いだろうが，図書館に残って就労する場合は，図書館が住民に対し命と暮らしに直接かかわる情報提供機関として機能し，できるだけ速やかなサービス再開に向け働くことになる。被災した住民にとって必要な情報の入手・提供のために，役所や各種機関と連絡を取りあう必要がある。

　図書館が避難所となるケースもある。東日本大震災の場合も石巻市では長期にわたり避難所となった。大勢の人々が，見知らぬ者同士，長期にわたって不自由な生活をすることになるわけで，物心両面でのケアに気を配ることになる。

　地域の情報拠点として図書館は，災害と被災に関する情報や記録の収集にも努めることが重要である。

　震災に備えての安全管理マニュアル作成の材料として，「3.11」の経験に基づき日本図書館協会より『みんなで考える図書館の地震対策：減災へつなぐ』（2012）が緊急出版されており，参考になる。

● ………対人関係のトラブル

　誰もに開かれた場である図書館では，世間一般で起こり得ることが日常的に発生してもおかしくない。人が引き起こすさまざまなトラブルである。東京のある図書館で，職員から注意された利用者が，職員の帰り道を襲って死傷する事件があった。ある大学図書館で，利用者同士が口論し，逆上した学生が相手の頭にボールペンを突き刺す事件が起きている。利用者の声がうるさい，子どもが走り回っても親が無関心で，職員も注意しない，といった不満の声を新聞の投書欄によく見かける。閲覧席での置き引き，盗難は珍しくないし，図書館員に対処を求められることもある。

　現場の図書館員からよく聞く最近の傾向として，カウンターでのやり取りの中で突然怒り出し，怒鳴り，職員にくってかかり，罵倒するといった「キレル」利用者が増えているという。索漠とした世相，ぎすぎすした人間関係の反映そのものであろう。しかもそれらは若い，経験の乏しい図書館員をつぶしかねない難題である。

　こうしたことに適切に対応することも，図書館における「危機」管理の一つである。そのためには，日ごろからこうした事態への対処について職場でよく話し合い，いろいろな経験を共有し，活かすことが必要である。事にあたっては窓口の一人に任せるのではなく，組織で対応できることが重要である。

● ………施設・設備の安全性

　さまざまな条件をもった多様な利用者が，安心して図書館を使えるためには，施設・設備の便益性を高め，危険の要素を未然に除く配慮が必要である。公共施設におけるバリアフリーの考え方はよほど普及したといってよいが，高齢者や障害者にとって安全でやさしく，使いやすい施設，設備とする努力が重ねられねばならない。

<small>バリアフリー</small>

　絵本コーナーを一人で動き回る幼児にとって，敷居やカーペットのちょっとした段差がつまずきの原因となるかもしれないし，書架から落ちる本がけがを招くこともあろう。いろいろな人が共用するオープンスペースにあっては，常に弱者の側に立った目線で管理・運営がなされなければならない。

　読書の自由との関連では，利用者の個人情報保護への細心の注意が欠かせない。コンピュータシステムに絡んで，利用者の個人情報が漏洩したというケースがいくつか報じられている。「事件」が起きた際の対応，官憲からの照会や調査依頼への対処となると，冷静に対処できない事態もあり得るだろうし，理屈どおりにはいかないこともあり得よう。

　危機対応，安全管理にはマニュアルに基づく沈着な応対が一般に望まれるが，大事なことはそれがどれだけ職員全体のものとなっているかであり，マニュアルを作りあげる過程こそが重要である。その段階での共同作業の学習と，それを話題にする日常の反復・検証が，いざというときの組織の力になろう。

UNIT 8 ◉出版と図書館，著作権
出版文化と図書館

●………本というメディア

　「活字離れ」が喧伝され，「電子書籍元年」が標榜された2010年8月，雑誌『野性時代』が「本のない暮らし」を特集し，「紙の本はなくなると思いますか？」と識者に問いかけた。長い人間の歴史において書物（本）が文化の伝達と継承，コミュニケーションに果たしてきた役割の終焉，もしくは低下を時の流れのように感じさせるものがある。インターネット上で購読できる本が人気を集め，大部な参考図書・データブックがデジタル版でのみ作成されるなど，「電子出版」の多様な広がりが「出版」のイメージを大きく転換させてもいる。しかし，毎年の『出版年鑑』を見ると，売上額の低下は否めないが，書籍新刊点数は年間8万点前後を継続して示している（下表）。

　20世紀を通じて，科学技術の進歩により多様な情報メディアが相次いで現れ，伝統的なメディアである書物に挑戦してきたが，本（活字）のもつ特性を全面的に凌駕するものではなく，依然として本はその独自の役割を保持している。形態上の変化はどうあろうと，そのことはおそらく将来も存続するだろう。

電子出版

書籍新刊点数

表　10年間の書籍・雑誌発行推移

年	新刊点数	書籍総発行部数（万冊）	書籍実売総金額（万円）	雑誌総発行部数（万冊）		雑誌実売総金額（万円）	書籍＋雑誌実売総金額（万円）	書籍・雑誌実売総金額前年度比（％）
				月刊誌	週刊誌			
1990	40,576	139,381	84,744,611	248,655	200,664	130,217,139	214,961,750	＋6.8
2004	77,031	137,891	102,365,866	261,510	179,114	132,453,337	234,819,201	＋1.3
2005	80,580	140,649	98,792,561	257,326	171,591	130,416,503	229,209,064	－2.4
2006	80,618	143,603	100,945,011	248,320	163,183	125,333,526	226,278,537	－1.3
2007	80,595	147,480	97,466,435	242,857	160,409	122,368,245	219,834,680	－2.8
2008	79,917	147,038	95,415,605	232,414	152,870	117,313,584	212,729,189	－3.2
2009	80,776	142,333	91,379,209	218,004	138,347	112,715,603	204,094,812	－4.1
2010	78,354	135,501	88,308,170	207,104	128,939	109,193,140	197,501,310	－3.2
2011	78,902	131,165	88,011,190	192,607	120,409	102,174,950	190,186,140	－3.7
2012	82,204	129,066	86,143,811	186,444	114,889	97,179,893	183,323,704	－3.6
2013	82,589	126,227	84,301,459	180,478	108,455	92,808,747	177,110,206	－3.4

　注：『出版年鑑』各年版による。発行点数以外は，それぞれ推定発行部数，推定実売総金額である。98年から本体価格。
（『出版年鑑2014年版』出版ニュース社より）

コミュニケーションメディアとして本が備えている特性としては，次のようなことがあげられる。

メディアとしての本

(1) 受け手（読者）からの働きかけが強く求められるメディアである。

いずれのメディアによる情報摂取においても受け手の主体性，積極性は欠かせないが，活字の場合にはとりわけ読者自身からの積極的な働きかけ，ことば（文字で綴られた文章）を自己のうちにイメージ化する努力を抜きには伝わらない。

(2) ハードとソフトの区別がなく，情報の摂取にあたって特別な再生装置を必要としない（電子書籍の場合には当たらないが）。

(3) 時と場所を選ばず，反復して使用できる。

(4) 少数者を読者対象とするであろう内容でも公表される可能性が高い。その点で基本的にはマスコミュニケーションではない。

(5) 製作，入手の経費が比較的安い。

出版

こうした特徴をもつメディアを創造する営みが出版である。出版は一般にモノを作って販売する営利事業としてなされるが，「志の事業」と言われることがよくある。それは，すぐれて人間的な営みである著作者の思索や研鑽の成果，想像力の発露を，それを求める読者のために形にする行為であり，人間の思想・表現活動に深くかかわる営みだからである。出版（publication）という用語の原意は，「公表する」ということで，著作者の内に醸成された思想や経験を本という形にすることで，誰もがそれを手にし，読める社会的な共有資源にする。言論・表現の自由な交流，知りたいこと・読みたいものへの権利としてのアクセスの保障が，社会の進歩・発展に不可欠なことを考えると，こうした出版の活性化はきわめて重要な事柄である。

出版流通の過程
出版社
取次
書店

● ········ **出版流通の過程——再販制と委託販売**

著作者による表現内容を読める形にする書物は，通常の手順として，出版社によってつくられ，取次という流通業者の手を経て全国の書店に配送され，読者の手に渡るという経路をとる。このほかにも多様な流通経路や形態があるが，日本における出版物の多くはこの過程を経て流通している。

具体的には，4,000社前後の出版社から発行される新刊図書は，数十社の取次を介して全国で約1万数千店にも及ぶ書店に配送され，発売される。近年はオンライン書店による宅送も増えている。この際，全国どこの店でも同じ本や雑誌は定価（同一値段）で入手できるし，零細な書店が広く分布していて，どこでも本や雑誌が店頭で手にとって選べるという特徴がある。これは再販売価格維持契約制度（再販制）による定価販売と委託販売（店頭の出版物は預かり商品で返品が可能）とい

再販売価格維持契約制度
委託販売

う日本の出版流通業界における二大原則によっている。

　出版物の再販制をめぐっては，政府による規制緩和の動きとも関連して，「独占禁止法適用除外制度の見直し」が論議されている。もはや出版物は通常の市場原理にそって扱うべきだという廃止論に対して，出版の文化的意義，定価販売が全国どこにも適用されることで文化享受の公平性が保たれており，遵守すべきだとの反論があり，改めて商品としての出版物の特性が問われている。現状では，時限再販・部分再販など再販制度の適用の弾力化が業界の取り組みとして試行されている。

●………文字・活字文化振興法

　2005年7月，文字・活字文化振興法が制定された。その目的・基本理念をうたった条文には，「文字・活字文化が，人類が長い歴史の中で蓄積してきた知識及び知恵の継承及び向上，豊かな人間性の涵養並びに健全な民主主義の発達」に不可欠なものであること，すべての国民が生涯にわたり，等しく「その恵沢を享受できる環境を整備すること」が国および地方公共団体の責務である，と明記している。

　情報メディアの多様化が顕著で，活字離れが危惧される世相の中で，あらためて書物に代表される活字文化の振興を図ろうとする関係者の思いが結実したものであり，2010年は「国民読書年」としてその意義の普及が取り組まれた。その「恵沢を享受できる環境の整備」をあまねく地域に実現する最適の方策が図書館の整備・充実であることは衆目の認めるところであろう。法はその観点から，公共図書館の整備，大学図書館の開放，学校図書館とその職員の充実などにも言及している。

●………読者からのフィードバック

　出版物の生産から消費者（読者）への流通の過程において図書館の位置を考えると，図書館は読者に近いところにあって，大量の書物を集積・組織化し，読者に多様な書物の存在を知らせ，選択の機会を提供し，必要な本との出会いを公的に保障する役割をもっている。図書館の蔵書は不特定多数の読者の共有物であり，利用しては返却される。その過程で，個々の出版物に対する読者の評価，反応が集まり，累積される。それは店頭におけるどの本がよく売れているかというベストセラーのデータとは違ったデータである。いま読者はどんな本を求めているか，類書の中でどの本がよく読まれ，また読まれないか。ニーズがあるのに出版されない主題など，図書館のカウンターにはそうした情報が日々飛び交っている。借り出した1冊の本についての読後感を司書に伝えてくれる利用者もいる。実際にその本を読んだ人たちが持ち寄る反応だという点で，利用者を介して集まる図書館での出版物への情報は，販売情報や書評とは異なる文化的にも貴重なデータである。

　読者からのフィードバックと言ってよいそうした情報を出版サイドに伝えること

は，好ましい出版文化の醸成への図書館の貢献という意味で重要な意義をもつ。UNIT 13 で扱う「図書館員の倫理綱領」の第12項が，「図書館員は，読者の立場に立って出版文化の発展に寄与するようつとめる」と掲げている内容の具体化の一つであろう。絶版・品切れになっている児童書についてのデータを基に出版社と話し合い，再版への道を開く運動が図書館員や子ども文庫の関係者で行われたのも，そうした意味をもっている。

出版文化の発展

● ……… 図書館が本の売上げを阻害？

ところがその図書館が本の売上げを阻害し，出版事業を困難にしているという非難が出版界の一部にみられる。2001年6月，日本ペンクラブが公表した「著作者の権利への理解を求める声明」などで，公立図書館の「複本大量購入・大量貸出」が批判を受けた。新刊書について一定期間，貸出をしないようにという著作者からの要請もある。2003年7月に日本図書館協会が日本書籍出版協会と共同で実施した貸出実態調査の結果は，かねて図書館側が主張してきたように，ベストセラーの複本購入は1館2冊程度で売上げを阻害するようなものではないこと，むしろ教養書や専門書を図書館が買い支えている事実が明らかになり，議論は一応の沈静化をみている。しかし，ことは後述する公貸権の問題にもつながる火種を残している。

貸出実態調査

● ……… 出版市場の中の図書館

図書館活動が盛んで，社会における図書館の位置づけが高い国においては，出版企画の段階で司書に助言を求めることがあると言われている。そうした関係が一般化するには，出版物の売上実績で図書館がどの程度のウエイトをもつか，が一つの指標となる。図書館の資料購入費は出版界にとっても関心の高いテーマである。

図書館の資料購入費

その正確なデータを確認することは難しく，おおまかな類推によるしかないが，公共図書館の年間資料費（2012年度決算で約292億円）に高等教育機関の資料費（約701億円）の4割程度（大学では外国資料の購入が多い），学校図書館（文部科学省調べで2012年度公立小・中・高等学校等図書購入費決算額は約191億円），国立国会図書館の資料費23億円の一部，専門図書館の資料費（把握不能）を合算し，出版物（書籍・雑誌）の年間売上約1兆7711億円と比べてみると，多くても5〜6％程度だろう（この費用で図書・雑誌以外にAV資料等の購入もある）。輸出に多くを望めない日本の出版物の場合，図書館が1割以上の市場となれば，「売れるものより出したい企画を」という出版文化への図書館の貢献は相当大きなものとなることが期待できよう。この点からも，1999年度の367億円をピークにその後の公立図書館の資料費が減少している傾向は憂慮される。

UNIT 9 ●出版と図書館,著作権
図書館と著作権

●………**著作権をめぐって**

　著作者は自己の著作の使用について独占的な権利をもっている。それを財産権として保護するのが著作権法である。さらに著作権法では,他人の著作に手を加えるなど本人の意向に反して粗略に扱ってはならない,と著作物を生み出した著者等の人格権の保護をも規定している。しかし,急速な技術の進歩など時代の変化の中で,著作権法は常に後追いの対処になって現実とのギャップが広がっている。先には,高機能の複写機が大量に普及し,出版物,特に学術雑誌の売上げを阻害していることが問題になり,著作権の集中処理の方策が検討されてきた。さらに近年の相次ぐ新しいメディアの出現は,著作権法がつくられた当時の予想を越える新たな課題を生み出している。この十数年来,出版物の売上げが低落を脱せない状況が続き,その要因の一つとして図書館の貸出に批判の目を向けるという動きを生んでいることは先のUNITでも見たとおりであり,これも著作権をめぐる動きと関連する。

著作権法

　人間の英知の所産である著作物について,それを生み出した人の固有の権利として尊重することは,すぐれて人間的な著作,表現活動を守り,発展させるために重要なことである。その一方で,公表された著作物は多くの人々によって広く読まれ,活用されることを期待している。そのためには,著作物へのアクセスにあまり制約が多いことは好ましくない。この二つの側面にどう折り合いをつけるかが問題となる。これが著作権法における「権利の制限」という問題である。さまざまな資料・情報の提供を通して「国民の教育と文化の発展に寄与する」ことを目的とする図書館にとって,資料の運用上,留意しなければならない課題がここに生ずる。

権利の制限

　このUNITでは,著作権と著作権法についての基礎的な理解に関することと,図書館の活動にとって著作権がどのような形でかかわるかという問題,あわせて近年話題になることの多い公共貸与権(公貸権)について概説する。

●………**著作物と著作権法**

　問題の正確な理解のために,まずいくつかの概念を整理しておく必要がある。著作権法が対象とする「著作物」とは,法第2条第1項第1号において,「思想又は感情を創作的に表現したものであって,文芸,学術,美術又は音楽の範囲に属する

著作物

もの」と定義され，第10条でその内容を例示している。図書館資料として扱うことが一般的な「小説，脚本，論文，講演その他の言語の著作物」のほか，地図・図表，音楽，舞踊，絵画・彫刻，建築，映画，写真，データベースと多岐にわたる。日本図書館協会（日図協）著作権委員会が編集する入門書では，著作物であるための要件を法第2条の定義に則して，次の4点に整理している。

　①思想または感情が表現されたものであること（内容の要件）
　②創作的に表現されたものであること（創作性の要件）
　③表現されたものであること（表現性の要件）
　④文芸，学術，美術および音楽の範囲に属するものであること（種類の要件）

逆に言えば，これらの要件を欠くもの，例えば思想・感情の表現ではない客観的なデータ（人名，人口，標高など），周知の歴史的事実に関する記述，絵画等の複製写真，いまだ表現されていないアイデアや構想などはこの法でいう著作物ではないことになる。事実の伝達にすぎない雑報，時事の報道も著作物にはあたらない（第10条第2項）。

法は，著作物であっても保護の対象にならないものとして，法令，告示，判決を示している（第13条）。

●……著作者と権利

法が想定する著作者とは，「著作物を創作する者」，つまり文芸，学術，美術，音楽に属する思想や感情をもとに，創作的に表現行為を行う人もしくは団体である。譲渡や死後の相続などで移転した場合を除くと，原則として著作者が著作権者である。保護期間は，その著作物の創作の時に始まり，著作者の死後50年と定められている（第51条）。

著作者に与えられる権利には，大別して二つある。一つは財産権としての著作権で，一般に著作者は自分の著作を公表することで経済的利益を得ていることを考えると，著作物の利用に独占的な権利が認められることが必要である。著者に断りなく複製したり，上演・演奏・上映したりすることを禁じることがその内容となる。貸レコード業がレコード業界に大きな打撃を与えているという訴えから1984年に設定された貸与権もそれに含まれる。ただし，非営利・無料での書籍の貸出はその対象とはならないため，図書館における貸出を制約することはない。

もう一つは，作品を生み出した著作者の人格的・精神的利益を保護する著作者人格権と呼ばれるもので，他人が勝手に著作の内容に手を加えたりして，著作者の尊厳を傷つけるようなことをしてはならないというものである。公表権（著作を公表することの権利），氏名表示権（どのような名前で公表するか，しないか），同一性保持権（作品に手を加えられない）がその内容として保障されている。

●………**権利の制限**

　こうした著作者の権利の保護とアクセスの便の折り合いをつける方策として，法は第30条以下において「著作権の制限」を規定している。この緩和もしくは強化が著作者側と使用者側それぞれの立場からの主張となり，文化庁の文化審議会著作権分科会などで論議が継続されてきた。図書館界としては，図書館の公共性について権利者側の理解を得ることを重視してきた。2009年6月に一部改正され，2010年1月から施行された改正著作権法では，かねて図書館界が強く求めてきた障害者等の利用に配慮した複製の緩和と対象となる図書館の範囲の拡大に大きな変化が実現した。それを含めてここでは，図書館と特に関連の深い権利制限を概観する。

<small>著作権の制限</small>

①私的使用のための複製（第30条）
　　個人的な使用目的で，文献複写機を使ってコピーすることは自由にできる。
②図書館等における複製（第31条第1項）
　　この法が認める図書館（ここに学校図書館は含まれない）において，営利を目的としない事業として，利用者への複写サービスのため，資料保存のため，他館への提供のために複製することが認められている。複写サービスの場合，利用者からの求めであること，調査研究の用に供するものであること，複写の範囲が著作物の一部分であること，1人につき1部の提供と規定している。
③国立国会図書館における複製（第31条第2項）
　　所蔵資料の保存のため，蔵書を許諾なしに複製できる。
④国立国会図書館による絶版等資料の複製物の図書館等への公衆送信と図書館等における提供（第31条第3項）
⑤学校その他教育機関における複製等（第35条）
　　授業担当者や児童生徒が授業中に使う資料の複製を認めている。司書などが代わって複製することは可能である。
⑥視聴覚障害者等のための複製等（第37条第3項，第37条の2）
　　視聴覚障害者など，視覚・聴覚による表現の認識に障害のある者へのサービスのため，著作者の許諾なしに録音等の複製が可能になった。
⑦営利を目的としない上演等（第38条）
　　非営利・無料での著作物の利用を許諾なしに行えるとするもので，上演，演奏，上映，口述，貸与などの方法がある。

　これらのほか，著作権分科会の場などで論議が継続している問題として，資料のデジタル化に関連して生起する課題や著作権の保護期間の延長，出版社にも新たな権利を認める出版物原版権の新設等の問題がある。

●………公共貸与権（公貸権　public lending right）

貸出

公共貸与権

　先に図書館の貸出によって本の売上げが影響を被っているという出版界の一部からの非難について触れた。その延長線上での提起とみられるが，2002年6月，日本文藝家協会が文部科学大臣および文化庁長官に要望書を提出し，「公共貸与権の実現と，国家による基金の設立」を訴えた。図書館の貸出による「被害」を経済的に補償する制度の創出がそれ以前にも話題になっていたが，この要望書では図書館等が補償金を支払うのではなく，「国家による基金」が支払う制度を求めている。

　北欧やイギリスなど，図書館活動が盛んなヨーロッパの国々で，図書館における本の利用に関連して著作者に経済的補償を行う制度が現に存在し，public lending right（公共貸与権，公貸権）と呼ばれている。日本では1970年代にイギリスにおけるこの制度の導入をめぐる議論が紹介され，ひところ関心を集めたことがあった。

　この問題に詳しい南亮一によると，世界で最初にこの制度を設けたのは1946年のデンマークで，その後の各国における制度設計に大きな影響を与えたという。早くにこの制度を取り入れた国々ではおおむね，図書館の貸出により出版物の売上げが減少しているので，利用の度合いに応じてその損失を補償せよ，と図書館に求める経緯をとって問題が顕在化している。それに対して図書館側は，貸出の増加と売上げの減少との間に因果関係は立証されていない，貸出に応じてというデータの収集が困難，図書館予算が圧迫される，という理由を挙げて反発してきた。そこで，制度化にあたっては，財源を図書館の予算からではなく国や自治体が負担することにしており，貸出冊数をカウントする煩雑さをサンプル調査で簡素化したり，所蔵冊数や購入実績に代えたり，と工夫がこらされている。

　また，著作権との関係では，著作権法の中でこの問題を扱っている国がある一方で，著作権とはまったく別に制度化している国もある。公貸権は著作権とは本来区別して考えられるべきものである。

　欧州評議会がEU加盟国，加盟を考えている国に対し，貸与権や公貸権制度を設けることを求める指令を1992年に発したことから，ヨーロッパ各国でこの制度を導入する国は増えているが，その内容は，日本における近年の提起のように，図書館の貸出による「被害」から著作者を救済する経済補償というよりは，自国の文化・芸術振興という色合いをより強くして実施しているのが特徴的である。

　日本の場合，図書館の普及とサービスの水準自体がとてもまだそうした「危惧」を立証するほどのレベルに達していない中で，近年の深刻な出版不況の標的として，一部の作家や出版関係者が，公共図書館の貸出，とりわけポピュラーな読み物，ベストセラーの複本購入にクレームをつけたというのが実際である。そのことで図書館サービス（貸出）に萎縮を招くようなことになれば，出版文化の振興ということからもかえって大きな禍根を残すことになろう。実証的で冷静な議論が望まれる。

UNIT 10 図書館の自由　1

●図書館の理念

●………禁書

アメリカのSF作家レイ・ブラッドベリ（Ray Bradbury）が描いた小説に『華氏451度』という作品がある。映画化もされた。この作品の主題は，人々が本を読むことを政府が禁じている社会を舞台に，焚書官である主人公が，ふとしたことで本に興味をもち，その社会に反逆するドラマである。主人公は，「本の中には人間がいる」と感じる。主人公の心の変化に対して，上司が主人公にそれとなく与える注意の中に次のようなセリフがある。

『華氏451度』

　書物などというしろものがあると，となりの家に，装弾された銃があるみたいな気持にさせられる。そこで焼き捨てることになるのだ。銃から弾をぬきとるんだ。考える人間なんて存在させてはならん。本を読む人間は，いつ，どのようなことを考えだすかわからんからだ。……

　黒い民族は，"リトルブラック・サンボ"を好まない。だから，それを焼いてしまう。タバコと肺ガンについての書物を書いたやつがいる。タバコのみはそれを読むと，ガックリする。そこで，そいつも焼いてしまう。平穏無事が幸福の要領だよ。……

　万事につけ，《なぜ》ってことを知ろうとすると，だれだって不幸になるにきまっている。……

　国民を政治的な意味で不幸にしたくなければ，すべての問題には，ふたつの面があることを教えてはならん。ひとつだけあたえておくのが要領なのさ。……まちがっても，哲学とか社会学とかいった危険なものをあたえて，事実を総合的に考える術を教えるんじゃない。（宇野利泰訳，早川文庫，1975）

まことに辛辣な皮肉であり，箴言である。ブラッドベリがこの作品を世に出したのはマッカーシズムの旋風が吹きまくる1953年のことであり，彼は迫りくる技術革新と情報管理社会の危機を意識し，「大急ぎで書かねば」と思ってこれを書いたと後書きに述べている。人が自由に好むところの本を読むことが危険なことだとされ，それを取り締まるというのは，決してブラッドベリが描いた架空の世界のこと

マッカーシズム

だけではない。人間が文字をもち，何かを記録するという手法を身につけた非常に早い時期から，繰り返し行われてきたことである。まさに書物の最大の敵は人間であり，それは主としてその社会の為政者，権力者によってなされることが常だった。

ケストナー

1958年5月に国際ペン会議の席で挨拶に立ったドイツの文学者エーリッヒ・ケストナーが，その冒頭で，「本が書かれるようになってからこの方，本は焼かれています。このいとわしい文章は，公理のように通用し，破られない性質を持っています」と述べている。このスピーチは，ちょうど25年前の同じ日，ベルリンの広場で自らの著書が火に投じられるのを，群衆の中に混じってこぶしを握りしめながら凝視せざるを得なかったケストナーの苦汁の体験から発したものであった。25年前のその日とは，ナチスドイツによる史上最大の"火の祭典"と称される焚書により，2万5000冊とも3万冊ともいわれる書物が焼かれた日である。

焚書
ナチスの焚書

ルーズベルト

ナチスの焚書に関連して，アメリカ大統領ルーズベルトは1942年5月，米国書籍商協会にあてた書簡の中で，次のように書いている。

書物

　　　われわれは，書物が焼かれるのを知っている。だが，書物が火によって生命を絶たれるものではないということをより多く知っている。人間は死ぬが，書物は死なない。いかなる人も権力も，記憶を消すことはできないし，思想を永久に収容所に入れることはできない。あらゆる種類の専制に対する人間の永遠の戦いを収めている書物を，この世界から取り去ることはできない。

　民主主義の旗手を任じ，本を焼くことの愚かさを指摘したこの大統領の書簡が書かれてからわずか数年後に，そのアメリカで多くの書物が禁じられたり，焼かれたりさえする事態が全国規模であらわれた。マッカーシズムに象徴される狂気の「赤狩り」旋風の時代である。人はなぜ本を焼くのだろうか。ルーズベルトが指摘するように，本を焼けば，そこに書かれている事実そのものをも抹殺できるという幻想が人，とりわけ為政者をして本を焼くことに駆り立てた。焼かれる本にはそれだけの力があるということにもなろう。"焼かれる本こそいい本だ"，といっても過言ではない。

マッカーシズム

焼かれる本こそ
いい本だ

●………知的自由と図書館

　書物には本来それだけの力があると考えると，そうした書物やさまざまな形態の資料を幅広く収集し，こともあろうに誰もが自由に読め，活用できるようにしようと努める図書館が，本をめぐる緊張した関係のもとに置かれがちなのは，当然だといえよう。国際人権規約や日本国憲法が保障する表現の自由をはじめ思想，信条，プライバシーなど人間の内面，精神活動にかかわる自由は，広く「知的自由」

知的自由

(intellectual freedom)として包括的,基本的な自由と考えられている。アメリカではこれをそのほかの自由の上に置き,第一の権利（first freedom）とも称している。図書館はこの知的自由の尊重,具現化と最も深くかかわる社会機関であり,そのために果敢な闘いをも辞さない強い意志を求められる事業である。

●………検閲との闘い──アメリカの先駆的経験

しかしながら,知的自由を擁護することが図書館の基本的な役割だというのは,近代図書館の歴史の中ではまだごく新しい認識である。この分野で先駆的なアメリカ図書館界についてみると,1920年代くらいまでは,個人の読書の向上を通してコミュニティの向上に役立つのが図書館の役割だという考えが一般に支持されており,好ましくない書物を排除することに積極的意義を認めていた。1908年にアメリカ図書館協会（ALA）の会長に就任したアーサー・ボストウィック（Arthur Bostwick）の就任演説「検閲官としての図書館員」は,一般公衆が利用する図書館を念頭に,「利用者が増大し,その教育的機能が広がり,かつ若い人たち,未熟な人たちにその機能がより多く向けられるに従い,資料を選別するという義務がますます緊要なものとなってきた」とし,「道徳的にみて有益であり,正確な情報を記載しており,広い意味での審美的な感覚を満足させてくれる」という三つの要素のうち一つもしくはいくつかを備えた本を図書館に迎えるべきであり,「真・善・美」を欠く書物を書架に置かないことに図書館員の役割を強調している。

こうした考え方が大きく転換するのが1930年代末である。1938年11月,アイオワ州デモイン公共図書館の理事会が,スポールディング館長の起草した文書を,図書館資料の選択方針として承認した。これを原形に翌年,ALAが年次大会において,全国の公共図書館に適用される宣言として「図書館の権利宣言」（Library's Bill of Rights）を採択した。「今日,世界の多くの地域における徴候が,少数者と個人の権利に影響を及ぼすところの,増大しつつある不寛容,自由な言論の抑圧と検閲を暗示している」という認識がこの宣言を生んだ。スタインベックの『怒りのぶどう』をめぐる紛糾,ナチスの焚書など,図書館および図書館員の役割を,良書の普及に置く牧歌的な認識だけではすまない状況が国内外に生じ,図書館と知的自由とのかかわりを,図書館存立の基本のところで問わざるを得なくなったのである。

宣言はその後,1948年,1967年,1980年の大改訂をはじめ数次の改訂を重ねる。そこにはその間にアメリカ図書館人が遭遇した折々の経験をふまえて,新たな認識,課題が織り込まれた。当初の選択方針的な性格から,利用者の読む権利を保障する文書に基軸を移し,図書館が検閲に反対することを明確に述べたのが1948年改訂の「図書館の権利宣言」（Library Bill of Rights）である。1967年改訂では,利用者の権利に「年齢」を加え,知的自由の促進,図書館の扱う資料を非図書資料に広

げることをうたっている。1980年の改訂においては，図書館の役割規定をこれまでの「民主的な生き方にとっての教育の機関」から「情報と思想のひろば」と改め，「教育」がもつ指導性のニュアンスを除いた（1980年改訂の宣言はoption Eに収録）。

　ALAはこうした宣言の改訂だけでなく，遭遇するさまざまな問題に対応して個別の見解文書，解釈文書を数多く作成し，参考に供している。また，それを図書館活動の中で実践する組織と体制の整備にも力を尽くし，「知的自由を擁護する砦」としての図書館の役割を先駆的につくり出してきた（宣言の変遷過程や関連文書についての詳細は，ALA『知的自由マニュアル』〔川崎良孝ほか訳『図書館の原則』改訂3版，日本図書館協会，2010〕，塩見昇・川崎良孝編『知る自由の保障と図書館』京都大学図書館情報学研究会，2006，などを参照）。

●………図書館の自由

　アメリカにおける先駆的な経験からも多くを学んで，日本においても1950年代前半に「図書館の自由」という概念を生み出し，図書館活動が進展する1970年代以降，図書館とは何かの原理として実践の中で蓄積してきた。その集約がUNIT 11で紹介する「図書館の自由に関する宣言」である。

　「図書館の自由」というと，図書館が固有に保持する図書館のための自由もしくは権利として受け取られやすい。結果的にそうなるとしても，基本は図書館利用者（国民あるいは住民，その社会の構成員）の読み，調べ，探索する権利を図書館の機能を通して保障するために図書館が保持しなければならない自由であり，責務である。その主たる内容は次のように概括できよう。

①自由な表現を規制する一切の検閲を拒否し，
②資料の収集・提供における権力的な干渉およびそれを恐れる自己規制を排し，
③利用資格を備えたすべての人々に対し，あらゆる利用上の制約を除き，
④自由な読書，資料利用を妨げることのないよう，利用者のプライバシーを擁護し，
⑤公共のひろばとしての施設の公平な利用が約束されねばならず，
⑥そうした活動に献身する図書館員の身分や地位が保全されねばならない。

　これらの自由を図書館が保持することの意義と重要性が社会によって承認され，期待されるという信頼関係を通して，図書館はそうしたあり方を日常的に実践することになるし，それがまた人々の図書館への期待と信頼を高める，という相互に連環した関係が重要である。

UNIT 11 ●図書館の理念

図書館の自由　2

●⋯⋯⋯図書館の自由に関する宣言

　日本の図書館界において，図書館利用者の知る自由を保障する図書館の責務を表現した基本的な文書である「図書館の自由に関する宣言」（以下，宣言）は，1954年の全国図書館大会および日本図書館協会（日図協）総会で採択され，その後1979年の総会で改訂が承認され現在に至っている。宣言はその骨格を示す主文とそれぞれに対応する内容を具体的に述べた副文からなっている。主文は次のとおりである。

> 　図書館は，基本的人権のひとつとして知る自由をもつ国民に，資料と施設を提供することを，もっとも重要な任務とする。
> 　この任務を果たすため，図書館は次のことを確認し実践する。
> 　第1　図書館は資料収集の自由を有する。
> 　第2　図書館は資料提供の自由を有する。
> 　第3　図書館は利用者の秘密を守る。
> 　第4　図書館はすべての検閲に反対する。
> 　図書館の自由が侵されるとき，われわれは団結して，あくまで自由を守る。

　このUNITでは，宣言の成立と改訂，内容の骨子とそれを維持し普及する日図協の取り組みについて紹介する。

> 図書館の自由に関する宣言

●⋯⋯⋯1954年宣言の採択

　5月26～28日に東京で開かれた1954年度全国図書館大会（日図協の総会を併設）は，3日間にわたって断続的に宣言の採択に関する活発な論議を重ねた。それに先立つ2年間の「図書館の中立性」をめぐる館界の論議に決着をつけるものとなった。

> 図書館の中立性

　平和と民主主義を旗印に歩み出した戦後日本社会は，1950年代になって曲がり角を迎える。1950年に勃発した朝鮮戦争は，国際社会の冷戦構造を激化させ，日本は日米安保体制のもと，西側陣営の一員として国際社会に復帰した。この情勢下で，1952年に福岡で開かれた全国図書館大会において，折から議論の激しかった破壊活動防止法に反対しようという参加者の動きがあったことにふれて，大会後の機関誌『図書館雑誌』に日図協事務局長の有山崧が，「破防法」と題した小文を寄せ，インフォメーションセンターとしての図書館の政治問題へのかかわり方につい

> 有山崧

て提起した。これを受けて『図書館雑誌』1952年8月号で編集部が「図書館と中立について」の誌上討論を呼びかけた。これを端緒に2年間，図書館の役割，中立性，戦争責任など多岐にわたる争点で活発な議論が誌上を賑わした。その中で，アメリカにおける検閲の事例，それに対処するアメリカ図書館協会の宣言も紹介された。

　1954年大会で宣言を提案した有山事務局長は，「中立性」にはあいまいな側面があるのでそのことばは避けたことにふれた上で，①そういう宣言をするかしないか，②宣言をするならば，それを守ろうという意識をもつこと，③守る方法を確立すること，の3点を討議してほしいと訴えた。

　初日の午前中，3日目の午前へと継続された大会の論議では，宣言採択の是非，原案の「図書館の自由が侵される時，我々は団結して関係諸方面との協力の下に抵抗する」中の「抵抗する」という表現を中心に，激しいやりとりがかわされた。結局，大会では副文は論議の対象外に置き，主文のみの採択を決め，字句の修正その他を3日目午後の総会にゆだねた。付託された総会においても「抵抗する」という原案をめぐってさらに緊迫した議論が続けられ，最終的には「図書館の自由が侵されるとき，我々は団結して，あくまで自由を守る」という表現で決着をみた。これが後に，「独立後まもないこの時期に，早くも民衆の知る自由という理念がうたわれたことは十分注目に値する出来事である」（清水英夫『出版業界』教育社，1976，p.125）と法学者からも評価を受ける「図書館の自由に関する宣言」の成立である。

知る自由

●⋯⋯⋯1979年改訂

　白熱した議論で採択された宣言も，その後長期にわたって忘れられたような存在だった。図書館活動そのものが日常レベルで「図書館の自由」を問われるほどに活発ではなかった結果である。1963年の『中小都市における公共図書館の運営』，1970年の『市民の図書館』を指針に，東京・日野市立図書館などによって切り開かれた1960～70年代の公共図書館活動の発展が，その状況を変えた。貸出を伸ばし，住民の暮らしの中で生きた図書館をめざそうとすると，その過程で図書館の日ごろの活動と「図書館の自由」がさまざまにかかわってくることが見えはじめたのである。1967年6月の東京・練馬区立図書館におけるテレビ事件（ドラマのシナリオで図書館員が刑事に利用者の貸出記録を示すという筋に疑問を呈し，その修正を働きかけた）はその象徴的な出来事であった。

練馬のテレビ事件

　1973年8月にマスコミが大きく報道した山口県立図書館の図書隠匿事件を契機に，日図協で宣言を再確認し，宣言の理念を日常活動で実践する組織を備えることが必要だという議論が起こり，慎重な検討の末，74年11月の臨時役員会で「図書館の自由に関する調査委員会」を常置の委員会として設けることが決定された。この委員会が最初に手がけた仕事が，1954年に主文の採択だけにとどまっていた宣

山口県立図書館の図書隠匿事件

図書館の自由に関する調査委員会

言の副文を見直し，主文と一体の文書として再生することであり，それが2年余の広範な論議を重ねる中で宣言の主文を含めた改訂へと広がった。図書の中の人権にかかわる表現がしばしば問題になり，利用者の貸出記録の公表が捜査当局によって求められるといった事件が続出する状況が，宣言の今日的な見直しを求めることになったのである。宣言の改訂案は1979年5月の日図協総会で承認された。

● ……… 宣言の骨子

　1979年改訂宣言は，1954年宣言が「図書館の中立性」を基点に構成されていたのに対し，憲法が定める国民主権の原理と表現の自由に拠って，図書館を国民の知る自由を保障する機関として位置づける。知る自由は，表現の送り手の自由と表裏一体をなすものであり，すべての国民は，いつでも必要とする資料を自由に入手し，利用する権利をもっていることを確認し，その権利を社会的に保障する責任を図書館は負っていると述べている。また，図書館利用に関していかなる差別もあってはならないこと，それは外国人についても同様でなければならないとし，こうした「図書館の自由」に関する原則は，「すべての図書館に基本的に妥当する」と述べることで，どの館種の図書館にもあてはまるという考えを示している。 知る自由

　収集の自由とは，図書館が自らの責任で作成した収集方針に基づいて行う資料収集がほかからの圧力や干渉によって歪められることがあってはならないということで，そのためには図書館が行う資料収集の原理が国民に明らかになっていなければならない。第1項ではその原則として，「多様な，対立する意見のある問題については，それぞれの観点に立つ資料を幅広く収集する」などの数点を掲げ，さらに収集方針を成文化し，公開することで広く社会の批判と協力を得るとしている。 収集の自由／収集方針の成文化と公開

　図書館に収集された資料は，すべて国民の自由な利用に供されねばならない。宣言はそのことを確認した上で，人権やプライバシーを侵害するもの，わいせつ出版物であるとの判決が確定したもの，寄贈者・寄託者が公開を非とする非公刊資料については，提供を制限することもあり得るとしている。ただその場合も，その措置は時期を経て再検討すべきだし，資料そのものはきちんと保存することの重要性などを提供の自由についての第2項で述べている。提供の自由をうたう宣言に，提供を制限するケースを明記することの是非は，改訂の過程で最も論議を呼んだところであるが，この当時の日本の社会の現実からあえてこれを宣言に含めたものである。 提供の自由

　読者が何を読むかは，個人の内面の自由に深くかかわるプライバシーに属することである。そのため図書館は，貸出記録をはじめ利用者の読書事実，利用事実を他に漏らすことがあってはならないし，その責務は図書館活動に従事するすべての職員に課されているというのが第3項の「利用者の秘密を守る」の内容である。この項目は，1979年改訂ではじめて主文に取り上げられた事項である。 利用者の秘密を守る

検閲 　憲法第21条第2項が、「検閲は、これをしてはならない」と明確に禁じていることから、現代の日本では国民の知る自由を侵す検閲は存在しないはずであるが、現実には検閲に近い行為、「検閲と同様の結果をもたらす」ような干渉があとを絶た
検閲に反対する ない。そうした事態は、自由な図書館活動とあい容れないので、「図書館はすべての検閲に反対する」ことを第4項で述べている。1954年宣言では、「すべての不当な検閲に反対する」とあったが、「不当な」という表現が削除された。

　最後の結びにおいては、図書館の自由の状況は、民主主義の進展の重要な指標であると述べ、もし図書館の自由を侵害するような事態があれば、図書館は互いに力を合わせて闘うし、そのことで共通の立場に立つ団体や人々と連携することで、「図書館の自由を守る努力を不断に続ける」との決意を示している。

●………宣言の普及と維持

　以上のような内容からなる宣言は、そのままで法的な効力をもつものではないが、憲法や国際人権規約で確認されている原理を基礎に据えて組み立てられており、国
社会への誓約 民の基本的人権を保障し擁護する図書館の責任についての社会への誓約であり、人々が図書館に何を求め、期待し得るかの根拠を示すものである。そうであるためには、この宣言の内容が広く社会に伝えられ、その理念が日常の図書館サービスの中で実践されることで、なるほど図書館とはそういうものなんだ、ということが利用者に納得されることが重要である。そうでなければ、図書館の自由といっても、図書館の側だけの思い込みにとどまる。

　1954年に宣言が採択されながら、それを実践し普及する組織的な対応ができて
図書館の自由に関する調査委員会 こなかったことの反省を込めて、日図協は1975年に「図書館の自由に関する調査委員会」（2002年に「図書館の自由委員会」と改称）を設置し、宣言の趣旨を普及
自由委員会の活動 し、その維持・発展を図ること、必要な調査研究を継続して行い、求めに応じて成果を提供することを役割に定めた。委員会の主要な活動としては、東西の地区小委員会による継続した事例の収集と検討などを行い、その成果として事例集の刊行、毎年の全国図書館大会で「図書館の自由」の分科会を担当し、自由をめぐる問題、事例について論議すること、収集した事例や情報の速やかな普及のためのニュースレターの発行などを行っている。こうした活動の集約として、宣言の解説冊子が二度の改訂を重ね、新たな課題への示唆を提示している。

　リクエストされた本や延滞の通知で、電話に出たのが本人でない場合、書名を言わないといった応対が、「えっ、図書館ってそんなことまで考えて仕事をしてるんですか」と感銘を与えることもあれば、「なんで親の私にも言えないの！」と反発を買うこともある。「図書館の自由」が広く社会的認知を得るには、不断の実践に裏づけをもつ普及の努力が欠かせない。

UNIT 12 ●図書館の理念
図書館の自由　3

●………事例を通して

　UNIT 10と11で「図書館の自由」がどういう考え方であり，どのように醸成されてきたかを概説してきた。このUNITでは宣言の柱に即し，事例を通してその内容をさらに敷衍する。事例の詳細，関連する事実については，日本図書館協会図書館の自由委員会による3冊の事例集（参考文献に収録）等で深めていただきたい。

●………資料収集への規制

　まず資料収集の段階での規制としては，図書館の正規の選択組織が必要だと判断した資料が，上部機関を含めて他の機関・団体・個人等からの圧力により図書館資料として収集（購入・受入）できないケースがこれにあたる。

　1981年秋に愛知県立高校で顕在化し，マスコミによって大きく報じられた「禁書事件」はその典型である。図書選択委員会等が購入したいと決めた資料のいくつかが，管理職の判断で買えないケースが頻発しているという現場の声を受けて，愛知県高等学校教職員組合が行った調査結果が「トットちゃんも読めない高校図書館」としてマスコミの紙面を賑わし，社会的な関心を集めた。

> 愛知県立高校禁書事件

　購入禁止の理由にあげられた「戦争」，「自由」，「公害」，「抵抗」を扱っているから，「出版社・編者がいけない」，「偏向している」という表現は，驚くほど率直に管理教育の本音を語っており，図書の評価を内容によってではなく，書名・著者・出版社への偏見で行っていることが特徴である。「図書館の自由に関する宣言」（自由宣言）の主張と真っ向から対立する資料評価であり，教育の場の図書館であることが，図書館資料の収集よりも「教育的配慮」を優先させる判断を生んだといえよう。

　1983年に東京・品川区立大崎図書館の蔵書について，区議会議員が社会思想・労働問題関係に偏りがある，どんな選書を行っているのか，区立図書館全館の蔵書目録を提出せよ，と要求する事件が起きた。請求者が議員の調査権に基づいて請求したことから，図書館の選択への権力的な介入ではないか，という反発を招きもした。

●………提供の制限と資料の回収要求

　図書館の所蔵資料に対して，外部から提供を制限するように求められたり，版元

から資料の回収，提供制限を要請されるケースは少なくない。部落差別や性差別，障害者やある種の職業従事者に対する差別を助長し，拡大する，あるいは特定個人のプライバシーを侵害するおそれがある，という指摘に発するものが多い。

差別助長の資料　　部落差別の関係では，部落問題そのものを扱った図書，差別的な表現を一部に含むものを含めて，これまでに『原爆と差別』，『橋のない川』など多くの本，さらに地方誌の多数が問題になっている。黒人差別を助長するものとして国際的にも論議された『ちびくろサンボ』や，障害者への差別意識が問われた『ピノキオ』では，作品の差別性が問われ，出版社は早々に絶版，回収に応じたものの，図書館では公開・非公開，保存の責任などで真摯な検討，論議を重ねた経験をもっている。

少年法第61条　　未成年者の犯罪に関連する報道，あるいは著作において，被疑者の実名，顔写真を掲載していることが少年の保護・更生をはかる少年法第61条に抵触する，と批判がある場合，その資料を図書館ではどう扱うか。1997年の神戸における少年殺傷事件などこの種の事例は多く，図書館のあり方をめぐる本質論議にもなっている。

● ········ プライバシー保護

プライバシー保護
貸出記録の公開

各務原少女誘拐事件

地下鉄サリン事件

令状

記名式貸出方法

フィクションの中の図書館の自由

　提供制限と並んで多いトラブルが，図書館利用者のプライバシー保護にかかわる事例である。犯罪捜査に関連して図書館が所有する被疑者もしくは被害者の貸出記録等の公開を捜査当局から求められることがある。1986年に岐阜県各務原市で起きた少女誘拐事件では，保護された被害者の記憶から，犯人が所持していた本が図書館の蔵書と推定されたことで，県下一円の公立図書館の貸出記録に捜査の目が集まり，マスコミも情報を求めて図書館に殺到した。1996年4月，全国を騒がせたオウム真理教にかかわる地下鉄サリン事件の捜査で，国立国会図書館が所蔵する13カ月分53万人に及ぶ利用者記録が警察に押収された。当初，警察の要請に対し利用者のプライバシーにかかわるからと断った図書館側が，裁判所の発行した令状に基づく再度の依頼で応じざるを得なかった，と説明し，令状の拘束性が問われた。

　神奈川県が個人情報保護の条例を施行するにあたって，県が保有する個人情報の実態を点検する中で，県立高校の図書館における貸出方式の見直しが指摘された。本に装備されたブックカードに名前を記入するため，返却後にも誰が，何を借りたかが第三者にわかる方式が問題になったものである。

　プライバシーにかかわる資料として，名簿類の扱いが問題になることが多い。

　プライバシーが問われるもう一つのタイプは，フィクションに描かれる図書館の描写である。推理小説で，犯罪捜査に図書館員が協力して貸出や調査の記録を提供し，それが事件の解決に役立つという筋立てのものが，繰り返しあらわれる。1967年の東京・練馬区の図書館で起きたテレビ事件は，図書館が貸出を伸ばそうという実践に取り組みはじめた初期の経験で，図書館の自由を日常の中にある問題として

意識し，自由宣言を実践課題ととらえる契機となった重要な事例である。その種の事例が明らかになった際は，図書館のあり方を説明し，理解を得るように努めており，図書館界からの指摘を受けて，作者が再版の際に後書きなどで図書館の自由について言及するケースもある。こうした一つひとつの経験を通して，図書館の自由についての認識と理解を広げる努力をすることも重要である。

日常の中でといえば，予約や滞納の電話連絡で，本人以外が出たときには書名を言わないようにするとか，遺失物の処理で警察から借り出し人の連絡先の照会を受ける，といった事例がある。杓子定規な対応が時にトラブルを招くこともあり，要は図書館の日常が，読者の自由を尊重する実践で一貫していることが重要である。

● ……… **施設利用への批判**

図書館活動への批判，干渉としては当然，資料に関するものが多いが，図書館で開く講演会，展示会など文化活動の企画や内容，集会室の提供をめぐってトラブルが生ずることもある。1997年に長崎県諫早市西諫早分館で企画された「座談会＆原画展」が教育委員会の介入で中止されたし，高知市民図書館で開かれた「原発を考える写真資料展」や東京・目黒区立図書館が行った「戦争と平和」資料展に対し，議会で内容が偏っていると批判が出されたケースなどがその一例である。

● ……… **図書館（員）自身による規制や侵犯**

図書館における検閲行為の一番の要因は図書館員にある，というのはフィスクが1958年にアメリカで行った調査結果（M. Fisk. *Book Selection and Censorship*）の指摘であるが，それは日本においても変わりない。外部から批判や指摘を受けてというのではなく，紛糾や批判を予想・危惧して，図書館員自身が利用者の知的自由を妨げる役割を負ってしまうというケースが少なくない。

1986年の県立美術館における展示が発端で，十余年にわたって複合的な問題が続出した富山の「『図録』問題」はその代表的な事例である。ことは美術館の天皇を戯画化した展示作品への不快感が県議会で問題になり，展示が中止になったことに始まり，美術館の要請でその展示の図録『'86富山の美術』を県立図書館は閲覧停止とした。論議の末，図書館が図録を公開したところ，この作品に不快感をもつ一利用者が図録を破り，器物破壊で告訴され，有罪判決を受けた。裁判が決着し，図録が返還されることになった段階で，図書館は資料の修復が不可能だとして受け取りを拒否，これに対して，かねてより図書館の当該資料の非公開を問題にしてきた県民が，図録を蔵書に加えること，図録の受贈受け入れ，国立国会図書館からの借り受けを求めたところ，いずれも図書館が拒否する，という複雑な展開が続いた。

この事件の経過の中では，県民からの監査請求，審査請求などが相次ぎ，その過

> 富山の『図録』問題

程で図書館長の権限，資料再評価の仕組み，リクエストと権利関係など，図書館のあり方にも深くかかわる論点が数多く提起されたことでも重要な事件である。

 2005年の最高裁判所の判決で厳しく指弾を受けることになった2001年の千葉県船橋市西図書館における蔵書破棄事件は，「新しい歴史教科書をつくる会」関係者の著作物に嫌悪を抱いた一司書が，正規の除籍手順によることなく関連図書など107点を廃棄し，関係者から国家賠償を求めて訴えられた事件で，「個人的な関心や好みによって選択をしない」という宣言に反する誤った行為であり，図書館への不信を招いた。

 1996年から98年にかけて国立国会図書館に出向し，専門調査員を務めた外務省職員が，国会議員からの調査依頼接受記録を外務省に送付し，省内で供覧されていた事実が2011年に発覚し，国会でも取り上げられるという事態もあった。

 結果として国民の知る権利を侵すことになる図書館（員）自身の規制行為は，日常の資料の収集，排架，資料案内等において，潜在的に生じがちなことである。図書館の自由を具現化する上で，最も基礎的な部分であり，図書館現場における自由についての理念をしっかり共有し，組織的な対応で克服せねばならない課題である。

[側注] 船橋市西図書館における蔵書破棄事件

●………法廷で問われる図書館の自由

 図書館における知的自由をめぐって，アメリカでは多くの訴訟があり，法廷の裁決を通して図書館の自由の理論化と社会的認知が進んできた歴史がある。そこには社会生活における図書館の蓄積の厚みがうかがえる。

 日本の場合はまだ決して多くはないが，先述の最高裁判決や富山の『図録』事件の展開など，20世紀末からいくつかの判例が出され，図書館の自由に係る研究や論議に法曹界からの発言もあって，広がりを見せている。

 1998年の『図録』に係る富山地裁の判決，東京・東大和市立図書館の『新潮45』閲覧制限事件に係る2002年の東京高裁判決では，資料の収集・運用にあたって公の施設の設置者，管理規則の運用に大幅な裁量権を認め，住民には資料を請求する権利までは認められない，として訴えが棄却された。しかし2005年の最高裁判決ではそれを覆し，図書館の役割，それを果たすための司書の働きと責務にまで踏み込んだ考察をし，国家賠償法に照らして違法であるという画期的な判決となった。

 判決文に「図書館の自由」とか「図書館の自由に関する宣言」という言葉こそないが，これまで蓄積してきた図書館法に基づく図書館の法的把握や宣言の内容が読み込まれ，マスコミ各紙が社説にも取り上げ評価するなど，その社会的浸透がそれなりに実感できるものとなっている。

 図書館の自由をより一層確かなものとしていくために，法曹界，マスコミ，その他社会のいろいろな分野との交流，共同を一層進めていくことが重要である。

[側注] 2005年の最高裁判決

●──option D

図書館の自由に関する宣言　〔1954年採択, 1979年改訂〕

　図書館は，基本的人権のひとつとして知る自由をもつ国民に，資料と施設を提供することを，もっとも重要な任務とする。

1　日本国憲法は主権が国民に存するとの原理にもとづいており，この国民主権の原理を維持し発展させるためには，国民ひとりひとりが思想・意見を自由に発表し交換すること，すなわち表現の自由の保障が不可欠である。

　　知る自由は，表現の送り手に対して保障されるべき自由と表裏一体をなすものであり，知る自由の保障があってこそ表現の自由は成立する。

　　知る自由は，また，思想・良心の自由をはじめとして，いっさいの基本的人権と密接にかかわり，それらの保障を実現するための基礎的な要件である。それは，憲法が示すように，国民の不断の努力によって保持されなければならない。

2　すべての国民は，いつでもその必要とする資料を入手し利用する権利を有する。この権利を社会的に保障することは，すなわち知る自由を保障することである。図書館は，まさにこのことに責任を負う機関である。

3　図書館は，権力の介入または社会的圧力に左右されることなく，自らの責任にもとづき，図書館間の相互協力をふくむ図書館の総力をあげて，収集した資料と整備された施設を国民の利用に供するものである。

4　わが国においては，図書館が国民の知る自由を保障するのではなく，国民に対する「思想善導」の機関として，国民の知る自由を妨げる役割さえ果たした歴史的事実があることを忘れてはならない。図書館は，この反省の上に，国民の知る自由を守り，ひろげていく責任を果たすことが必要である。

5　すべての国民は，図書館利用に公平な権利をもっており，人種，信条，性別，年齢やそのおかれている条件等によっていかなる差別もあってはならない。

　　外国人にも，その権利は保障される。

6　ここに掲げる「図書館の自由」に関する原則は，国民の知る自由を保障するためであって，すべての図書館に基本的に妥当するものである。

この任務を果たすため，図書館は次のことを確認し実践する。

第1　図書館は資料収集の自由を有する。

1　図書館は，国民の知る自由を保障する機関として，国民のあらゆる資料要求にこたえなければならない。

2　図書館は，自らの責任において作成した収集方針にもとづき資料の選択および収集を行う。

その際,
(1) 多様な,対立する意見のある問題については,それぞれの観点に立つ資料を幅広く収集する。
(2) 著者の思想的,宗教的,党派的立場にとらわれて,その著作を排除することはしない。
(3) 図書館員の個人的な関心や好みによって選択をしない。
(4) 個人・組織・団体からの圧力や干渉によって収集の自由を放棄したり,紛糾をおそれて自己規制したりはしない。
(5) 寄贈資料の受入れにあたっても同様である。
　　図書館の収集した資料がどのような思想や主張をもっていようとも,それを図書館および図書館員が支持することを意味するものではない。
3　図書館は,成文化された収集方針を公開して,広く社会からの批判と協力を得るようにつとめる。

第2　図書館は資料提供の自由を有する。

1　国民の知る自由を保障するため,すべての図書館資料は,原則として国民の自由な利用に供されるべきである。
　　図書館は,正当な理由がないかぎり,ある種の資料を特別扱いしたり,資料の内容に手を加えたり,書架から撤去したり,廃棄したりはしない。
　　提供の自由は,次の場合にかぎって制限されることがある。これらの制限は,極力限定して適用し,時期を経て再検討されるべきものである。
(1) 人権またはプライバシーを侵害するもの。
(2) わいせつ出版物であるとの判決が確定したもの。
(3) 寄贈または寄託資料のうち,寄贈者または寄託者が公開を否とする非公刊資料。
2　図書館は,将来にわたる利用に備えるため,資料を保存する責任を負う。図書館の保存する資料は,一時的な社会的要請,個人・組織・団体からの圧力や干渉によって廃棄されることはない。
3　図書館の集会室等は,国民の自主的な学習や創造を援助するために,身近にいつでも利用できる豊富な資料が組織されている場にあるという特徴をもっている。
　　図書館は,集会室等の施設を,営利を目的とする場合を除いて,個人,団体を問わず公平な利用に供する。
4　図書館の企画する集会や行事等が,個人・組織・団体からの圧力や干渉によってゆがめられてはならない。

第3　図書館は利用者の秘密を守る。

1　読者が何を読むかはその人のプライバシーに属することであり,図書館は,利用者の読書事実を外部に漏らさない。ただし,憲法第35条にもとづく令状を確

認した場合は例外とする。
2　図書館は，読書記録以外の図書館の利用事実に関しても，利用者のプライバシーを侵さない。
3　利用者の読書事実，利用事実は，図書館が業務上知り得た秘密であって，図書館活動に従事するすべての人びとは，この秘密を守らなければならない。

第4　図書館はすべての検閲に反対する。
1　検閲は，権力が国民の思想・言論の自由を抑圧する手段として常用してきたものであって，国民の知る自由を基盤とする民主主義とは相容れない。
　　検閲が，図書館における資料収集を事前に制約し，さらに，収集した資料の書架からの撤去，廃棄に及ぶことは，内外の苦渋にみちた歴史と経験により明らかである。
　　したがって，図書館はすべての検閲に反対する。
2　検閲と同様の結果をもたらすものとして，個人・組織・団体からの圧力や干渉がある。図書館は，これらの思想・言論の抑圧に対しても反対する。
3　それらの抑圧は，図書館における自己規制を生みやすい。しかし図書館は，そうした自己規制におちいることなく，国民の知る自由を守る。

図書館の自由が侵されるとき，われわれは団結して，あくまで自由を守る。
1　図書館の自由の状況は，一国の民主主義の進展をはかる重要な指標である。図書館の自由が侵されようとするとき，われわれ図書館にかかわるものは，その侵害を排除する行動を起こす。このためには，図書館の民主的な運営と図書館員の連帯の強化を欠かすことができない。
2　図書館の自由を守る行動は，自由と人権を守る国民のたたかいの一環である。われわれは，図書館の自由を守ることで共通の立場に立つ団体・機関・人びとと提携して，図書館の自由を守りぬく責任をもつ。
3　図書館の自由に対する国民の支持と協力は，国民が，図書館活動を通じて図書館の自由の尊さを体験している場合にのみ得られる。われわれは，図書館の自由を守る努力を不断に続けるものである。
4　図書館の自由を守る行動において，これにかかわった図書館員が不利益をうけることがあってはならない。これを未然に防止し，万一そのような事態が生じた場合にその救済につとめることは，日本図書館協会の重要な責務である。

　　　　　　　　　　　　　　　　　　　（1979.5.30　日本図書館協会総会決議）

option E

図書館の権利宣言

アメリカ図書館協会が採択している「図書館の権利宣言」の原文および邦訳文を以下に収める。

Library Bill of Rights

[Adopted June 18, 1948. Amended February 2, 1961, June 27, 1967, and January 23, 1980, by the ALA Council]

The American Library Association affirms that all libraries are forums for information and ideas, and that the following basic policies should guide their services.

1. Books and other library resources should be provided for the interest, information, and enlightenment of all people of the community the library serves. Materials should not be excluded because of the origin, background, or views of those contributing to their creation.
2. Libraries should provide materials and information presenting all points of view on current and historical issues. Materials should not be proscribed or removed because of partisan or doctrinal disapproval.
3. Libraries should challenge censorship in the fulfillment of their responsibility to provide information and enlightenment.
4. Libraries should cooperate with all persons and groups concerned with resisting abridgment of free expression and free access to ideas.
5. A person's right to use a library should not be denied or abridged because of origin, age, background, or views.
6. Libraries which make exhibit spaces and meeting rooms available to the public they serve should make such facilities available on an equitable basis, regardless of the beliefs or affiliations of individuals or groups requesting their use.

図書館の権利宣言

アメリカ図書館協会は，すべての図書館が情報と思想のひろばであり，以下の基本方針が，図書館サービスの指針となるべきであるということを確認する。
1. 図書およびその他の図書館資源は，その図書館が奉仕する社会のすべての人びとの関心，情報および啓発に役立つように提供されるべきである。資料は，その

創造にかかわった人たちの出身，経歴あるいはその見解を理由として排除されてはならない。
2. 図書館は，今日および歴史上の諸問題について，さまざまの観点にたつ，すべての資料および情報を提供すべきである。資料は，党派あるいは主義の上から賛成できないという理由で，締め出され，または取り除かれることがあってはならない。
3. 図書館は，情報を提供し啓発するという図書館の責任を達成するために，検閲を拒否すべきである。
4. 図書館は，表現の自由および思想の自由の抑圧に抵抗することにかかわるすべての人びと，団体と協力すべきである。
5. 図書館の利用に関する個人の権利は，その人の出身，年齢，経歴あるいは見解によって拒否され，または制限されることがあってはならない。
6. 展示スペースおよび集会室を，一般の利用に供している図書館は，それらの利用を求める個人または団体の信条，所属関係にかかわりなく，公平な基準で施設を利用に供すべきである。

(日本図書館協会図書館の自由に関する調査委員会訳)

●——option F

図書館の自由関係略年表

1950年以降の図書館の自由にかかわる主要な動きを，年表として整理してみた。かっこ内の数字は月。＊印は外国の参考事実を示している。

1950年　図書館法公布
　　　　朝鮮戦争勃発（6）
　　　　　　　　＊アメリカでマッカーシズム旋風（〜54年ころ）
1951年　対日講和・日米安保条約調印
1952年　中島健蔵座談会に関連して秩父市立図書館を警察官が捜査（2）
　　　　有山崧「破防法」（『図書館雑誌』7月号）
　　　　図書館と中立についての討論を提案する（『図書館雑誌』8月号）
　　　　　⇒「図書館の抵抗線」で中立性論議（〜54年）
　　　　中村光雄「閲覧証をめぐる問題」（『図書館雑誌』8月号）
　　　　埼玉県公共図書館協議会，図書館憲章制定を日図協に申し入れ（12）
1953年　日図協総会，図書館憲章制定を承認（6）
　　　　　　　＊Asheim：検閲ではなく選択を

	＊ALAほか，読書の自由声明
1954年	全国図書館大会で「図書館の自由に関する宣言」採択（5）
1956年	全国図書館大会で宣言を再確認
1959年	全国図書館大会で文部省の図書選定問題をめぐって宣言を再々確認
1960年	安保闘争
	有山崧「図書館は何をするところか―国会デモに思う」（『図書館雑誌』9月号）
1963年	『中小都市における公共図書館の運営』刊行（日図協）
1964年	東京都青少年健全育成条例をめぐって日図協総会で論議
1965年	日野市立図書館，BM活動開始（9）
1966年	村上清造「忘れられたか図書館憲章」（『図書館雑誌』1月号）
1967年	練馬テレビ事件（6）
1969年	岩波書店，大内兵衛論文に関して『世界』3月号を回収（3）
1970年	創価学会・公明党出版妨害事件
	都立教育研究所有三青少年文庫の選書問題表面化
1973年	山口県立図書館蔵書隠匿事件発覚（8）
	全国図書館大会で宣言を確認する決議（10）
	『目黒区史』回収依頼（10）
1974年	東村山市立図書館設置条例で図書館員の守秘義務を規定
	日図協に自由委員会設置検討の委員会を設置（4）
	日図協，「図書館の自由に関する調査委員会」設置を決定（11）
1975年	都立中央図書館複写申込書閲覧事件（5）
	部落解放同盟，『部落地名総鑑』を追及
	「問われる"図書館の自由"」（朝日新聞，1975.7.5，夕刊）
1976年	日図協自由委員会，宣言（副文案）改訂作業に着手（5）
	日野市立図書館，コンピュータ導入にあたっての三原則確認（6）
	ピノキオ問題起こる（11）
	名古屋市図書館：自由委員会設置（79年12月），検討の三原則確認
1978年	『現代用語の基礎知識』（普及版）の記述をめぐって問題化（1）
1979年	自由宣言1979年改訂案発表（1）
	日図協総会「図書館の自由に関する宣言1979年改訂」を承認（5）
	宣言解説冊子刊行（10）
	全国図書館大会，改訂宣言を支持する決議（10）
1980年	＊ALA図書館の権利宣言改訂（1）
	日図協，「図書館員の倫理綱領」採択（5）
1981年	『長野市史考』問題
	愛知県立高校禁書問題発覚（11）
1982年	山形県金山町，情報公開を制度化（4）

1983年　岡山県鴨方町図書館，貸出登録に住民基本台帳を利用（3）
　　　　最高裁判決で未決拘禁者の「閲読の自由」を認定（6）
　　　　全国部落解放研究者集会で自由宣言を評価（7）
　　　　品川区議会で区立図書館社会思想・労働運動蔵書リスト請求の発言（7）
1984年　世田谷区議による親子読書・団体貸出への非難・攻撃発言（3）
　　　　広島県立図書館蔵書破棄事件（4）
　　　　日図協，貸出業務へのコンピュータ導入に伴う個人情報の保護に関する基準を決定（5）
1986年　各務原少女誘拐事件「図書館ラベルを追え」報道（8）
　　　　深川幼児誘拐殺人事件で国会図書館において裁判所の令状に基づく押収
　　　　富山県立図書館『図録』閲覧停止問題
　　　　　⇒利用者による資料破損（1990年），県立図書館が裁判所から返還の証拠資料受取を断る（1995年）
1988年　3億円事件報道に関し，新聞縮刷版の利用制限を要請される（1）
　　　　『ワシントン・ポスト』の「サンボ」報道（7）
　　　　　⇒『ちびくろサンボ』絶版，図書館におけるサンボ論議さかん
　　　　　　＊国連総会「子どもの権利条約」採択
　　　　堺の女性団体，「白雪姫」等名作118点に差別的表現があると指摘（6）
1990年　長野市，『ちびくろサンボ』破棄を通達（11）　⇒批判を受けて撤回
1992年　杉並区立図書館，自由委員会を設置（9）
1994年　日本で子どもの権利条約発効（5）
　　　　松本市立図書館，『みどりの刺青』貸出保留に（7）
　　　　日図協自由委員会，自由宣言40周年記念移動展示を企画・実施（～95年）
1995年　地下鉄サリン事件の捜査で国立国会図書館53万人分の利用者記録押収（4）
　　　　徳島県那賀川町立図書館所蔵の『富岡町志』焼却を求めて裁判所に提訴
　　　　日図協自由委員会，宣言の実践等で全国の公立図書館にアンケート調査
1996年　少年の自殺にからんで『完全自殺マニュアル』の扱い，鳥取等で論議
　　　　三重県立図書館で同和問題関係図書選別排架問題顕在化（4）
　　　　国際図書館連盟（IFLA）大会分科会で日本の図書館の自由に関する取り組みを紹介（8）
1997年　「松本市図書館利用者のプライバシー保護に関する運用方針」を教育委員会が承認（3）
　　　　神戸の連続児童殺傷事件の14歳の被疑者の写真・実名を『フォーカス』，『週刊新潮』が報道。少年法に照らしてその是非が論議になる（7）
　　　　　⇒その扱いをめぐって図書館でも論議続く
　　　　　　記事の扱いで日図協見解を発表（7）
　　　　町田市立図書館，自由に関する委員会設置（8）
1998年　神戸の連続児童殺傷事件被疑者の供述調書を掲載した『文藝春秋』3月号

       が少年法に照らして問題になり，図書館での扱いが論議に（2）
       日図協自由委員会，提供制限がありうる場合の3要件を参考意見で提示
1999年　『完全自殺マニュアル』複数の県で青少年育成条例による有害指定に
       ＊IFLA理事会「図書館と知的自由に関する声明」を承認
2000年　大阪高裁，『新潮45』少年実名報道事件で逆転判決（2）
2001年　船橋市西図書館における蔵書破棄事件発覚
2002年　東大和市立図書館の『新潮45』閲覧制限にかかる訴訟で東京高裁判決
       最高裁，プライバシー侵害を認め，柳美里「石に泳ぐ魚」の公表差し止め
2004年　『「図書館の自由に関する宣言1979年改訂」解説』第2版刊行
2005年　船橋市西図書館蔵書破棄事件に対する最高裁判決（7.14）
       大阪・高槻市立図書館で利用者名簿89人分が盗難，秘密漏洩
2006年　高専生殺害少年の実名報道雑誌・新聞，各地の図書館で閲覧制限（9）
       件名標目における「ハンセン病」「らい」の扱いが問題になり，厚生労働省からも通知文書
2008年　元厚生事務次官殺傷事件に伴う国会図書館における政府職員録利用停止
       国会図書館が『合衆国軍隊構成員等に対する刑事裁判権関係実務資料』の利用を制限
       練馬区立図書館が導入した「貸出履歴保存」システムが論議を呼ぶ
2009年　『老いの超えかた』の差別表現をめぐって問題化
2010年　図書館ホームページへのアクセスに係る岡崎市立中央図書館利用者逮捕拘留事件
2011年　国立国会図書館への外務省出向職員による議員の調査依頼記録送付問題
       日図協の選定図書『こっきのえほん』が国会で問題になる
2013年　松江市教委による学校への『はだしのゲン』閲覧制限指示が表面化
2014年　東京都内の図書館等で『アンネの日記』が集中的に破損される

UNIT 13 ●図書館の理念

図書館員の倫理と倫理綱領

●……専門職の倫理

　図書館の社会的役割を履行し，課された責任を果たす主体は，専門職（プロフェッション）としての図書館員およびその集団である。逆に，図書館員の行為が利用者の不信を招くことにもなる。先に図書館の自由の関連で，知的自由の抑圧に図書館員がかかわるケースの多いことに触れた。そのことを裁判所から厳しく指弾された事例が，船橋市西図書館の蔵書破棄事件であり，2005年7月14日の最高裁判決は，公立図書館の役割と司書の責務について，次のように重要な判断を示した。

> 　公立図書館は，住民に対して思想，意見その他の種々の情報を含む図書館資料を提供してその教養を高めること等を目的とする公的な場ということができる。そして，公立図書館の図書館職員は，公立図書館が上記のような役割を果たせるように，独断的な評価や個人的な好みにとらわれることなく，公正に図書館資料を取り扱うべき職務上の義務を負うものというべきであり，閲覧に供されている図書について，独断的な評価や個人的な好みによってこれを破棄することは，図書館職員としての基本的な職務上の義務に反するものといわなければならない。

　専門職員として「職務上の義務」に違反することは，専門職の倫理にもとることであり，図書館の存在意義への重大な不信を招くことになる行為である。そうしたことが起きないよう，職能集団として自らを律する仕組みが必要となる。

●……倫理綱領

　先にUNIT 4でも触れたように，専門職とみなされる要件の一つに，その職能団体により自らを律し，職能の発展を期す倫理綱領の作成と維持がある。公共の利益に奉仕することを共通の使命とする専門職にあっては，自らの職能がどのような働きによって社会の公益に資するか，そのためにいかに自らを律するかを社会に向けて誓約し，進んで批判を受ける責任がある。それによって人々は，専門職に何を求めることができるか，何を期待してよいかを知ることになる。

　図書館員の場合でいえば，人々の知る自由，学ぶ権利を資料・情報の提供を通し

〔欄外〕
専門職
船橋市西図書館の蔵書破棄事件
2005年最高裁判決
倫理綱領

て保障する図書館の役割を，日常の活動において具現化する責任と課題を表明するものとして「図書館員の倫理綱領」のもつ意義がある。それは図書館の理念を担い手の面から表現したものである。上記の判決は，最高裁のレベルでそうした図書館専門職員（司書）のあり方が認知されたものとして，画期的なものであった。

　図書館員の社会的な責務を示し，自らのありようを律するとともに，進んで社会の批判を受けようとして，倫理綱領を作成することが，1980年の日本図書館協会（日図協）総会においてなされた。同様のことが各国の図書館協会等によって行われており，国際図書館連盟（IFLA）のホームページには，各国の文書が紹介されている。

●………英米における倫理綱領

　アメリカの場合，1900年代当初から図書館員のあり方，モラル，倫理への関心が倫理綱領の必要性として，個人あるいは団体によって提案されてきた。アメリカ図書館協会（ALA）が倫理綱領委員会を設置したのは1926年で，最初の倫理綱領制定は1938年末である。その後1981年，1995年，2008年に改訂を重ねている（Code of Ethics of the ALA）。95年綱領以降，前文と8項目の構成となっている。

<small>ALAの倫理綱領</small>

　前文では，倫理上のディレンマに遭遇するのは価値の対立が見られるときであり，変化の激しい情報環境のもとでの倫理的な責任を具体化するのがこの綱領であること，我々は現在および将来の世代に対し，情報や思想の自由な流れを保障する義務を負っていること，綱領は倫理的な決定の指針となる枠組みを与えるもので，具体的な状況での行動を支配するものではないと述べている。本文は，第1項で最高レベルのサービスを利用者に提供する義務，第2項で知的自由の厳守と検閲への抵抗，第3項で利用者のプライバシーと秘密性の権利保護，第4項に知的財産権の尊重，第5項で図書館で働く人の権利と福利にかかわる条件整備の課題を取り上げる。第6項で私益の禁止，第7項で個人的信念と専門職としての義務の区別，最後の第8項で卓越性を高める研鑽の努力を指摘している。

　第4項，5項は95年の改訂で加えられた内容であり，標題からProfessionalの語を除き，対象を専門職員だけでなく，図書館に働く非専門職の人たち，図書館理事会のメンバー等にまで広げた点に特徴がある。綱領の維持に責任をもつ専門職倫理委員会は，綱領の執行に際しての参考となる「問答集」を作成し，提示している。

<small>LAの専門職行動要領</small>

　イギリスの場合，1978年末に図書館協会（LA）に倫理綱領起草委員会が設置され，草案づくりと論議を重ね，1983年9月，「専門職の行動綱領」（Code of Professional Conduct）として評議会で承認された。すべての協会会員に対して，専門職としてのあり方，行動を求めるもので，「利用者の必要を満たすため，資料や情報へのアクセスを容易にする」ことが専門職の義務であるという考え方を基底に作成された。2002年に「図書館・情報専門家協会」（CILIP）に組織が改変されて以後，図書館・情報

専門職としての倫理規定に関する検討が行われ，2004年にEthical Principles for Library and Information Professionalsなど二つの関連文書が公表されている。

● ……… 日本における制定の経緯

1966年の全国図書館大会にはじめて「図書館員の問題」を論議する部会が設置され，図書館員の問題を扱う常設の専門委員会として「図書館員の問題調査研究委員会」が日図協に設置されたのが1970年である。委員会はその最初の仕事として，「図書館員の専門性とは何か」を明らかにする作業を重ねた。その過程で倫理綱領の必要が意識され，1970年代を通じて周到に検討，準備してきた提案が1980年の総会で承認に至った。その前年に採択された「図書館の自由に関する宣言」（1979年改訂，自由宣言）と表裏の関係をなす文書として，日本における図書館の理念にかかわる主要な文書の一つである。

<!-- sidenote: 図書館員の問題調査研究委員会 -->

● ……… 図書館員の倫理綱領

この綱領は，前文と12条からなる本文で構成される（option G参照）。そしてそれぞれは，各倫理事項を要約して述べた主文と，解説的な副文からなっている。綱領の詳細については，委員会の手で編まれた『「図書館員の倫理綱領」解説』増補版（日本図書館協会，2002）を参照いただきたいが，以下，主要な項目について解説する。

まず前文で，「この倫理綱領は，『図書館の自由に関する宣言』によって示された図書館の社会的責任を自覚し，自らの職責を遂行していくための図書館員としての自律的規範である」と述べ，5点の副文を添えている。ここで特徴的なのは，この綱領でいう図書館員を，「図書館で働くすべての職員」としていることである。館種を問わず，館内の地位・職種・資格の有無・正規や臨時の違いも問わない。そのすべてが「国民の学ぶ権利・知る権利を守るために働く人びとであり，利用者から見て，図書館を代表する人びと」であり，この綱領に示す考え方を共有すべきだとしている。利用者は図書館員を選べないということからすれば，すべての図書館員に履行を求めるのはもっともであるが，逆にそれをすべての人に迫る拘束性は乏しく，「専門職」の倫理綱領としての性格は希薄なものとならざるを得ない。

<!-- sidenote: 図書館員の倫理綱領 -->

本文の構成は，個人の守るべき倫理規定を基礎とし，徐々に範囲を広げて社会における図書館員の任務に至るようにつくられている。

<!-- sidenote: 倫理綱領の構成 -->

第1項は，図書館員の基本的態度として，「社会の期待と利用者の要求を基本的なよりどころとして職務を遂行する」と述べている。図書館は基本的人権としての「知る自由」を保障することを目的とし，この目的を実現するための基本的な機能が資料提供であり，資料を収集し，組織し，保存し，提供することはそれを実現す

るための活動である。この目的―機能―活動の系列で表される図書館業務をより充実したものとするために，図書館員は現在および将来の利用者と社会の期待と要求に応えようと努力しなければならない。それが図書館員の基本的態度である。

　第2，3項は，利用者に対する責任として，利用者を公平に扱うこととプライバシー保護の責任を示している。自由宣言とほぼ同趣旨の確認である。

　第4，5項は，資料に対する責任で，「図書館の自由を守り，資料の収集，保存および提供につとめる」こと，資料を知る責任を掲げる。自由宣言と表裏一体の関係を最も端的に示すのが第4項で，いかなる圧力や検閲をも受け入れないこと，個人的関心や好みによる資料の収集・提供をしないことを副文で述べている。第5項では資料についての知識を深める努力を怠ってはならないとしている。図書館員の専門性に「資料を知る」ことをうたう以上，当然の責任であろう。

　第6項は，図書館員の専門性を発揮し得るため，個人的・集団的に日常不断の研修に努める義務を掲げる。研修はまた図書館員の権利でもあり，研修条件の改善に努力し，制度としての研修を確立するよう努めることにも言及している。

　第7項から9項までは，組織体の一員としての責任を示している。自館の運営方針や奉仕計画の策定に積極的に参画すること（第7項），職員集団としての力が発揮できるよう職場内の協調，さらには地域レベルや全国規模の図書館団体に結集して図書館に働くすべての職員の専門的知識と経験を総合する必要をうたっている（第8項）。「すべての」職員に「専門的知識」を求めるかの表現には疑義もあろう。第9項は適正な労働条件の確保を掲げている。図書館奉仕の向上には，働きやすい職場づくりや図書館労働の独自性の追求が重要だという認識が示されている。

　第10項は，図書館間の相互協力の必要性を掲げる。館種・地域・設置者の別を越えての図書館相互の理解と協力を，図書館員は，「自らの職業上の姿勢」としてとらえることが必要だと述べている。

　第11，12項では，文化創造への寄与として，住民や諸団体とも協力して社会の文化環境の醸成に努めること，読者の立場に立って出版文化の発展に寄与する責任をうたっている。図書館員が図書館業務を通して，社会の文化創造にかかわることができるし，とりわけ出版文化の発展，表現の自由の進展に寄与する責任を自覚的に追求すべきだとしている。

　以上が綱領の概要であるが，司書の専門職としての制度化が弱く，日図協もまた専門職集団とは言い切れない状況において，倫理綱領として弱さのあることは否めない。専門職の制度化をめざす過渡的な段階として，ここにうたわれた内容の実践を通して，社会の図書館員像の豊かな形成を追求していくことが重要である。

●────option G

図書館員の倫理綱領

　この倫理綱領は，「図書館の自由に関する宣言」によって示された図書館の社会的責任を自覚し，自らの職責を遂行していくための図書館員としての自律的規範である。

1　この綱領は，「図書館の自由に関する宣言」と表裏一体の関係にある。この宣言に示された図書館の社会的責任を日常の図書館活動において果していくのは，職業集団としての内容の充実によらなければならない。この綱領は，その内容の充実を目標とし，図書館員としての職責を明らかにすることによって，自らの姿勢をただすための自律的規範である。したがってこの綱領は，単なる徳目の列挙や権利の主張を目的とするものでなく，すべての館種に共通な図書館員のあり方を考え，共通な基盤を拡大することによって，図書館を社会の有用な機関たらしめようという，前向きでしかも活動的なものである。

　この綱領でいう図書館員とは，図書館に働くすべての職員のことである。綱領の各条項の具体化に当たっては，図書館長の理解とすぐれた指導力が不可欠である。

2　綱領の内容はこれまでの図書館活動の実践の中から生まれたものである。それを倫理綱領という形にまとめたのは，今や個人の献身や一館の努力だけでは図書館本来の役割を果すことができず，図書館員という職業集団の総合的な努力が必要となり，かつ図書館員のあるべき姿を，図書館員と，利用者と，図書館を設置する機関または団体との三者が，共に考えるべき段階に立ち至ったからである。

3　この綱領は，われわれの図書館員としての自覚の上に成立する。したがってその自覚以外にはいかなる拘束力もない。しかしながら，これを公表することによって，われわれの共通の目的と努力，さらにひとつの職業集団としての判断と行動とを社会に誓約することになる。その結果，われわれはまず図書館に大きな期待を持つ人びとから，ついで社会全体からのきびしい批判に自らをさらすことになる。

　この批判の下での努力こそが，図書館員という職業集団への信頼を生む。図書館員の専門性は，この信頼によってまず利用者に支えられ，さらに司書職制度という形で確認され，充実されねばならない。そしてその専門性がもたらす図書館奉仕の向上は，すべて社会に還元される。そうした方向へわれわれ図書館員全体が進む第一歩がこの倫理綱領の制定である。

4　この綱領は，すべての図書館員が館種，館内の地位，職種及び司書資格の有無にかかわらず，綱領を通して図書館の役割を理解し，綱領実現への努力に積極的に参加することを期待している。さらに，図書館に働くボランティアや図書館同

種施設に働く人びと，地域文庫にかかわる人びと等による理解をも望んでいる。
5　綱領の構成は，図書館員個人の倫理規定にはじまり，組織体の一員としての図書館員の任務を考え，ついで図書館間および図書館以外の人びととの協力に及び，ひろく社会における図書館員の果すべき任務に至っている。

(図書館員の基本的態度)
第1　図書館員は，社会の期待と利用者の要求を基本的なよりどころとして職務を遂行する。

　図書館は社会の期待と利用者の要求の上に成立する。そして，ここから国民の知る自由の保障という図書館の目的も，またすべての国民への資料提供という基本機能も導き出される。したがって，図書館へのあらゆる期待と要求とを的確に把握し，分析し，かつ予測して，期待にこたえ，要求を実現するように努力することこそ，図書館員の基本的な態度である。

(利用者に対する責任)
第2　図書館員は利用者を差別しない。
　国民の図書館を利用する権利は平等である。図書館員は，常に自由で公正で積極的な資料提供に心がけ，利用者をその国籍，信条，性別，年齢等によって差別してはならないし，図書館に対するさまざまな圧力や干渉によって利用者を差別してはならない。また，これまでサービスを受けられなかった人びとに対しても，平等なサービスがゆきわたるように努力すべきである。
第3　図書館員は利用者の秘密を漏らさない。
　図書館員は，国民の読書の自由を保障するために，資料や施設の提供を通じて知りえた利用者の個人名や資料名等をさまざまな圧力や干渉に屈して明かしたり，または不注意に漏らすなど，利用者のプライバシーを侵す行為をしてはならない。このことは，図書館活動に従事するすべての人びとに課せられた責務である。

(資料に関する責任)
第4　図書館員は図書館の自由を守り，資料の収集，保存および提供につとめる。
　図書館員は，専門的知識と的確な判断とに基づいて資料を収集し，組織し，保存し，積極的に提供する。そのためには，資料の収集・提供の自由を侵すいかなる圧力・検閲をも受け入れてはならないし，個人的な関心や好みによる資料の収集，提供をしてはならない。
　図書館員は，私的報酬や個人的利益を求めて，資料の収集・提供を行ってはならない。
第5　図書館員は常に資料を知ることにつとめる。
　資料のひとつひとつについて知るということは決して容易ではないが，図書館員は常に資料を知る努力を怠ってはならない。資料についての十分な知識は，これま

でにも図書館員に対する最も大きな期待のひとつであった。図書館に対する要求が飛躍的に増大している今日，この期待もいちだんと高まっていることを忘れてはならない。さらに，この知識を前提としてはじめて，潜在要求をふくむすべての要求に対応し，資料の収集・提供活動ができることを自覚すべきである。

（研修につとめる責任）
第6　図書館員は個人的，集団的に，不断の研修につとめる。

　図書館員が専門性の要求をみたすためには，①利用者を知り，②資料を知り，③利用者と資料を結びつけるための資料の適切な組織化と提供の知識・技術を究明しなければならない。そのためには，個人的，集団的に日常不断の研修が必要であり，これらの研修の成果が，図書館活動全体を発展させる専門知識として集積されていくのである。その意味で，研修は図書館員の義務であり権利である。したがって図書館員は，自主的研修にはげむと共に研修条件の改善に努力し，制度としての研修を確立するようつとめるべきである。

（組織体の一員として）
第7　図書館員は，自館の運営方針や奉仕計画の策定に積極的に参画する。

　個々の図書館員が積極的な姿勢をもたなければ，図書館は適切・円滑に運営することができない。図書館員は，その図書館の設置目的と利用者の要求をよく理解し，全員が運営方針や奉仕計画等を十分理解していなければならない。そのためには，図書館員は計画等の策定にたえず関心をもち，積極的に参加するようつとめるべきである。

第8　図書館員は，相互の協力を密にして，集団としての専門的能力の向上につとめる。

　図書館がその機能を十分に果すためには，ひとりの図書館員の力だけでなく，職員集団としての力が発揮されなければならない。このためには，図書館員は同一職種内の協調と共に，他職種の役割をも正しく理解し，さらに，地域及び全国規模の図書館団体に結集して図書館に働くすべての職員の協力のもとに，それぞれの専門的知識と経験を総合する必要がある。図書館員の専門性は，現場での実践経験と不断の研修及び職員集団の協力によって高められるのであるから，図書館員は，経験の累積と専門知識の定着が，頻繁すぎる人事異動や不当配転等によって妨げられないようつとめるべきである。

第9　図書館員は，図書館奉仕のため適正な労働条件の確保につとめる。

　組織体の一員としての図書館員の自覚がいかに高くても，劣悪な労働条件のもとでは，利用者の要求にこたえる十分な活動ができないばかりか，図書館員の健康そのものをも維持しがたい。適正数の職員配置をはじめ，労働災害や職業病の防止，婦人図書館員の母性保護等，適切な図書館奉仕が可能な労働条件を確保し，働きやすい職場づくりにつとめる必要がある。

図書館員は図書館奉仕の向上のため，図書館における労働の独自性について自ら追求すべきである。

(図書館間の協力)
第10　図書館員は図書館間の理解と協力につとめる。
　図書館が本来の目的を達成するためには，一館独自の働きだけでなく，組織的に活動する必要がある。各図書館は館種・地域・設置者の別をこえ，理解と協力につとめるべきである。図書館員はこのことをすべて制度上の問題に帰するのでなく，自らの職業上の姿勢としてとらえなければならない。図書館間の相互協力は，自館における十分な努力が前提となることを忘れてはならない。

(文化創造への寄与)
第11　図書館員は住民や他団体とも協力して，社会の文化環境の醸成につとめる。
　図書館は孤立した存在であってはならない。地域社会に対する図書館の協力は，健康で民主的な文化環境を生み出す上に欠くことができない。他方，この文化環境によって図書館の本来の機能は著しい発達をうながされる。
　図書館員は住民の自主的な読書運動や文庫活動等をよく理解し，図書館の増設やサービス改善を求める要求や批判に，謙虚かつ積極的にこたえなければならない。さらに，地域の教育・社会・文化諸機関や団体とも連携を保ちながら，地域文化の向上に寄与すべきである。

第12　図書館員は，読者の立場に立って出版文化の発展に寄与するようつとめる。
　出版の自由は，単に資料・情報の送り手の自由を意味するのではなく，より根本的に受け手の知る自由に根ざしている。この意味で図書館は，読者の立場に立って，出版物の生産・流通の問題に積極的に対処する社会的役割と責任をもつ。また図書館員は，「図書館の自由に関する宣言」の堅持が，出版・新聞・放送等の分野における表現の自由を守る活動と深い関係をもつことを自覚し，常に読者の立場に立ってこれら関連諸分野との協力につとめるべきである。

　日本図書館協会は，わが国の図書館の現状にかんがみこの倫理綱領を作成し，提唱する。本協会はこの綱領の維持発展につとめると共に，この綱領と相いれない事態に対しては，その改善に向って不断に努力する。

(1980.6.4　日本図書館協会総会決議)

UNIT 14 ●図書館法規と行政,施策
図書館の法的基盤

●………図書館設置の根拠

　地方自治体であれ一つの学園であれ,図書館を設置し,その構成員等に対して資料や情報を提供するサービスに一定の費用を支出するとなると,そこにはそれ相当の理由と根拠がなければならない。それが安定した一貫性のあるサービスの供給となるためには,制度として確立することが必要であり,そこには法的な根拠が求められる。このUNITでは,公立図書館をはじめ大学,学校,国立図書館など,公共性の高い図書館について,その根拠となる法的基盤について考察する。

　図書館の設置を明確に法規で規定しているのは,大学を含む学校の図書館である。「学校には,学校図書館を設けなければならない」という学校図書館法第3条の必置規定があり,これに先立ってどんな小さな学校にも,「その学校の目的を実現するために必要な……図書館又は図書室」を学校の設置者は設けなければならないと省令が規定している(学校教育法施行規則第1条)。

> 図書館設置の根拠法規

> 学校教育法施行規則第1条

　大学については単独の法律は存在しないが,大学設置基準が図書館の設置を求めている。教育・研究にとって図書館の存在が不可欠だという認識による。

　それに対して,地方公共団体が設置する公立図書館については,その根拠法規である図書館法に図書館必置の義務づけはなく,自治体の任意とし,設置する際にはそのことを条例で定めなければならないとしている。では,公立図書館は自治体の都合によって設置してもしなくてもよい程度のものなのか。明確な法的基盤をもたない図書館なのだろうか。

> 図書館法

●………人権としての図書館利用

　1979年に日本も批准している国際人権規約B規約(市民的及び政治的権利に関する国際規約)に次のような内容がある。

> 国際人権規約B規約

第19条第2項
　すべての者は,表現の自由についての権利を有する。この権利には,口頭,手書き若しくは印刷,芸術の形態又は自ら選択する他の方法により,国境とのかかわりなく,あらゆる種類の情報及び考えを求め,受け及び伝える自由を含む。

知る自由　　　　　ここでいう「あらゆる種類の情報及び考えを求め，受け」る自由，すなわち知る自由があらゆる人にとって権利であることの確認は，その表裏の関係において，印刷物をはじめさまざまな記録媒体に表現される情報や考えをすべての人々が享受できるための働きを権利として求めることの認知となる。そうした働きを主要に担う機関として図書館があることは容易に理解されよう。

ユネスコ学習権宣言　　第4回ユネスコ国際成人教育会議（1985年）が承認した「学習権宣言」では，学習権とは，

　　読み書きの権利であり，

　　問い続け，深く考える権利であり，

　　想像し，創造する権利であり，

　　自分自身の世界を読み取り，歴史をつづる権利であり……

　学習権は未来のためにとっておかれる文化的ぜいたく品ではない。それは生存の欲求が満たされたあとに行使されるようなものではない。学習権は，人間の生存にとって不可欠な手段である。

とうたっている。人が学ぶことは，人間らしく生きるための必須の権利であって，ぜいたく品ではないがゆえに，「学習権は，人類の一部のものに限定されてはならない」とも述べている。

　こうした国際的な権利文書を通して，そこには「図書館」の語はないが，図書館の役割と機能（UNIT 1参照）に照らして，社会のすべての構成員が，「あらゆる種類の情報及び考え」に自由に接し，自らすすんで学ぶための条件整備が基本的人権の保障に属し，その行使にかかわる社会機関の一つとして図書館があることは明らかである。

●………憲法上の位置づけ

　では，日本の根本法規である憲法において，図書館はどのように位置づけ得るだろうか。日本国憲法に「図書館」が直接言及されているわけではない。しかし，人が図書館を利用する目的の多様さに応じて，その行為は憲法が保障する基本的人権のいくつかの条項に深く関連している。

日本国憲法

(1) 学習権

　憲法そのものではないが，憲法に準ずる教育の根本法である教育基本法第12条第2項に，「国及び地方公共団体は，図書館，博物館，公民館その他の社会教育施設の設置……によって社会教育の振興に努めなければならない」とある。「教育を受ける権利」が憲法第26条に保障され，それが「あらゆる機会に，あらゆる場所において」実現されるには，学校だけでなく，広く「社会において行われる教育」，すなわち社会教育をも包含しなければならない，というのが憲法―教育基本法の規

教育を受ける権利

定であり，その中で図書館の設置が取り上げられている。さらに，地方教育行政の組織及び運営に関する法律第30条に，「地方公共団体は，法律の定めるところにより，学校，図書館，博物館，公民館その他の教育機関を設置する……」とあり，図書館が教育機関であることを明示している。教育基本法については後にUNIT 15で再論するが，これらの規定を通じて，図書館が教育機関であり，国民の教育を受ける権利を保障する機関として想定されていることに疑いはない。

図書館，とくに公立図書館について，それを教育機関ととらえることに抵抗を感じる向きもある。それは「教育」がもつ「教える」「指導」というイメージが図書館にはそぐわないという受け止めであり，憲法第26条の「教育を"受ける"権利」という表現が，受け身的だと感じることにも通じる。しかし，第26条の規定を，学習者が教育内容を主体的に選び取り，学びつつ発達する権利を含めて解することが必要だという考え方から「学習権」としてとらえかえすことにより，図書館の憲法上の位置を確かめる最も明確な根拠となり得る。このことは，既述の生涯学習としての図書館（UNIT 5）を考える場合に一層重要なことである。

大学を含めて学校に設置される図書館が，児童生徒，学生に対し，多様な教材や学習・研究資料を提供することで，学びに広がりと深まりを与えることが，学習権の保障につながることに補足の必要はないだろう。

(2) 社会的生存権

憲法第25条に，「すべて国民は，健康で文化的な最低限度の生活を営む権利を有する」とあり，社会的生存権と呼ばれている。第26条の学習権（教育権）は，この生存権の文化的側面として理解されている。

「健康で文化的な最低限度の生活」の中に図書館のある暮らしが含まれるかどうかは，法律上定かではない。現に公立図書館のない自治体に住む人は430万人を超え，各種の世論調査等を見ても，図書館を利用しない人は国民の過半数を占める。しかし先に引いたユネスコの学習権宣言が掲げるように，学びが人間らしく生きるための権利であり，文化的ぜいたく品ではないという認識に立てば，身近に読みたい本が無料で入手でき，たくさんの本の中から自由に選べる環境は，文化的な最低限度の生活のためのミニマムといって不思議ではない。図書館のある暮らしに豊かさを感じるという市民感覚は，新聞の投書欄などで頻繁に見い出されることである。

(3) 知る権利

憲法第21条が表現の自由を保障している。この権利についての伝統的な理解は，マスコミや出版社などもっぱら表現の送り手にかかわる権利であり，「個々人の自由な意見の表明に国家が不当に干渉してはならない」と受け取られてきた。しかし，表現行為に規制が加えられるならば，それは情報の受け手の自由を侵害することになる。国際人権規約が掲げるように，「あらゆる種類の情報及び考えを求め，受け」

る自由とそのための条件整備が保障されていなければ，送り手の自由も空文に帰すことになる。そこで，第21条が保障する表現の自由には，受け手の知る自由が表裏一体のものとして含まれるという解釈が一般化してきた。UNIT 10からUNIT 12で取り上げた「図書館の自由」は，まさにそのことをふまえた概念である。

 図書館が資料を収集し，求めに応じて資料・情報を提供する活動は，利用者の知る権利を保障する行為である。もちろん知る権利の保障にかかわる機関は図書館だけに限られるわけではなく，マスコミをはじめ各種の情報サービスも存在する。しかしその中にあって図書館は，そのことを重要な責務と自覚して公的に設置される機関である。国立国会図書館に国内のすべての刊行物を収集することを「納本」という制度で認めていること，同様に公立図書館に対して「公の出版物」を供与すること（図書館法第9条），などはこの点に関連して図書館の情報公開に果たす役割を認めたものと考えられる。

(4) 参政権

 知る権利の保障は，憲法が基礎にしている国民主権の原理でいえば，参政権の保障に通じる。主権者としての国民は，選挙を通じて国会，あるいは地方議会に代表者を送る権利をもっている。請願等の方法で意見を伝え，施策を要請する権利もある。しかし，その前提になるのは，国民が日ごろから国政や自治体の施策についての十分な情報を入手し，その是非を主体的に判断できることである。

 1792年のフランス革命議会にコンドルセが提出した教育計画の背景には，憲法にどんなにすばらしい人権宣言がうたわれていようとも，そこに規定された人権の意義と価値を理解し，それを保持しようとする民衆の意思が伴わなければ，すべてが無に帰す，という危機感があった。それが一般民衆への無償の公教育を制度化しようという提言になっている。"賢い国民"の存在が民主政治に欠かせないという思想は，情報化が急速に進行する現代では，良質の情報が権利として入手し駆使できるという条件で補われなければならない。国民にとって参政権を実質化する最も手近な仕組みとして，図書館の情報サービスが一層活かされるべきであろう。

 2005年7月14日，最高裁判所第一小法廷は船橋市西図書館蔵書破棄事件の判決において，「公立図書館は，住民に対して思想，意見その他の種々の情報を含む図書館資料を提供しその教養を高めること等を目的とする公的な場ということができる」と認定し，それを前提に，同館司書が「独断的な評価や個人的な好みによって」蔵書を廃棄したことを厳しく指弾した。これは国民の知る自由の保障に資する公的な場として公立図書館を憲法上位置づけたものである。図書館はそうした責務を積極的に果たすことが重要である。

UNIT 15 ●図書館法規と行政，施策
教育基本法と社会教育法

●………教育の法体系

　1945年の敗戦を境にして，日本の教育は大きく変革を遂げた。納税，兵役と併せて国民の三大義務の一つとして就学が義務づけられた戦前の教育に対して，戦後教育は憲法に基本的人権として国民の「教育を受ける権利」（第26条）を認め，教育の憲法ともいうべき教育基本法のもとに，学校教育法，社会教育法を配する権利としての教育法体系を樹立した。戦後半世紀余，教育はしばしば政争の的となり，変容も遂げてきたが，この法体系の根幹に変わりはなかった。

　ところが「戦後レジームからの脱却」を掲げる安倍内閣の強行策により，2006年12月，教育基本法が初めての「改正」を受け，教育の理念，制度が大きく変わりつつある。公共図書館を対象とする図書館法，学校図書館の根拠をなす学校図書館法は，ともにこれまでの法体系の中に位置づけをもっているが，新基本法との齟齬，それに対応する「是正」措置が必要となり，2007～2008年に制度改革の法改正が進んだ。ここでは教育基本法―社会教育法―図書館法の構造と関連，内容の紹介を主要な課題とする（図書館法についての詳細はUNIT22, 23で取り上げる）。

　なお，公立図書館の設置に関連する諸法の条文をoption Iに抄出している。

戦後教育

権利としての教育法体系

教育基本法の改正

●………戦後教育の基点

　戦後日本の民主的変革をめざした占領軍総司令部の要請を受け，その基盤となる教育の方向について助言する教育使節団を，国務省が1946（昭和21）年3月に日本へ派遣した。教育学者や教育問題の専門家27名からなる使節団は，1カ月弱の滞日期間に占領軍総司令部民間情報教育局（GHQ／CIE）のスタッフから日本の教育事情についての説明を聴取，日本側教育委員との協議，京都・奈良の視察など精力的な活動をし，報告書を提出した。これが「第一次米国教育使節団報告」である。

　個人主義的自由主義の立場から徹底して「教育の自由」の確立を説いたこの報告書は，「成人教育」についての提言の大半を図書館にあてるなど，戦後の図書館の振興にも大きな影響を与えた（学校教育への影響については，UNIT 27を参照）。

　この時期，戦後教育の基調を求める日本側教育委員会（使節団を迎えるために組織されたもの）の活動もあり，それを継承して使節団報告書の指針を具体化する任

第一次米国教育使節団報告
教育の自由

教育基本法　　務を帯びた教育刷新委員会からの建議にそって1947年3月，教育基本法が制定された。教育基本法は前文を備え，次のように法の理想を述べている。

　　　　　われらは，さきに，日本国憲法を確定し，民主的で文化的な国家を建設して，世界の平和と人類の福祉に貢献しようとする決意を示した。この理想の実現は，根本において教育の力にまつべきものである。
　　　　　われらは，個人の尊厳を重んじ，真理と平和を希求する人間の育成を期するとともに，普遍的にしてしかも個性ゆたかな文化の創造をめざす教育を普及徹底しなければならない。
　　　　　ここに，日本国憲法の精神に則り，教育の目的を明示して，新しい日本の教育の基本を確立するため，この法律を制定する。

教育の目的　　全文10条からなる旧教育基本法は，まず第1条（教育の目的）で，「教育は，人格の完成をめざし，平和的な国家及び社会の形成者として，真理と正義を愛し，個人の価値をたつとび，勤労と責任を重んじ，自主的精神に充ちた心身ともに健康な国民の育成を期して行われなければならない」とうたった。こうした教育の目的は，「あらゆる機会に，あらゆる場所において実現され」るべきであり（第2条），「すべて国民は，ひとしく，その能力に応ずる教育を受ける機会を与えられなければならないものであつて，人種，信条，性別，社会的身分，経済的地位又は門地によつて，教育上差別されない」（第3条）と「権利としての教育」を重視する。

権利としての教育

　　かつては国家社会への献身・奉仕を一面的に求めた教育の目的を，人格の完成をめざす人間教育に置き換え，それは国民が権利としてあらゆる機会，場所において経験するものであり，誰もが差別なく均等な機会を享受できることが必要だと構想

社会教育　　された。その具体化が，第7条の学校以外の場における社会教育の保障である。
　　第7条　家庭教育及び勤労の場所その他社会において行われる教育は，国及び地方公共団体によつて奨励されなければならない。
　　②　国及び地方公共団体は，図書館，博物館，公民館等の施設の設置，学校の施設の利用その他適当な方法によつて教育の目的の実現に努めなければならない。

　　ここには生涯学習の原理となる考え方がうかがえるし，そのための条件整備が国および地方公共団体の責務として述べられている。さらに注目すべきは，教育を奨

施設の設置　　励する方法として，最初に「施設の設置」を掲げていることである。「施設」はそのことばが示すように，かつてはお上が民衆に「施し設ける」ものであった。その施設概念を転換させた。国民があらゆる機会，場所を利用して自主的・主体的に学ぼうとすれば，まずは身近に，自由に使える拠点の存在が欠かせない。社会教育における学習者の自主性，主体性を重視すれば，それは当然考えられねばならないこ

とである。そうした施設整備の冒頭に「図書館」を掲げたのが教育基本法である。

法は最後の第10条を「教育行政」にあて，教育が「不当な支配に服することなく，国民全体に対し直接に責任を負つて行われるべき」ことを求めている。

●………改正教育基本法

こうした教育基本法が2006年12月15日，多くの疑義を残したままに強行採決で「改正」された。「教育基本法の精神」を受けて制定されている社会教育法，図書館法との関連の深い部分について，新法の特徴，旧法との違いを見ておこう。

> ①前文に掲げる理想は残ったものの，憲法との一体性は希薄になった。
> ②教育の目的（第1条）が「あらゆる機会に，あらゆる場所において実現されねばならない」という「教育の方針」（第2条）を削除し，新たに第2条で「教育の目標」を設け，20項目余の徳目を法定化した。
> ③「生涯学習の理念」（第3条）を新設。学校教育，社会教育の規定に先立ち，「生涯学習」を基本法の中に位置づけた。
> ④大学，私立学校，教員，家庭教育，幼児教育，学校・家庭・地域住民の相互協力にそれぞれ独立した一条を充て，全文が10条から18条となった。
> ⑤社会教育を規定する旧法第7条の文言を一部修正（第12条）。「個人の要望や社会の要請にこたえ」を加え，「勤労の場所」を削除。社会教育振興の方法に「学習の機会及び情報の提供」を加えた。
> ⑥「教育行政」を規定した旧法第10条の教育，教育行政，不当な支配の考え方を新法第16条で大きく転換した。教育は法律に基づくもの，ということを強調。
> ⑦政府が「教育振興基本計画」を策定し，国会に報告する根拠を盛り込む（第17条）。

社会教育の関係は次項に譲り，教育基本法の基本理念に通じる部分について「改正」の特徴をみると，教育によって形成される価値観，生き方や心の持ち方などを法で定めることに踏み込み，教育は法律に基づき行われるべきで，それに従わないことを「不当な支配」とすることで，旧法第10条の考え方を一変させた点で，教育への国の関与を強め，基本理念は大きく変質したと言えよう。その根底には，「戦後レジーム」からの転換が強調されたように，憲法の改変を目ざす政治路線が強く意識されていることが明らかである。

今回の改正では，「生涯学習の理念」を冒頭部で法定し，教育を統合する基調としたことが大きな特徴である。1980年代以降の教育改革の施策の帰結であり，図書館とはそれなりに親和性のある理念であるが，その多様性とあいまいさは否定できず，今後の展開に注意が必要である。

●………社会教育法

教育基本法の精神を受けて1949年に制定されたのが社会教育法である。この法が図書館法の直接の母体となる。社会教育法第3条は，社会教育の奨励に関する国および地方公共団体の任務について，次のように規定している。

> 第3条　国及び地方公共団体は，この法律及び他の法令の定めるところにより，社会教育の奨励に必要な施設の設置及び運営，集会の開催，資料の作製，頒布その他の方法により，すべての国民があらゆる機会，あらゆる場所を利用して，自ら実際生活に即する文化的教養を高め得るような環境を醸成するように努めなければならない。

ここでは教育基本法が掲げた施設の設置を中心とした社会教育を奨励する具体的な方法をさらに敷衍し，それが「実際生活に即する文化的教養を高め得る」環境の醸成であることを示している。そして，そういう社会教育において，「図書館及び博物館は，社会教育のための機関とする」と性格づけ，この法は施設に関してはもっぱら公民館についてのみ規定し，図書館および博物館については別に法律をもって定めるとした（第9条）。それが図書館法（1950年）であり，博物館法（1951年）である。したがって図書館法は社会教育法の下位法ということになり，この三つの法律がしばしば「社会教育三法」と呼ばれてきた。

このことにより，図書館が社会教育のための機関であることは，法制度的に明白である。しかし，図書館が社会教育の機関として法制化されたことについて，その当初からさまざまな疑問や異論が表明されてきた。そこには社会教育法の制定と並行して，むしろそれに先行する形で図書館法の制定が企図され，さまざまな動きが続けられていたことが関連している。図書館は社会教育の機関というように狭く限定すべきではなく，もっと広く文化の機関として制度化するのが好ましいという考えであり，戦前において，国民教化の具としての色彩の濃かった教育機関の中に枠づけされることをよしとしない意見が図書館界には強かったのである。

それはともあれ，図書館は戦後教育改革のもとで，教育基本法—社会教育法の精神を受けて，教育機関として制度化された。このことは図書館の基本的な性格，活動の原理に大きな影響をもたらしている。この文脈で再度整理すると，自治体が図書館を設置し，住民の利用に供するのは，憲法が基本的人権として認める「教育を受ける権利」を具現化する手立ての一つであり，誰もが日常の暮らしの中で，必要とする情報資源を公的に入手し，駆使できるようにする環境醸成の営みである。そういう図書館の設置は，たとえ図書館法に設置の義務づけが明示されていなくても，法の条理として，どの自治体においても図書館を設置することは当然必要な責務であり，それは単に図書館という名称の施設が一つあるというにとどまらず，住民の権利としての学びを資料や情報の提供により真に保障し得る活動の実態を備えたも

のでなければならない，ということを意味する。この法の翌年に制定された図書館法が，第1条の冒頭で，「この法律は，社会教育法の精神に基づき……」と述べるのは，そのことを指している。

> 社会教育法の精神

● ………改正社会教育法とその精神

> 改正社会教育法

2008年6月，社会教育法・図書館法・博物館法の改正が施行された。その通知文書において文部科学省は，この改正が「教育基本法の改正を踏まえ，社会教育行政の体制の整備等を図るため」のものであると述べている。教育基本法の改正に即応する条文としては，第3条，第5条が大きく手直しされている。

まず「国及び地方公共団体の任務」を定める第3条に第2項を新設し，第1項に掲げる任務（この部分は変更なし）を実施するにあたって，「国民の学習に対する需要を踏まえ」，「必要な学習の機会」の提供，奨励により，「生涯学習の振興に寄与するよう努める」とする。第1項に掲げる「自ら実際生活に即する文化的教養を高め得るような環境を醸成」するという権利としての自主的学習保障の視点と並べると，学習のニーズを「多様な需要」と把握し，それへの対応をうたう第2項との落差は大きい。第3項（旧第2項の改正）では留意事項として，「家庭教育の向上に資すること」とあわせて「学校，家庭，地域住民その他の関係者相互間の連携，協力の促進」が補記される。

> 国及び地方公共団体の任務

市町村教育委員会の事務を列挙する第5条に新たな内容がいくつか加わっている。
○家庭教育に関する学習機会，情報の提供
○情報の収集，利用に必要な知識，技能に関する学習機会の提供
○学齢児童・生徒に対する放課後等に施設を活用した学習機会の提供
○学習成果を活用して行う活動の機会を提供し，奨励する

ここにはこの三法改正の基調を示した2008年2月の中央教育審議会答申「新しい時代を切り拓く生涯学習の振興方策について：知の循環型社会の構築を目指して」が描く生涯学習観の反映が顕著であり，次のような答申の指摘と重ねると，図書館法が拠って立つ「社会教育法の精神」にも変化を感じざるを得まい。

> 2008年中教審答申

「行政サービスが縮小される傾向がある」なか，「地域住民等が自らその役割を果たす状況が増えていくことが予想され」，「地域社会が自らの課題に対して自らの力を統合して解決していくなど，自立した地域社会の形成が必要であり」，そのため「各個人が，自らのニーズに基づき学習した成果を社会に還元し，社会全体の持続的な教育力の向上に貢献すること」が重要である。

本来自由かつ主体的であるべき学習が，「社会の要請」によって奨励される関係には，十分な注意が払われねばなるまい。

UNIT 16

◉図書館法規と行政，施策

地方自治法

●………図書館と地方自治

地方自治の理念

「土地の事情及び一般公衆の希望」にそってサービスを行う図書館を，「すべての国民があらゆる機会，あらゆる場所を利用して，自ら実際生活に即する文化的教養を高め得るよう」に整備するという営みは，住民意思にそった地方自治の理念を基盤にしている。公費で図書を備え，みんながそれを活用することで自立した個の形成を大事にしようという思想は，19世紀半ばの米英で成立した観念で，近代市民社会の所産である。それは国の集権的な施策としてではなく，一人ひとりの住民の意思を基点に，住民の参加と知恵で生み出し育てる住民自治の考えを基礎にすることで，発展を遂げ得る思想である。現代の日本でその土台になるのが，憲法の第8章とそれを受けた地方自治法が示す「地方自治の本旨」である。

地方自治の本旨

●………地方自治法

地方自治法

「地方自治の本旨に基いて，地方公共団体の組織及び運営に関する大綱を定め」る地方自治法は，日本国憲法と同日（1947年5月3日）に施行された。それはこの法の定める基調が，旧帝国憲法の考え方とあい容れないものであることを象徴している。戦前にも「地方自治」という用語は存在したが，住民の地方行政への参加を権利として認める観念はなく，憲法にも地方自治の規定は存在しなかった。現行法では，住民はその属する自治体の首長や議員を選出する権利，直接請求権（条例の制定改廃，事務監査，解散・解職）を認められている。そうした考え方は国家意思を地方に貫徹するための行政上の仕組みにすぎなかった府県制・市制・町村制と並び立つものでないことが，この法を憲法と同日施行たらしめたのである。

憲法第92条に，「地方公共団体の組織及び運営に関する事項は，地方自治の本旨に基いて，法律でこれを定める」とあり，これに基づき，その大綱を地方自治法が定めるほか，地方自治制度を構成するさまざまな法律が制定されている。地方公務員法，地方財政法，地方交付税法等々であり，教育行政に関しては，「地方教育行政の組織及び運営に関する法律」（地教行法）がある。これらの中で図書館（関連事項）がどのように規定され，図書館がどんな位置づけを得ているかを確かめてみよう。

● ········ 図書館の設置・管理

　地方分権推進の観点から1999年7月に改正される以前の旧地方自治法第2条第3項第5号には，地方公共団体の行う事務として，「学校，研究所，試験場，図書館，公民館，博物館……その他の教育，学術，文化，勧業，情報処理又は電気通信に関する事務に関する施設を設置し若しくは管理し，又はこれらを使用する権利を規制し，その他教育，学術，文化，勧業，情報処理又は電気通信に関する事務を行うこと」が具体的に例示されていた。図書館の設置と管理，使用する権利の規制が地方公共団体の固有の事務であることが明示されており，さらに広域自治体としての都道府県の扱う事務にも，「高等学校……図書館，博物館……等の施設の設置及び管理」を例示していた（旧第2条第6項第4号）。現行の地方自治法では，地方公共団体の役割を「地域における行政を自主的かつ総合的に実施する」ものとし，その事務を自治事務と法定受託事務に区分し，先の例示内容は，地方公共団体が自主的・総合的に判断することとして削除した。そのため，地方自治法の中に図書館の設置等についての明示はなくなったが，自治事務として自治体が自主的に実施する事務のうちに図書館に関することが含まれるのは当然である。

> 地方公共団体の行う事務

> 自治事務

● ········ 公の施設

　地方公共団体は，「住民の福祉を増進する目的をもってその利用に供するための施設を設ける」。それを法は「公の施設」と称している（第244条第1項）。ここでいう「公の施設」とは，物的施設を主とする概念で，人的手段を必ずしも必要要素としておらず，公園や道路までをも含む広い概念であるが，図書館は当然この公の施設の一つである。この条文はさらに続けて，正当な理由がない限り，住民が公の施設を利用することを拒んではならないこと（第2項），住民の利用に不当な差別的扱いをしてはならないこと（第3項）を定めている。これらは図書館を利用する住民の権利を保障するものである。

> 公の施設

　第244条の2以下で，公の施設の設置，管理，区域外住民の利用，不服申し立て等について規定しているが，いずれも施設一般についての規定で，個別の施設について別に法の定めがある場合は，一般法と特別法の関係から特別法の規定が優先する。図書館の場合であれば，図書館法に定めのあることはそちらが優先し，とくに定めのない事項についてはこの地方自治法の規定が適用されるという関係にある。

> 一般法と特別法

　第244条の2第1項では，施設の設置および管理に関する事項は条例で定めることを規定している。これは図書館法においても定めのある内容である。

　第3項で施設の管理を他に代行させることを規定しているが，この内容は2003年6月の地方自治法一部改正により変更された。「普通地方公共団体は，公の施設の設置の目的を効果的に達成するため必要があると認めるときは，条例の定めると

> 公の施設の設置及び管理

16．地方自治法　　91

指定管理者　ころにより，法人その他の団体であって当該普通地方公共団体が指定するもの（以下，「指定管理者」という。）に，当該公の施設の管理を行わせることができる」というもので，2003年改正前は，「普通地方公共団体が出資している法人で政令で定めるもの又は公共団体若しくは公共的団体に委託することができる」となっていた。この規定自体が，公立図書館の委託を限定的ながら適法だとする根拠と主張する向きもあったが，この「改正」では，民間企業を含む全面的な管理の代行を許容しており，しかも改正の趣旨を伝える総務省通知で，「多様化する住民ニーズにより効果的，効率的に対応するため，公の施設の管理に民間の能力を活用しつつ，……経費の節減等を図ることを目的とする」ものだとして，積極的な推進を求めた。

そのため公の施設に指定管理者を導入することは急速に広がったが，コストダウンに傾斜したことの弊害も露呈し，当初その導入を強く推奨した総務省も2008年，10年の通知文書で経済効率性の観点を抑える指導の変化を示している（この制度と図書館との関係は UNIT 26 で詳述する）。

第244条の3第2項は，地方公共団体が他の地方公共団体と協議し，住民にその地方公共団体の施設を利用させることができるとしている。異なる自治体間で話し合って互いの図書館を相互に利用できるようにする協定（住民以外への貸出，広域貸出など）の根拠になる規定である。

●………**議会図書室**

地方議会図書室　地方自治法第100条が，地方議会の調査権に関連して，政府，都道府県の刊行物を受理し，議員の調査研究に資するため図書室を設けること（第19項），それを一般に利用させることができること（第20項）を規定している。国政における国立国会図書館と共通する役割を地方自治の中で果たそうとするもので，戦後初期の高知市民図書館のように，この図書室を母体に公立図書館に発展させた例もある。

●………**公共サービス基本法**

「地方主権」を標榜して政権交代を生み出した2009年の政治の流れのもとで，同年5月，議員立法による「公共サービス基本法」が制定された。財政再建を最優先する諸施策が国民の生活と安心を守る公共サービスを劣化させた，という認識のもとに，公共サービスを国民の権利としてとらえ，その実施の理念やそれに従事する者の責務，労働環境の整備などを盛り込んだ法律である。その理念は，公の施設の設置・運営にも十分反映されることが重要である。

●………**教育機関**

次に，地方教育行政の組織・運営について定めている地教行法の関連を見てみよ

う。この法律は1956年に教育委員の公選制を定めた旧教育委員会法に代わって制定されたものである。

同法第23条には教育委員会の職務権限を定めており，その中に，「学校その他の教育機関」の設置，管理および廃止に関すること（第1号），職員の任免その他人事に関すること（第3号），教育関係職員の研修に関すること（第8号），「青少年教育，女性教育及び公民館の事業その他社会教育に関すること」（第12号）を掲げている。ここでいう「学校その他の教育機関」については，同法第30条が，「地方公共団体は，法律で定めるところにより，学校，図書館，博物館，公民館その他の教育機関を設置することができる」と規定しているもので，図書館もそこに含まれる。なお，この「教育機関」の意味については，1957年6月11日付の初等中等教育局長による次の回答文書が通説となっている。

教育機関

> 教育機関とは，教育，学術および文化（以下「教育」という。）に関する事業または教育に関する専門的，技術的事項の研究もしくは，教育関係職員の研修……を行なうことを目的とし，専属の物的施設および人的施設を備え，かつ，管理者の管理の下にみずからの意思をもつて継続的に事業の運営を行なう機関である。

図書館はこうした要件を備えた教育機関として法制上認知されている。

第48条には「文部科学大臣又は都道府県教育委員会の指導，助言及び援助」の規定がある。この中で，都道府県教育委員会が市町村教育委員会に対して「必要な指導，助言又は援助を行うことができる」とし，第2項でその例示として，「学校その他の教育機関の設置及び管理並びに整備に関し，指導及び助言を与えること」（第1号），「青少年教育，女性教育及び公民館の事業その他社会教育の振興並びに芸術の普及及び向上に関し，指導及び助言を与えること」（第6号）等をあげている。県教育委員会による県下市町村図書館振興の事業は，この条項に根拠をもつ作用である。

第49条にあった都道府県教育委員会が，「学校その他の教育機関の管理運営の基本的事項について，……教育の水準の維持向上のため必要な基準を設けることができる」は削除されたが，県としての望ましい図書館活動の目標を設定することは地方自治法によっても可能である。

これまで考察してきたように，公立図書館は，地方行政の面から見ると，地方自治法上の公の施設であり，かつ地教行法により教育機関と規定される存在である。その行政作用上の実施にあたっては，「地方自治の本旨」の原則に立って，住民の意思にそった内容をサービスとして達成できるよう進められること，その成果のほどが住民によって厳しく問われる緊張関係を維持することが重要である。

公立図書館

● **option H**

図書館関係法体系図

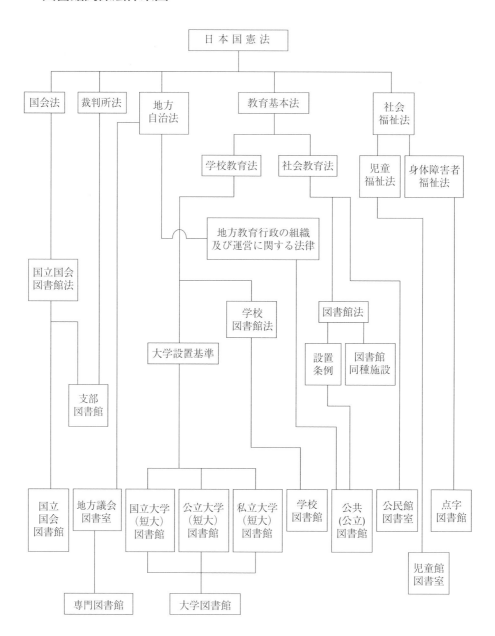

● ── option I

公立図書館の設置運営に関連ある法規の条文（抄）

☆日本国憲法（1946年11月）
第25条（生存権及び国の社会的使命）
　すべて国民は、健康で文化的な最低限度の生活を営む権利を有する。［以下略］
第26条（教育を受ける権利）
　すべて国民は、法律の定めるところにより、その能力に応じて、ひとしく教育を受ける権利を有する。

☆教育基本法（1947年3月制定，2006年12月全面改正）
第3条（生涯学習の理念）
　国民一人一人が、自己の人格を磨き、豊かな人生を送ることができるよう、その生涯にわたって、あらゆる機会に、あらゆる場所において学習することができ、その成果を適切に生かすことのできる社会の実現が図られなければならない。
第4条（教育の機会均等）
　すべて国民は、ひとしく、その能力に応じた教育を受ける機会を与えられなければならず、人種、信条、性別、社会的身分……によって、教育上差別されない。
［以下略］
第12条（社会教育）
　個人の要望や社会の要請にこたえ、社会において行われる教育は、国及び地方公共団体によって奨励されなければならない。
2　国及び地方公共団体は、図書館、博物館、公民館その他の社会教育施設の設置、学校の施設の利用、学習の機会及び情報の提供その他の適当な方法によって社会教育の振興に努めなければならない。

☆社会教育法（1949年6月，2008年6月改正）
第3条（国及び地方公共団体の任務）
　国及び地方公共団体は……社会教育の奨励に必要な施設の設置及び運営、集会の開催、資料の作製、頒布その他の方法により、すべての国民があらゆる機会、あらゆる場所を利用して、自ら実際生活に即する文化的教養を高め得るような環境を醸成するように努めなければならない。
2　国及び地方公共団体は、前項の任務を行うに当たつては、国民の学習に対する多様な需要を踏まえ、これに適切に対応するために必要な学習の機会の提供及びその奨励を行うことにより、生涯学習の振興に寄与することとなるよう努めるものとする。

第 9 条（図書館及び博物館）
　図書館及び博物館は，社会教育のための機関とする。
2　図書館及び博物館に関し必要な事項は，別に法律をもつて定める。

☆**地方自治法**（1947 年 4 月）

旧第 2 条（地方公共団体の事務）　＊1999 年廃止
③-五　学校，研究所，試験場，図書館，公民館，博物館……を設置し若しくは管理し，又はこれらを使用する権利を規制し……事務を行うこと。

第 2 条［地方公共団体の法人格とその事務］
⑭　地方公共団体は，その事務を処理するに当つては，住民の福祉の増進に努めるとともに，最少の経費で最大の効果を挙げるようにしなければならない。

第 180 条の 8［教育委員会の職務権限等］
　教育委員会は，別に法律の定めるところにより，学校その他の教育機関を管理し……社会教育その他教育，学術及び文化に関する事務を管理し及びこれを執行する。

第 244 条（公の施設）
　普通地方公共団体は，住民の福祉を増進する目的をもつてその利用に供するための施設（これを公の施設という。）を設けるものとする。
2　普通地方公共団体（次条第 3 項に規定する指定管理者を含む。次項において同じ。）は，正当な理由がない限り，住民が公の施設を利用することを拒んではならない。
3　普通地方公共団体は，住民が公の施設を利用することについて，不当な差別的取扱いをしてはならない。

第 244 条の 2（公の施設の設置，管理及び廃止）第 3 項
　普通地方公共団体は，公の施設の設置の目的を効果的に達成するため必要があると認めるときは，条例の定めるところにより，法人その他の団体であつて当該普通地方公共団体が指定するもの（以下本条及び第 244 条の 4 において「指定管理者」という。）に，当該公の施設の管理を行わせることができる。

☆**地方教育行政の組織及び運営に関する法律**（1956 年 6 月）

第 30 条（教育機関の設置）
　地方公共団体は，法律で定めるところにより，学校，図書館，博物館，公民館その他の教育機関を設置するほか……必要な教育機関を設置することができる。

☆**生涯学習の振興のための施策の推進体制等の整備に関する法律**（生涯学習振興法）（1990 年 6 月）

第 1 条（目的）
　この法律は，国民が生涯にわたって学習する機会があまねく求められている状況

にかんがみ，生涯学習の振興に資するための都道府県の事業に関しその推進体制の整備その他の必要な事項を定め，及び特定の地区において生涯学習に係る機会の総合的な提供を促進するための措置について定めるとともに，都道府県生涯学習審議会の事務について定める等の措置を講ずることにより，生涯学習の振興のための施策の推進体制及び地域における生涯学習に係る機会の整備を図り，もって生涯学習の振興に寄与することを目的とする。

☆子どもの読書活動の推進に関する法律（子ども読書活動推進法）（2001 年 12 月）

第 2 条（基本理念）

……すべての子どもがあらゆる機会とあらゆる場所において自主的に読書活動を行うことができるよう，積極的にそのための環境の整備が推進されなければならない。

第 7 条（関係機関等との連携強化）

国及び地方公共団体は，子どもの読書活動の推進に関する施策が円滑に実施されるよう，学校，図書館その他の関係機関及び民間団体との連携の強化その他必要な体制の整備に努めるものとする。

☆文字・活字文化振興法（2005 年 7 月）

第 3 条（基本理念）

文字・活字文化の振興に関する施策の推進は，すべての国民が……等しく豊かな文字・活字文化の恵沢を享受できる環境を整備することを旨として，行われなければならない。［以下略］

第 7 条（地域における文字・活字文化の振興）

市町村は，図書館奉仕に対する住民の需要に適切に対応できるようにするため，必要な数の公立図書館を設置し，及び適切に配置するよう努めるものとする。

2　国及び地方公共団体は，公立図書館が住民に対して適切な図書館奉仕を提供することができるよう，司書の充実等の人的体制の整備，図書館資料の充実，情報化の推進等の物的条件の整備その他の公立図書館の運営の改善及び向上のために必要な施策を講ずるものとする。［以下略］

☆著作権法施行令（1970 年 12 月）

第 1 条の 3（図書館資料の複製が認められる図書館等）

法第 31 条第 1 項……の政令で定める図書館その他の施設は，次に掲げる施設で図書館法（昭和 25 年法律第 118 号）第 4 条第 1 項の司書又はこれに相当する職員として文部科学省令で定める職員（以下「司書等」という。）が置かれているものとする。

一　図書館法第 2 条第 1 項の図書館［以下略］

UNIT 17

◉図書館法規と行政, 施策

国の図書館行政と施策

●⋯⋯⋯図書館行政と行政作用

　図書館の整備・振興のために，根拠法規や折々の政策課題に従い，国および地方公共団体によってなされる施策を図書館行政という。図書館の意義と役割を認識し，計画的に図書館の施設・資料・組織を整備することがその任務である。行政作用には，規制作用，助成作用，実施作用の三つの態様があるが，国立図書館を除いて図書館はおおむね地方自治体または学校法人が設置し運営するものであり，国の権力的な規制になじむものではないため，国の行政作用としては助成作用が中心となる。

　公共・学校・大学図書館は教育・学術・文化の範疇に属し，その関係の行政事務は文部科学省が所管するが，近年の情報化の進展，あるいは"まちづくり"の一環としての図書館整備や生涯学習体系の広がり，という動向もあって，その他の省庁が関与する施策も増えているのが特徴である。しかし，図書館行政を館種を越えて横断的にとらえ，総合的な調整を図る作用が欠落しているところに問題がある。

図書館行政
行政作用

●⋯⋯⋯図書館を所管する部局

　図書館を所管する国の部局は，館種によって異なり，全体として一つに統括されているわけではない。公共・学校・大学図書館については，教育機関として 2001 年 1 月の中央省庁再編によって設置された文部科学省の各部局がそれぞれ分掌している。文部科学省の事務と組織を定めている文部科学省組織令（2000 年 6 月 7 日政令第 251 号）によってそのことを確かめてみよう。

文部科学省

　まず，**公共図書館**に関しては，生涯学習政策局の社会教育課の事務を定めた第 30 条で次のように規定している。

公共図書館

　一　社会教育の振興に関する企画及び立案並びに援助及び助言に関すること。
　二　社会教育主事並びに司書及び司書補の講習並びに学芸員となる資格の認定に関すること。
　三　社会教育のための補助に関すること。
　四　公立及び私立の図書館（学校図書館を除く。），博物館，公民館その他の社会教育施設の整備に関する指導及び助言に関すること。
　五　公立の図書館（学校図書館を除く。），博物館，公民館その他の社会教育施設

の整備のための補助に関すること。

六　生涯学習に係る機会の整備の推進に関すること。[以下略]

次に，**学校図書館**に関しては，初等中等教育局の児童生徒課の所掌事務を規定した第37条の第3号に，「学校図書館の整備に関すること」とある。この課が扱うその他の事務には，生徒指導・進路指導の企画・立案・援助・助言，高校入試，経済的理由による就学困難児童・生徒に係る就学奨励補助など多様な内容が含まれており，位置づけのあいまいな分掌になっている感は否めない。

― 学校図書館

大学図書館については，国立大学の法人化以降，研究振興局参事官の事務を規定する第69条に，次の規定がある。

― 大学図書館

一　情報科学技術及び物質・材料科学技術に関する研究開発に関する基本的な政策の企画及び立案並びに推進に関すること。

四　研究開発に必要な施設及び設備（関係行政機関に重複して設置することが多額の経費を要するため適当でないと認められるものに限る。）の設備（共用に供することを含む。）に関する事務のうち情報システムに係るものに関すること。

五　科学技術に関する研究開発及び学術に関する情報処理の高度化及び情報の流通の促進に関すること。

六　大学の附属図書館その他の学術に関する図書施設に関すること。

八　国立大学の附属図書館並びに大学共同利用機関……における教育及び研究に関すること。

● ……… 国の図書館政策

ここでは文部科学省所管の施策を中心に，国の図書館政策の主要な動向を紹介する（2001年1月6日の省庁再編以前の記述については「文部省」等。以下同じ）。

(1) 公立図書館

文部省が公立図書館の整備・振興のためにこれまで行ってきた施策のうち，最も具体的で，それなりの中身を伴ったものとして，施設整備補助事業があった。図書館法（旧法）が定める最低基準を満たしていることを要件に，図書館を建設する経費の一部を国が補助するもので，1996年度までに916館に対して補助金が交付されてきた。それは図書館法制定後に建設された公立図書館の4割程度にすぎず，補助金額も併せて一層の充実が望まれてきたが，1997年度政府予算の編成に際して，「図書館はもう一定程度整備された」という判断で1998年度以降は全廃された。国の行財政改革の方針にそった判断であり，町村の図書館設置がなお5割強にとどまる現況に照らせば，生涯学習の基盤整備という観点からもきわめて遺憾な措置である。

― 施設整備補助事業

施設整備に使える補助金として，これまで文部省関係以外にも自治省，農林水産

省，防衛施設庁などの補助金が活用されてきた実績があり，それらの活用は今後も重要であるが，2010年度補正予算で交付税措置された「住民生活に光をそそぐ交付金」が有効な施策であった。「これまで住民生活にとって大事な分野でありながら，光が十分当てられてこなかった分野に対する地方の取組みを支援する」という趣旨の交付金で，担当の総務大臣（鳥取県知事として図書館行政に実績のある片山善博）が使途として図書館を強く示唆したこともあり，図書館に総経費の4割程度が充てられるという大きな成果を残した。この交付金は，その後3年間の地方財政措置として継続されており，国による図書館支援策として評価される。

<small>住民生活に光をそそぐ交付金</small>

補助事業のほかでは，協力者会議を設けて「これからの図書館」のあり方をさぐる検討を継続実施している。2006年の報告書『これからの図書館像：地域を支える情報拠点をめざして』では，「地域における情報拠点」と位置づけられ，「地域や住民に役立つ図書館」と認識される図書館も増えつつあるが，その「改革を全国に広めることによって，図書館を地域の発展に欠かせない施設にしたい」と述べている。

図書館法には制定当初から国が図書館の設置・運営上望ましい基準（俗に「望ましい基準」と呼ばれる）を作成し公示することが規定されている。しかし，公立図書館の基準が大臣告示として日の目を見たのは2001年であり，2008年法改正により私立図書館をも対象に含める基準となったため，2012年12月にようやく「図書館の設置及び運営上の望ましい基準」として告示された。

<small>望ましい基準</small>

文化庁は「デジタル・ネットワーク社会における図書館と公共サービスの在り方」を探るため，「電子書籍の流通と利用の円滑化に関する検討会議」を設け，2011年9月にまとめを公表している。総務省，経済産業省との三省協議を受けたもので，広く国民が出版物にアクセスできる環境の整備を図ることを課題としている。

(2) 学校図書館

学校図書館法第8条は「国の任務」として，学校図書館を整備し，充実を図るために，次のような事項の実施を求めている。

1　学校図書館の整備及び充実並びに司書教諭の養成に関する総合的計画の樹立。
2　学校図書館の設置及び運営に関し，専門的，技術的な指導，勧告を与える。
3　その他学校図書館の整備及び充実に必要と認められる措置を講ずること。

この求めに対して文部省は，毎年の司書教諭講習を各大学等に委嘱，指導者研修の開催，これまで10数点を数える手引書の作成などを長年にわたって行ってはきたが，体系的で一貫した学校図書館の政策があったという印象は乏しい。

ところが1990年代の教育改革論議が学校を生涯学習の機関としてとらえ，自ら学ぶ力，生きる力の育成を学校に期待するとき，「教育課程の展開に寄与する」学校図書館への関心が改めて高まりをみせる。「学校図書館の貧しさに文部省がくぜ

ん！」という新聞報道が示すように，教育改革の議論を背景に文部省は1993年，図書整備5カ年計画に着手し，国としての責任の履行に動き出した。整備すべき図書標準を設定し，蔵書を1.5倍に増やすため，必要な経費を地方交付税で措置した。この予算が必ずしもその狙い通りに活用されていない事態に鑑み，その後も5年を単位に継続・拡充されており，文部科学省の主要な学校図書館施策となっている。

図書整備5カ年計画

　1997年の法改正により司書教諭配置の猶予が原則撤廃されたことを受け，相当数の司書教諭資格保持者を確保する必要から講習開催機関を増やし，養成カリキュラムの改定を行った。法に位置づけのない「学校司書」の配置はそのことの重要性を認める自治体の施策で進み，国の施策はまったく存在しなかったが，2008年頃から変化が生じ，子どもの読書サポーターズ会議の審議を通して「学校司書」の用語が文部科学省関係の文書にも登場する。2012年度地方財政措置には初めて学校司書配置の予算が計上され，自治体や市民の努力で積み上げてきた「学校図書館に人を」の運動が国の施策に反映するという大きな成果を生んだ。2013年に設置され，14年3月に報告がまとまった「学校図書館担当職員の役割及びその資質の向上に関する調査研究協力者会議」の報告は，2014年6月の法改正に臨む文部科学省のスタンスを用意するものとなった。2012年度からの地方財政措置では，ほかに新聞を整備する費用も計上された。文字・活字文化振興にもつらなる措置である。

1997年法改正
司書教諭
学校司書

(3) 大学図書館

　文部科学省が所管する大学図書館についての国の政策としては，1980年代以降，学術情報ネットワークの形成を軸に，学術情報基盤の整備に積極的な施策が講じられている。国立情報学研究所（NII）を核にして，大学等の図書館・情報処理センター等をコンピュータとデータ通信網で結び，学術情報の集積と流通を図る全国的・総合的なシステムの開発，形成である。目録所在情報データベースの形成，相互協力（ILL）システムの開発，外国雑誌センター整備等が国家的な資源共有，研究開発の基盤整備という観点で推進されてきた。1996年7月には，学術審議会から「大学図書館における電子図書館的機能の充実・強化について」の建議が，さらに2006年には科学技術・学術審議会学術分科会の部会から「学術情報基盤の今後のあり方について（報告）」も出され，この面では緊縮財政の下でも相応の力が注がれている。

学術情報ネットワーク
国立情報学研究所
学術情報基盤

　大学の学術情報基盤の整備状況を把握し，施策に反映させるための基礎データとして「学術情報基盤調査」を各大学の協力を得て実施し，結果を公表している。

　2004年の国立大学の独立行政法人化により，国からの運営費交付金という形での負担のあり方が大きく変わり，競争原理の重視，人件費削減の方向が一段と強くなっている。大学院の拡大，社会人など学生の多様化が進む高等教育に欠かせない基礎的学習環境の整備という面での大学図書館への施策にも力が注がれねばならない。

国立大学の独立行政法人化

UNIT 18 ◉図書館法規と行政，施策
地方自治体の図書館行政と施策

●………自治体の図書館行政

　公立図書館は地方自治体が設置し運営する図書館であり，図書館設置の是非を含めて，どんな図書館をどのように整備するかは，本来，それぞれの自治体が独自に判断することである。しかし，図書館活動が低迷を続けた1970年前後までは，図書館政策と言えるほどのものをもつ自治体は乏しく，図書館行政も印象の薄いものであったのは否めない。いまも町村の半数近くが図書館を設置していないという事実が示すように，小さな自治体では自力で図書館をつくることは考えられない，と判断される状況もある。国なり広域自治体である県の支援策を前提にしないと，独自の図書館施策を立てようがない自治体もある。

　そうした中で，周辺の自治体（住民）に大きな刺激となるような魅力的な図書館をつくり出した自治体が増えている。1980年代後半以降，地方の時代，行政の文化化が志向されるとともに，生涯学習の基盤整備という国の施策が強調されるもとで，自治体が選択する重点的な施策の中に図書館が取り上げられるケースが目立ってきた。総理府が1988年に実施した「生涯学習に関する世論調査」では，つくってほしい公立社会教育文化施設のトップに図書館があがっており（26％），同様の調査データは少なくない。住民が好んで選び，自治体が施策化する対象に図書館が取り上げられ，実態としてすぐれた図書館が生まれることで，"図書館のまち"を標榜する自治体が各地に出現する状況ができつつある。

図書館のまち

●………図書館行政の所管と推進

自治体の図書館行政

　自治体の図書館行政は，教育委員会事務局の社会教育部（課）もしくは生涯学習部（課）が担当するのが普通である。2007年6月の「地方教育行政の組織及び運営に関する法律」（地教行法）の改正により，第24条の2（職務権限の特例）に，教育委員会の所掌事務のうち，文化（文化財保護を除く），スポーツ（学校における体育を除く）に関する事務を地方公共団体の長が管理，執行できるとなったことで，図書館にもこれを適用するケースが2014年には40団体168館に及んでいる。教育機関の独立性を保持する観点に照らして好ましいことではない。

　自治体の図書館行政としては，公立図書館を設置し住民サービスを展開する基盤

を整えることが中心的な課題である。中でも図書館サービスの将来構想を策定することが重要である。図書館未設置の自治体が図書館づくりに着手する場合はもちろん，既設の自治体においても全域サービスを実現するための将来構想を策定し，それにそった計画的な整備ができる体制を整えることが必要である。そのため庁内で，あるいは外から専門家に加わってもらって図書館計画策定会議を設けたり，外部の専門機関等に構想策定を依頼するという方法もある。まとまった計画には財政的な裏づけが必要なので，首長や議会の支持を取りつけ，自治体全体の将来構想（総合計画，長期ビジョン）の中に位置づけを得る努力が欠かせない。同時に，住民にも計画を示し，意見や希望を聴取し，理解を求めることで，計画実現への参加と支持を求めることが必要である。

<small>図書館計画の策定</small>

こうした行政施策の推進には，図書館既設の自治体の場合には，教育機関として日々図書館サービスを実践している図書館との十分な連携の上でことがなされなければならない。近年，義務教育学校の図書館整備が自治体の施策として重視されつつあることから，学校教育部門との連絡調整も必要であり，学校教育・社会教育の枠を越えて，その自治体の図書館行政として一本化した体制をとることも将来に向けての検討すべき重要な課題である。

●………県の図書館行政

自治体の「図書館政策」という視点で図書館行政を考えた場合，県下の図書館整備の振興を図る県の責務と施策がとりわけ重要である。公立図書館の整備振興にあたって都道府県教育委員会（以下，県教委）は特別な責任と権限を負っており，また，その実績が一部で大きな成果を上げてきた事実があるからである。

<small>都道府県教育委員会</small>

県教委は，市町村を対象に，市町村の図書館の整備振興について助成作用を行う権限と責任をもっている。UNIT 15 とも少し重なるが，要点を確かめておこう。

社会教育法第6条に，県教委が社会教育に関して行う事務を列挙している。その中で図書館に関する内容を拾ってみると，

　①所管に属する図書館の設置及び管理に関すること（第5条の市町村教委の事務と共通）

　②公民館及び図書館の設置及び管理に関し，必要な指導及び調査を行うこと（第1号）

　③その他法令によりその職務権限に属する事項（第5号）

このうち，①は県立図書館を設置・管理することで，行政の実施作用であり，市町村の場合とととくに変わるものではない。③でいう「その他法令」に該当するのは，地教行法の第48条である。

<small>地教行法</small>

　第48条　……都道府県［教育］委員会は市町村に対し，都道府県又は市町村の

18．地方自治体の図書館行政と施策　103

教育に関する事務の適正な処理を図るため，必要な指導，助言又は援助を行うことができる。
　2　前項の指導，助言又は援助を例示すると，おおむね次のとおりである。
　　一　学校その他の教育機関の設置及び管理並びに整備に関し，指導及び助言を与えること。

　この規定と前掲の社会教育法第6条を重ね合わせると，県教委には，県下の市町村図書館の整備状況をよく把握し，図書館サービスの不備を是正し，未設置の自治体に図書館が設置できるような助言を与えたり，有効適切な援助を助成作用として行う責任があることは明らかである。このことは，教育機関である県立図書館が直接手がけることはできない。教育行政機関である県教委のみが負える作用なのである。地教行法第49条の，県教委が「教育の水準の維持向上のため必要な基準を設けることができる」という規定は1999年の改正で削除されたが，県教委が県独自に図書館サービスの望ましい到達水準を設定し，それに向けての助成策を講じることを妨げるものではない。

＊旧教育委員会法が廃止され地教行法が制定される前は，図書館法に第7条があって，「県の教育委員会は，市町村の教育委員会……に対し，その求めに応じて，図書館の設置及び運営に関して，専門的技術的指導又は助言を与えることができる」とあった。一般法にあたる地教行法第48条が制定されたことで，特別法にあたる図書館法の旧第7条が，その規定と矛盾するため廃止されたものである。ちなみにその矛盾とは，「求めに応じて」「専門的技術的」指導という点である。

<small>協力の依頼</small>　県教委と市町村教委の関係に関して，さらに図書館法第8条に，「協力の依頼」の項がある。県教委は，「当該都道府県内の図書館奉仕を促進するために，市町村の教育委員会に対し，総合目録の作製，貸出文庫の巡回，図書館資料の相互貸借等に関して協力を求めることができる」という内容である。これは県単位の図書館協力組織を整備することへの県の関与を認めた規定であり，実際には県立図書館が県教委，市町村教委を介して市町村の図書館に協力の依頼をする，という形で行われているとみてよい。県立図書館と市町村の図書館とがあくまで対等な関係にあり，上下の関係ではないという認識が，協力依頼を県の助成作用に位置づけている。

●………県による市町村支援の施策

　公立図書館を設置し，その充実に努めるのは，当然当該自治体（主要に市町村）の責務である。その上で，県下全域にわたって図書館を整備し，サービスの充実を振興する役割が，上に述べた論理によって県に求められる。その端的な施策が，県による県下の図書館振興策の策定である。

<small>県下の図書館振興策</small>

これまで実施されて成果の大きかった振興策としては，1970年代前半の東京都，1980年代から始まった滋賀県の施策がある。前者は県レベルの助成事業として最初のものであり，都下の図書館整備を飛躍的に促進するとともに，当時の国の貧しい施策を転換させることにも大きな力となった。後者の場合，1980年代当初には全国で最低水準にあった滋賀県の図書館を全国トップ級の「図書館の県」たらしめた。県としての整備基準を設け，市町村側の自己努力を求めつつ建設費と継続した資料費補助を行い，図書館開設の準備にあたっては専門職の館長（予定者）の確保を指導するなど，有効な施策で全国的に大きなインパクトを与えた。その後，徳島県，大分県などいくつかの県でもこの種の施策が模索されたが，一般には市町村が公立図書館を建設するに際して，建設費補助金を，図書館法に基づく国の補助金に上乗せして出すという内容が多かった。しかし，1990年代以降の県財政の悪化と，1998年度以降，国の補助が打ち切られたことにより，施設整備の助成策は影を潜めることになったのはきわめて遺憾なことである。 東京都の場合／滋賀県の場合

　図書館建設や資料購入に対して県が補助金を出すという内容の施策はほとんど見られなくなったが，県域の図書館ネットワークの整備に力を注ぐ例は少なくない。図書館活動の充実に向けての県としての意欲がうかがえる近年の施策としては，鳥取県の場合が特筆される。図書館は市民の自立，地方自治の自立を支援する「知の拠点」だという知事（片山善博，当時）の強い意思もあって，行政組織上の県立図書館の位置づけを強化し（図書館の本庁化），ミッションをもった事業の遂行，行政各部門と連携した事業の具体化，県庁内への分室設置，県立高校の図書館に専門職員を配置し，県立からの支援を強める，などの施策が遂行されている（参考：片山善博「知の拠点としての図書館」『みんなの図書館』2007年5月号）。 鳥取県の場合

　隣接する島根県においても，同じように知事の強い指導力と知見により図書館行政，とりわけ学校教育の充実に資する学校図書館の整備と学校図書館職員（司書）の配置に積極的な施策がとられ，成果をあげている。市町村が学校に司書を配置する際，その配置のしかたに応じて県が段階的に予算を補助するという施策は，他に例のない意欲的な措置である。 島根県の場合

● ……… 学校司書の配置

　自治体の図書館行政で，近年最も成果と特徴が見られるのは学校司書の配置である。1980年代の岡山市が代表的なものであるが，住民の強い要請もあり，学校に司書を置き，学校図書館を活性化する施策が全国的に進んだ。その内実には問題点や課題も多いが，国の支援がまったくない中で，自治体（首長）の判断によってなされてきた学校教育充実のための自主的な施策であり，その成果が2014年6月の学校司書を制度化する学校図書館法改正（UNIT 27参照）をもたらした。 学校司書の配置

●──── option J

2014年度図書館関係国家予算（公共，学校図書館分）

学校図書館・公立図書館への支援施策

(単位：千円)

事項	施策の概要	平成26年度予算額	平成25年度予算額	比較増△減額
1. 図書館の機能強化				
公民館等を中心とした社会教育活性化支援プログラム	地域における様々な現代的課題に対し，地域に蓄積したソーシャル・キャピタル（社会関係資本）である公民館や図書館等が，課題解決のため行政の関係部局の垣根を越え，関係諸機関と連携・協働して実施する取組みを支援し，地域コミュニティの再生を通じて地域活性化を図る。	113,263の内数	206,776の内数	△73,513
2. 司書等の資質の向上				
図書館司書等専門研修	図書館職員に求められる専門的な知識・技術の一層の向上を図るための体系的・計画的な研修を実施する。	8,818	8,840	△22
3. 子どもの読書活動の推進				
①学校図書館の機能向上に関する調査研究（確かな学力の育成に係る実践的調査研究の1メニューとして実施）	学校図書館の機能の高度化を図り，その活動の活性化を推進するため，学校図書館の有効な活用方法等に関する実践的な調査研究を進める。	71,873の内数	37,485の内数	34,388
②司書教諭の養成講習	学校図書館を活用した教育活動や読書活動の推進の中核的な役割を果たす司書教諭の養成を図るため，大学等の教育機関に司書教諭講習を委嘱して実施する。	29,540	29,424	116
③子供の読書活動推進	Ⅰ 子供の読書活動の推進等に関する調査研究 第三次子ども読書基本計画を踏まえた取組についての評価・検証等の調査研究，電子書籍の利用状況等に関する実態調査を行う。 Ⅱ 読書コミュニティ拠点形成支援 学校，図書館，読書ボランティア団体等による読書コミュニティの構築を推進するため，「子どもの読書活動推進ネットワークフォーラム」を全国各地で開催する。 Ⅲ 「子ども読書の日」の理解促進 「子ども読書の日」（4月23日）を広く周知するとともに，特色ある優れた取り組みを行っている民間団体等を表彰する。	46,849	39,150	7,699
合計		290,343	321,675	△31,332

学校図書館の関係予算

事項	平成26年度予定額（　）内は25年度予算額
1. 学校図書館の活性化の推進 学校図書館の機能向上に関する調査研究 （確かな学力の育成に係る実践的調査研究の1メニューとして実施） 学校図書館の機能の高度化を図り，その活動の活性化を推進するため，学校図書館の有効な活用方法等に関する実践的な調査研究を進める。	44百万円の内数 （37百万円の内数）
2. 司書教諭有資格者の養成 司書教諭養成講習 司書教諭は，児童生徒の読書活動や学校図書館を活用した学習活動を推進していくものであるが，学校図書館法により，文部科学大臣が大学その他の教育機関に委嘱して行う司書教諭の講習を修了した者でなければならないとされているところであるため，司書教諭育成のための講習会を実施し，継続的に有資格者の養成を図る。	30百万円（29百万円）

（『図書館年鑑 2014』より）

● —— option K

図書館振興策の歩み

1970年　・日本図書館協会（日図協）『市民の図書館』刊行
　　　　・東京都「図書館政策の課題と対策」策定（1971～1976年度に実施）
1971年　・社会教育審議会「急激な社会構造の変化に対処する社会教育のあり方について」答申
1972年　・文部省の図書館建設費補助金，前年度9000万円を5億円に増額
　　　　・日図協『図書館白書　1972　みんなに本を』刊行
　　　　・社会教育審議会施設分科会図書館専門委員会「公立図書館の望ましい基準（案）」報告
1977年　・国土庁「第三次全国総合開発計画」発表，定住圏構想推進の一環として図書館の整備に言及
1978年　・超党派による図書議員連盟発足
1979年　・日本都市センター『新しい都市経営の方向』刊行
　　　　・日図協総会「図書館の自由に関する宣言　1979年改訂」採択
　　　　・内閣官房広報室「読書・公共図書館に関する世論調査」実施
1980年　・日図協総会で「図書館員の倫理綱領」採択
　　　　・学術審議会答申「今後における学術情報システムのあり方について」
1981年　・中央教育審議会「生涯教育について」を答申
1982年　・日図協『図書館年鑑』創刊
1984年　・総理大臣の諮問機関として臨時教育審議会（臨教審）を設置
1986年　・臨時教育審議会第二次答申で「生涯学習体系」への移行を提案
1987年　・日図協「公立図書館の任務と目標」発表
　　　　・臨時教育審議会最終答申を発表。「教育改革推進大綱」閣議決定
1988年　・自治省「地域情報化施設に関する調査報告」の中で，地方自治体が行っている地域情報化政策構想や計画策定状況の例示に図書館活動をとりあげる
　　　　・社会教育審議会社会教育施設分科会「新しい時代（生涯学習・高度情報化の時代）に向けての公共図書館の在り方について（中間報告）」発表
　　　　・文部省組織令改正，社会教育局を生涯学習局と改める
　　　　・総理府「生涯学習に関する世論調査」を実施。図書館が「作ってほしい公立社会教育文化施設」の1位（26％）に
1989年　・日図協『公立図書館の任務と目標　解説』刊行
1990年　・中央教育審議会「生涯学習の基盤整備について」答申
　　　　・「生涯学習の振興のための施策の推進体制等の整備に関する法律」（生涯

	学習振興法）制定施行
1992 年	・文部省「公立図書館の設置及び運営に関する基準（報告）」を通知
	・日図協『図書館はいま　白書・日本の図書館　1992』刊行
	・生涯学習審議会「今後の社会の動向に対応した生涯学習の振興方策について」答申
1993 年	・文部省，学校図書館図書整備 5 カ年計画に着手。「学校図書館図書標準」を設定
1994 年	・ユネスコ「公共図書館宣言」改訂
1995 年	・地方分権推進法施行
	・文部省『県立図書館の役割と実践　都道府県立図書館の実践事例集』刊行
1996 年	・生涯学習審議会社会教育分科審議会「社会教育主事，学芸員及び司書の養成，研修等の改善方策について（報告）」発表
	・1997 年度国家予算において社会教育施設整備費補助金を全廃の方針
	・地方分権推進委員会第 1 次勧告「分権型社会の創造」を首相に提出。地方六団体は図書館法における館長の司書有資格要件の廃止を主張
	・学術審議会「大学図書館における電子図書館的機能の充実・強化について」建議
1997 年	・文部省『地域と施設をこえて　公立図書館における連携・協力の実践事例集』刊行
	・学校図書館法の一部改正案が可決成立，附則第 2 項を原則撤廃
	・地方分権推進委員会「第 2 次勧告　分権型社会の創造」提出。必置規制の見直し，補助金廃止など盛り込む
	・文部省の委嘱を受けて，日図協「町村図書館設置促進のための調査研究」（L プロジェクト）に着手
1998 年	・生涯学習審議会「社会の変化に対応した今後の社会教育行政の在り方について」答申
	・生涯学習審議会社会教育分科審議会計画部会図書館専門委員会「図書館の情報化の必要性とその推進方策について—地域の情報化推進拠点として」報告を発表。電子化情報サービスと無料公開のかかわり論議が活発化
	・小学校，中学校学習指導要領の改定で「総合的な学習の時間」設置へ
1999 年	・中央省庁等の再編に伴い文部科学省設置法制定（施行は 2001 年 1 月）
	・地方分権推進一括法により図書館法一部改正。最低基準，補助金を受けるにあたっての館長の司書資格要件が法から削除される
	・日図協学校図書館問題プロジェクトチーム「学校図書館専門職員の整備・充実に向けて」発表
2000 年	・生涯学習審議会「新しい情報通信技術を活用した生涯学習の推進方策に

	ついて」答申
2001年	・経済財政運営と構造改革に関する基本方針（骨太の方針）閣議決定
	・文部科学省「公立図書館の設置及び運営上の望ましい基準」告示
	・子どもの読書活動の推進に関する法律制定
2002年	・中央教育審議会「新しい時代における教養教育の在り方について」答申
2003年	・地方自治法一部改正で指定管理者制度を設置
2005年	・IT戦略本部「IT戦略パッケージ2005」決定
	・文字・活字文化振興法制定
	・日図協「公立図書館の指定管理者制度について」発表
2006年	・文部科学省『これからの図書館像』発表
	・日図協「豊かな文字・活字文化の享受と環境整備―図書館からの政策提言」発表
	・教育基本法改正
2007年	・学校教育法など教育関係諸法規の見直し，改正
2008年	・中央教育審議会「新しい時代を切り拓く生涯学習の振興方策について」答申
	・教育基本法全面改正に伴う社会教育法，図書館法一部改正，施行
	・教育振興基本計画閣議決定
2009年	・公共サービス基本法制定（5）
	・大学における図書館に関する科目制定（図書館法施行規則改定）
	・補正予算で国立国会図書館の蔵書について大規模デジタル化を進める127億円を措置
	・子どもの読書サポーターズ会議報告「これからの学校図書館の活用の在り方等について」（3）
2010年	・日図協，「図書館事業の公契約基準・試案」を提起
	・補正予算で「住民生活に光をそそぐ交付金」措置。図書館関係に4割が
	・総務省，指定管理者制度の運用についての留意事項通知
2011年	・文部科学省，国民の読書推進に関する協力者会議「人の，地域の，日本の未来を育てる読書環境の実現のために」報告（9）
	・三省懇の検討を受けて文化庁，「デジタル・ネットワーク社会における図書館と公共サービスの在り方」をまとめる
2012年	・平成24年度からの地方財政措置に「学校司書」配置を予算化（1）
	・文字・活字文化推進機構等，「知の地域づくりを考える全国リレーシンポジウム」開催
	・総務省提言「知のデジタルアーカイブ―社会の知識インフラの拡充に向けて（3）
	・文部科学省，「図書館の設置及び運営上の望ましい基準」告示（12）
2014年	・学校図書館法改正で学校司書を法に明記する（6）

UNIT 19 ●地域社会と図書館
地域の情報拠点としての図書館

●……「地域の情報拠点」

文部科学省が「これからの図書館」のあり方を検討する協力者会議を設置し，2006年3月に，「これからの図書館経営に必要な新たな視点や方法等について提言を行う」として公表した報告書『これからの図書館像』は，その副題に「地域を支える情報拠点をめざして」を掲げている。そこで強調しようとしているのは，図書館が「地域の課題解決を支援し，地域の発展を支える情報拠点」であるというイメージの具体化，普及・徹底と読み取れる。

『これからの図書館像』

それに先立ち，生涯学習審議会が2000年11月に公表した答申「新しい情報通信技術を活用した生涯学習の推進方策について」の中で，図書館について次のように「地域の情報拠点としての機能の飛躍的な拡大」を提言している。

地域の情報拠点

> 各地域の図書館は，住民の様々な要求に応じて，情報提供を行う施設であるが，急速に進展する情報通信技術を積極的に活用することで，「地域の情報拠点」としての機能を飛躍的に拡大する好機を迎えている。それにはデジタル情報の提供など，情報拠点としての機能の高度化が望まれる。また，インターネットなどの活用で，これまで収集してきた地域情報を他に提供できるようになり，「地域への情報提供」に加え，「地域からの情報発信」機能をもつことになる。（要旨）

ここで特徴的なことは，紙媒体だけでなく，電子媒体を積極的に活用した情報サービスと図書館からも積極的な情報発信を，という提唱であり，インターネット環境を活かした情報提供をこれまでの求めに応じる「資料提供」から一歩踏み出した新たなサービスとして広げよう，との期待がうかがえる。

情報提供

2006年の報告書では，それをさらに展開して，地域のさまざまな機関等との連携を強め，地域や住民の課題解決に資する「役に立つ」図書館のあり方を「これから」像として強調するものであろう。

●……図書館と地域

自治体が住民の負担する税を財源として図書館を設置し，運営するところから，

そのサービスがおよぶエリアに一定の地域が限定されるのは当然である。貸出の登録資格にその自治体の住民であるかどうかを問うのはそのためである（それを前提にした上で相互利用を認めたり，域外の人にも利用を広げるかどうかは別な判断根拠に立つことである）。この場合の「地域」は自治体の内ということである。

> 地域

　自治体の行政サービスがおよぶ対象の範囲，もしくはサービスを付託された責務の対象と考えたときにはそうなるが，「地域」のとらえ方としてはほかにもいろいろな考え方があろう。人々が日常の暮らしを営む上での文化や様式を共有する共同体という意味で使うこともあるし，単に身近な生活圏域を指すこともある。

　教育・文化施設のうちで，博物館や美術館の利用がはっきりした目的意識をもってわざわざ出かけることが一般的であるのに対し，図書館はどちらかと言えば日常普段の暮らしの中で，必ずしも明確な目的をもたないときにも気軽に立ち寄り，利用できるタイプの施設であり，その点では後者の意味の「地域」性は図書館においてより重要である。図書館は地域の人々の共感に支えられ，暮らしを豊かにし，さまざまな課題の解決に役立つサービスを提供することが必要であり，またそういう活動を通して利用者も地域における暮らしや活動の拠点として活用する実態をつくり出していくことになる。同時に，そうしたあり方が公共サービスとして普遍化できるよう条件を整える責務という面で，自治体としての「地域」が意識されねばならない。図書館が「公立」図書館であることの意味がそこで重要になる。

●………地域情報拠点としての図書館

　以上のことから，「地域の情報拠点」として図書館を考える際，焦点をどこにあてるかによってそのあり方にいくつか違った側面が強調されることになろう。

　一つは，「地域情報」の拠点というとらえ方である。サービス対象である人々が住み，暮らす地域についての情報は，住民の最も身近で興味・関心の強い内容であり，差し迫った課題に関連することが多いだろう。子どもたちの学校における総合学習のテーマになることの多い地域学習の素材でもあるし，次のUNITで考察する「まちづくり」にとっても重要な判断素材である。そういう地域に関する資料や情報を可能な限り網羅的に収集・整備し利用に供するとともに，そうした情報が集まり，交流する場でもある，という働きである。岡山県立図書館の「デジタル岡山大百科」，大阪府豊中市立と箕面市立図書館が共同で取り組む「北摂アーカイブ」の形成には，情報を持ち寄り，整理する住民の参加が大きな力になっている。蛍の生息に気づいた住民がその情報を図書館に持ち寄り，それを一本のファイルにまとめることで「まちの蛍マップ」が作られているという滋賀県の愛荘町立愛知川図書館のケースは，住民とともにつくる地域情報と言えよう。そのためには，図書館は情報を生み出す地域の諸活動，住民の暮らしとの日常的な接点，連携が必要である。

> 地域情報

二つ目は，身近な地域にある情報拠点としてのあり方が考えられる。日常の暮らしが普通に営まれ，およそのニーズが満たされる生活圏域にあり，気軽に利用できる図書館が調査，研究，学習，教養，楽しみなどさまざまな目的にとって有用な資料や情報を入手できる場であり，そういう場と共有資源が地域にあることで，住民は図書館を人と資料・情報だけではなく，人と人との出会いや交流の場としても活用することになる。「暮らしの中の図書館」という身近さである。

　図書館がそのような拠点としてなじみ，活用される中で，先にみた情報化の進展にそった政策動向の期待として，その情報が電子情報をも積極的にとり込んだハイブリッドなものであることをめざそうという三つ目のあり方が描かれる。

　実際にはこうしたあり方が別々にあるわけではなく，複合した形で，ときに「土地の事情，一般公衆の希望」にそっていずれかに力点を据えた活動として展開されるのが普通である。図書館としては，その地域の資料や情報が，他の図書館や機関によってはカバーしきれない重要な意味をもつことに留意すべきである。

● ……… **地域の情報資源**

　公立図書館が扱う資料について図書館法は，「郷土資料，地方行政資料，美術品，レコード，フィルムの収集にも十分留意し……」と留意点を喚起し（第3条），自治体が図書館の求めに応じて刊行物を無償で提供することを規定している（第9条）。

　図書館では伝統的に地域資料を「郷土資料」としてとらえ，「郷土資料室（コーナー）」を別置して運用してきた。それに対して，自治体刊行物，その地域に関する行政資料などを重視し，地域に関する情報に責任を負う公立図書館としてのあり方を強調する議論が1960年代後半に台頭し，筆者もそれを論じたことがある。70年代になって「市民の図書館」が広がりをみせる中で，日野市立図書館が市庁舎の1階に図書館システムに位置づけをもつ分館「市政図書室」を設けて，市政・行政課題に特化した調査研究のサービスを始めたのは1977年である。

市政図書室

公立図書館
地方行政資料

　公立図書館の責務として地方行政資料の網羅的収集が強調されるようになっているが，現実にはなかなかその意味が行政各セクションで理解されないという困難がある。それには行政職員が日頃から図書館を利用し，その機能をよく理解していることが前提として重要である。庁内レファレンスとして行政各部門への情報サービスを行うことは，政策立案や行政サービスの実施にとって有効な支援である。

　地域で作成され，地域のことを扱っている資料や情報は，その地域の図書館でしか目の届きにくいものであり，その図書館が責任をもって収集・整備に努めなければ，他によってカバーし難いものである。新聞の地方版の記事，地域の各種団体や運動の作成物，案内パンフレット，新聞折込チラシなど，それぞれにその地域の今を語り，これからを考える貴重な素材となる可能性を備えている情報である。

UNIT 20 ●地域社会と図書館
まちづくりと図書館

●……まちづくり

「まちづくり」とは多様な内容を含む概念であるが，およその共通項としては，高度成長の時代に推進された地域開発への批判として，地方の時代，地域主義を基調に，住民が主体となり，あるいは自治体と住民が協同して，自分たちの住む「まち」の活性化，住みよい豊かな地域づくりをめざす運動である。ことさらに「まちづくり」が叫ばれるということは，それだけ「まち」が人が生きるための環境＝「まち」らしくなくなってきたことへの住民意思の発動があると言えよう。1960年代には過密をかかえた大都市およびその周辺の新興住宅地の住民が中心になって生活環境の改善を求める住民運動が広がり，シビルミニマム，住民参加型行政のあり方が模索された。1970年代になると住民運動に対抗する形で都市部において人の連帯を回復しようというコミュニティづくりが政策的に提起される一方，過疎の重荷に直面する市町村では「地方の時代」を旗印に地域の自立，活性化の「まちづくり」が取り組まれた。「一村一品」などの「むらおこし」もそれに通じる動きである。こうした錯綜するいくつかの流れを受けて，現代の「まちづくり」は，住民が主体のNPO活動として，あるいは自治体の計画に住民が参加し協同する形で，地域の活性化，豊かな生活環境や人と人とのかかわりを充実させようという取り組みが追求されている。

加えて，1980年代半ば以降，国・自治体をあげて推進される生涯学習政策が，一人ひとりが生きがいをもち，創造的に地域に貢献する生き方を提唱するのも，「まちづくり」に新たな要素をもたらしている。「まちづくり」は「人づくり」，が唱導され，そこでは人々の文化的，精神的な面での活性化を重視し，文化や学習に期待が集まっている。「まちづくり」の中核として図書館を整備・充実しようという自治体の将来計画策定もよく見かけることである。

●……図書館のある暮らし

図書館が「まちづくり」と関連づけて考えられるということは，図書館が広範な住民各層の日常の暮らしにおいて身近な存在になってきたことを意味する。小さな子どもたちから成人層，高齢者にもおよぶ広範な人々が，個人として，さまざまな

まちづくり

目的で気軽に図書館を訪れ，多いところでは住民の3割，4割が図書館を利用している。図書館を計画したときには，それほど多くの人が利用することはないだろうと思われていたのが，開いてみると予想した以上の活況で，首長が誇りをもって「図書館のまち」を標榜するというケースも少なくない。

　各地の市民意識調査などを通して，整備してほしい公共施設の上位に図書館が求められることが多い。図書館を身近にもつことが，暮らしの豊かさに通じると考える人々が増えている。新聞の投書でも，身近に充実した図書館をもつことで，暮らしに豊かさを感じると語っているケースがよく見受けられる。

　2007年6月2日号の『週刊ダイヤモンド』が特別レポートとして「知恵と熱意で地方が取り組む図書館を核にしたまちづくり」を伝えている。駅前商店街にシャッターが下り，地方都市の衰退に歯止めがかからない中で，図書館を核にしてまちづくりに成果を上げている地域もある，として，本の寄贈呼びかけで図書館を作った福島県矢祭町，駅舎兼用の図書館で日本一の貸出実績を続ける富山県舟橋村，「まちづくりは人づくりから」と町長が図書館づくりに熱意を示した島根県斐川町を紹介し，最後に「全国の"手本"となった」滋賀県方式として，東近江市図書館を取り上げている。経済誌がこうした視点で図書館に注目するのは珍しいが，まちづくりの核に図書館が，というのは嬉しい視点である。

●………東近江市八日市図書館

八日市図書館

　この紹介で取り上げられた八日市図書館（前・八日市市立図書館）は，1985年の開設以来全国の図書館づくりの関係者から注目される活動を重ねているが，この図書館が掲げる重点目標は，「豊かな暮らしにつながるための確かな情報を届けます」，「思いやりのあふれる街づくりに役立ちます」，「市民と共に育ち，市民が育てる図書館を目指します」などである。

　同館は，10周年を契機に，2階の展示室を改装して自然環境を考えるコーナー「風倒木」を設けた。かねてから自然保護や環境問題を市民の暮らし，まちづくりにとって重要な課題としてとらえ，資料の収集・提供においても重視しており，それをさらに発展させて，自然環境関係の本・雑誌・写真集・ビデオを揃えた資料コーナー，図書館でスペースの関係から保存できなくなった本・雑誌や市民からの寄贈本の再利用を図るリサイクルショップ「ぶっくる」で構成されている。中央部には地元の陶芸家製作のオリジナルカップで無農薬コーヒーを飲んでくつろげるコーナーもある。さらに，同館では図書館員と住民が共同で企画・編集するまちづくり情報誌『筏川』を継続して発行している。市内の文化人や文化を紹介したり，市民との協同でつくり出している文化活動の記録，まちづくりに関する所蔵資料の紹介等が掲載されている。その中で，「市民の豊かな精神生活を支える援助」とな

り，「図書館が地域文化を掘り起こしていくための道具」となれば，と構想されている（option M 参照）。

● ………まちづくりの核としての図書館

　図書館が「まちづくり」の核として意識されるようになるには，次のような図書館活動の特徴がよく生かされる日常が醸成されていることが欠かせない。

(1) 人々が自分の地域，まちについて知り，考える手がかりを，図書館は資料や情報の提供により保障する。

　公立図書館はさまざまな資料を収集・整備し，住民の求めに応じて提供することを最も基本的な機能としている。そこで扱う資料や情報にはあらゆる種類や分野のものが含まれるが，それぞれの自治体が設置し運営する図書館において，とりわけ重視せねばならないのは，先述したようにその地域に関する資料や情報である。その地域に住む人々にとって，それが非常に強い関心事であること，ほかの図書館によってはカバーされない特有の範囲のテーマだからである。図書館資料ではそれを「郷土資料」とか「地域資料」と呼んでいる。これらの資料によって人々は，自分たちの住む地域についての歴史や現状，将来にかかわる地域計画などを知ることができる。公立図書館は，住民がコミュニティを意識し，自らをまちづくりの主体として行動するために必要な情報資料センターの役割を果たしている。

　地域資料の中でも「地方行政資料」と呼ばれる資料群がこの際とりわけ重要である。地方自治体およびその関連機関などが執務上の必要から作成する資料で，そのまちの要覧，統計，調査報告，予算・決算資料，将来構想，議会会議録，行政文書など，一般市民への配布を目的とした広報資料を別にすると，一般には目につきにくい，しかし住民の暮らしにとって関連性の高い重要な資料である。作成者が必ずしも住民への公表を想定しないでつくられるのが普通で，「灰色文献」の典型である。公立図書館は住民の知る権利に奉仕するという視点から，これらの資料を積極的に収集し，住民に伝える責任がある。　　　　　　　　　　　　　　　　　地方行政資料

灰色文献

　日野市立図書館が先駆的に始めた「市政図書室」は，こうした行政資料を専門に　　市政図書室
扱う図書館を市立図書館の分館として運営するものであり，市民だけでなく行政部内の職員，議員にも重用され，行政の政策立案を支える活動として高い評価を得ている。そのまちに関する雑誌・新聞記事などをクリッピングして庁内の関係部署に配布する，ファイルにして索引を作成する活動は，その後，浦安市立図書館などでも行われている。それらの積極的な活用を呼びかけることで，公立図書館は発信機能をも備えたまちづくり情報センターとして機能することができる。

(2) 人々が気軽に集い，語りあえる開かれた「ひろば」である。

　地域について考えるセンターがあれば，そこには共通な関心をもついろいろな人

が集まり，自発的に暮らしを見つめ直す場ともなる。その地域に以前から住む人も，新しく住民になった人も気軽に集い，まちの現状やこれからについて話しあい，学びあうことができる。コミュニティとは共通な意識をもった人々によって形成されるものであり，その基盤を培う一つにまちの図書館があると考えてよいだろう。

　幼い子どもたちが，小さな市民として，首から吊るした図書館カードで自分が選んだ本を借りたり，図書館のお姉さんからお話を聞いたりした経験は，振り返って「私のふるさと」を意識する大事な経験として長く残るにちがいない。長じて転入した地域をわがまちとして意識するのも，はじめて訪れた図書館での一冊の本との出会いであった，ということも十分考えられる。そこから世界が開けるきっかけともなろう。そうした共有の資源を仲立ちとしたみんなの「ひろば」が図書館である。

「ひろば」としての図書館

(3) 地域文化の創造・発信基地である。

　朝，図書館友の会のメンバーである市民が演奏するグランドピアノで入館者を迎える図書館がある。私たちの図書館はこんなふうであってほしい，こんな図書館を作ろう，といった市民の夢で日々成長する図書館の象徴である。図書館でピアノ演奏というのは前述の八日市で始められた試みであるが，図書館が好きだし，図書館を私たちの心のよりどころにしたい，という意識が図書館にさまざまな広がりを生み出している。地域に根づくというのはそういうことを指すのだろう。

　資料があることは，それを使って人々がものを考え，相互に意見を交換し，表現する行動に展開する要件を備えている。図書館員も，ときには図書館の枠をちょっとはずしてともにまちづくりを考えてみよう，というところから八日市では住民と図書館が共同で編集するまちづくり情報誌『筏川』が刊行され，市民に話題と刺激を提供している。図書館の利用が深まると，そこから情報発信の芽も生まれる。

(4) 近隣の，あるいは複合・併設されている文化施設等の利用を活性化する。

　一つのまちに図書館をつくることは，それ自体がまちづくり構想にのっとった計画の一環であるが，図書館をまちの文化ゾーンの一角として構想したり，ときには他の文化・教育施設と併設，複合して計画されることもある。複合施設の中の図書館は，一般的にみて建築面からは必ずしも好ましいことではないが，図書館を全体計画に組み込むことで，住民の利用が活性化する例は多い。中には図書館があるから利用者が大勢来てくれるという場合も珍しくない。これは図書館が最も広範な層を利用対象とし，個人で気軽に訪れる日常型の公共施設であることが大きな要因である。よく整備された図書館のもつ集客力は，まちの生活動線を動かし，まちづくりに無視できない影響をもたらす。長崎県諫早市の図書館づくり運動に商店街の人たちが組織的に参加しているケースなど，図書館計画が地域から誘致されるというのも決して不思議なことではない。

複合施設

図書館の集客力

UNIT 21 ●地域社会と図書館
図書館づくりへの市民参加

● ……… 自治体からの図書館革命

　1964年に東京都町田市の青少年読書普及会が地域文庫づくりの運動を進めることを決議し,「地域文庫を皆さんの手でつくり, 皆さんの手で育てましょう」と呼びかけた。たちまち六つの文庫が誕生し, 図書館に本を求める声が殺到する。1966年には文庫への貸出の大幅増加を求める請願が市議会に出される。これが後に浪江虔が, 市民の手になる「図書館革命」と呼ぶことになる図書館づくり住民運動の狼煙となった(『図書館運動五十年』日本図書館協会, 1981)。

> 浪江虔
> 図書館づくり住民運動

　文庫の広がり→文庫への団体貸出要求→図書費不足→住民による首長や議会への陳情・請願→補正予算／新年度予算で資料費増額→住民要求の一層の拡大, という図式は, 折からの高度経済成長の流れにもかない, 住民要求を起点にして図書館が変わるという日本の社会にかつてなかった図書館運動を生み出した。清水正三が「図書館発展のサイクル」として描いたものの始動である。

> 清水正三

図　図書館発展のサイクル

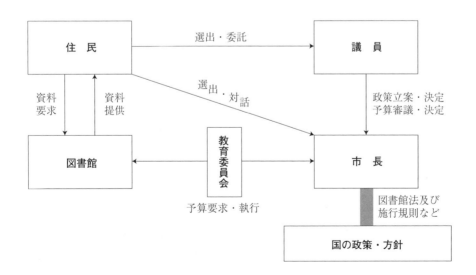

(図書館問題研究会編著『図説　図書館のすべて』ほるぷ総連合, 1980より)

●⋯⋯⋯図書館づくり住民運動の展開

　1960年代末に始まる住民による図書館づくり運動は，70年代を通じて全国的に野火のように広がった。1970年代後半には選挙で「図書館が票になる」現象が各地で語られるようになった。図書館問題研究会が，各地の運動の経験事例を収集し，それを基に『図書館づくり運動入門』（草土文化）を刊行したのが1976年である。

<small>『図書館づくり運動入門』</small>

　「住民が公共図書館についての要求を共有し，その実現のために組織をもち，地方議会や自治体の首長等に請願・陳情その他の方法で働きかける運動」というのが，筆者が上記の本の中で当時与えたこの運動の定義である。こうした運動が，なぜこの時期に日本の社会で輩出したのか。

(1) 日本の図書館の絶対的な貧しさが第一の要因である。1970年時点の公立図書館の設置状況は市区で69.7％，町村に至っては8.7％しか存在しなかった。設置自治体人口1人当たり貸出冊数はわずかに0.25冊である。しかし単に図書館が貧しいだけで運動が始まったわけではない。図書館の貧しさを「貧しい」と認識できる状況が生まれたことが大きい。

<small>貧しさの認識</small>

(2) それが新しい図書館像の形成である。住民が期待と不満の対象として図書館を意識するのは，日常の図書館サービスを通じてである。1965年に始まる東京・日野市立図書館の活動，それを横に広げる各地の図書館サービス拡大の実践が，住民の中に「これが図書館だ」というイメージの共有を生み出した。それに照らしてみると，どうして私のまちには図書館がないのか，図書館が貧しいのか，という問題の把握を可能にした。図書館の貧しさの一方で，いい図書館が現実に見えるようになったことが，この運動を成り立たせた。

(3) この運動の主たる担い手が，子どもと本との豊かな出会いを願い，自らそれを実践する文庫の母親たちであったこと。市民の感覚で図書館の整備を望み，運動によって求める主体の出現は，文庫の活動が生まれるまでは存在しなかった。

<small>子ども文庫</small>

(4) 図書館づくり運動が具体化したこの時期は，さまざまな住民運動の全体的な高揚期でもあった。それだけ地域の変貌（破壊）がすさまじく，住民が暮らしの防衛に立ち上がらざるを得ない状況が蔓延していた。図書館づくり住民運動もそうした住民運動の一環として位置づけられる。違っていたのはこの運動が，悪くなる環境への抵抗（反対）ではなく，新たな文化を創造する運動だった点である。

<small>住民運動</small>

●⋯⋯⋯運動の主体と要求内容

　図書館づくり運動は，当初の文庫の活動家が中心の運動から次第に幅を広げ，さまざまな市民が加わる運動へと変貌していく。子どもに本を提供する日常的な場をもち，その中でよい図書館の必要を意識していることから，文庫の経験者が要求の中軸であることはその後も変わらないが，それだけではない人々が図書館に関心と

期待を抱くようになった。図書館が変わり，図書館を利用する人たちが広がったことの反映である。

運動の主体が広がっただけでなく，求める内容もよほど変わり，深まっている。当初はただただ図書館がほしい，図書費を増やしてほしい，だったのが，サービスの担い手である図書館員のこと（こんな図書館員がほしい），館長の資質，サービスの内容，図書館施設や立地場所，図書館協議会の設置，管理運営のあり方，さらには将来計画の策定など，単に要求するというだけでなく，後に述べるように図書館づくりに参画するという側面が濃くなっている。「図書館には子どもの本がわかる司書を置いてください」，「館長予定者は10年以上のキャリアのある司書有資格者を」といった要求には，彼（女）らの図書館に寄せる具体的なイメージの裏づけがある。

そのためには，彼（女）ら自身が，多くのすぐれた図書館を実際に見，図書館について本も読み，講演会を企画したりし，仲間で真剣な学びを深めていることが特徴的である。その中から市民の手でわがまちの図書館構想が提起されてもいる。その集約として，市民による「私たちの図書館宣言」(option N) がある。図書館を求め，その図書館を使って学びを深め，それが図書館への意識を高めるという連環があり，図書館づくり運動はそれ自体が質の深い学習活動となっていることがわかる。

1975年10月15日の朝日新聞が，「住民運動のなかの図書館」と題した社説で，住民運動から生まれた東京・東村山市の図書館を取り上げ，「市民の『自己学習権』『資料の提供を受ける権利』は，今日では市民生活を成り立たせる不可欠な構成要素である。改めて知的権利を求める住民運動と公共図書館の相互作用に期待したい」と結んでいる。図書館づくりと市民の関係についての歴史的承認として意義深い。

●………「図書館づくり」への住民参加

ここで図書館づくりへの住民の多様な「参加」について考えてみよう。

社会教育「施設」が，上から「施し設けられる」戦前のものから，住民の意思を受けて運営される存在へと基本的に変わった（変わるべき）ことについてはUNIT 15でもふれた。住民の声を反映する公民館運営審議会，図書館協議会の制度化はそのことを期待しての仕組みである。図書館法が図書館協議会について規定しているが，法案づくりの初期の段階では，アメリカの図書館委員会を参考に，公選制の図書館委員会までもが構想され，「民意を代表して，公共図書館経営上の重要事項に参画し，公共図書館の健全な発展に寄与する」ことが企図されてもいた。

こうした制度的な参加を含めて，住民が自分たちのまちの図書館がよりよいものになるようにと力を寄せるのにはさまざまな形態がある。図書館づくり運動が，そうした参加に幅を広げた。

参加を「個人的か組織的か」，「定型的か非定型的か」を軸にして，いくつかの類

型で整理してみると次のように図示できよう。

図　住民の図書館づくりへの参加の類型

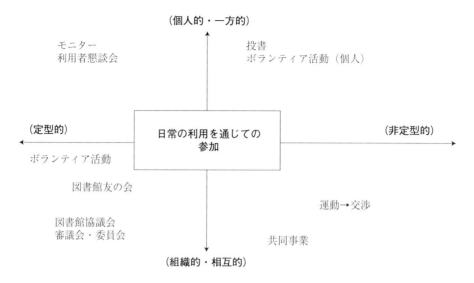

　図示した諸形態のうち，図書館づくり運動との関連で参加のタイプをみると，みんなで共有した要求の実現に向けて陳情・請願を行い，首長・教育長などと交渉する一連の運動過程がまずは考えられる。話し合いは常にスムーズに進むとは限らないが，運動による働きかけでよい図書館が生まれた事例は全国に豊富にある。住民運動を抜きにしては今の日本の公立図書館はない，といっても過言ではない。

　交渉の過程で，図書館協議会や図書館構想策定委員会等の設置を求め，それに代表の参加を求めるという展開もある。運動組織を背景にし，仲間で話し合い，勉強しながら会合に加わり，住民意思の反映を働きかける制度的な参加である。東村山市の図書館設置計画専門委員会が，図書館条例に「図書館は，資料の提供活動を通じて知り得た利用者の個人的秘密を漏らしてはならない」を挿入するよう提起した際，住民代表の委員が大きな役割を果たしたことはよく知られている。

　文庫のメンバーが図書館と共同して子ども対象の事業（子どもフェスティバルなど）を企画し，実行するケースも少なくない。さらに近年，図書館に求める運動から，ともにつくる運動への展開として，「○○図書館友の会」という組織をつくり，図書館についての学習や経験交流で豊かな図書館像を共有することを基軸に，ボランティア活動として図書館事業の一端に参加する活動も増えている。行政が安易に民間活力を期待する情勢下では微妙な問題もはらむが，「図書館大好き」市民が広がる中での新たな参加であり，自己学習，自己実現の活動でもある。

　図示したように，こうした参加の根底には，住民が図書館を活用する日常の中に，図書館員との相互作用という参加（形成）のあることが重要である。

傍注：
東村山市の図書館設置計画専門委員会
図書館友の会
ボランティア活動

option L

これからの図書館像

これからの図書館像 —地域を支える情報拠点をめざして—

地域や住民にとって役に立つ図書館として存在意義を確立

役に立つ図書館へ変わっていくために必要な機能

○従来の閲覧・貸出・リファレンスサービス等を維持しつつ、新たな視点から取り組むとともに、相談内容に適切に対応できる職員の配置
 - 相談専用窓口の設置と適切に対応できる職員の配置
 - 住民の生活、仕事、自治体行政、学校、産業等への課題解決を支援する相談・情報提供の機能の強化

 事例①鳥取県立図書館の蔵書を活用し県内外に向けリサーチ・ナビゲーターによる相談支援。
 事例②伊万里市立図書館では、行政サポートづくり（つくばエキスプレス関連）、町村合併等に関する資料を積極的に収集、司書の支援の下、ポスターやビデオでディスプレイを実施し、行政資料、雑誌、新聞記事の原本、パンフレット、チラシ、ビデオ等をわかりやすく展示。
 事例③静岡市立御幸町図書館では、ビジネス支援サービスとして、起業準備の図書や新聞切抜きの展示、データベースや起業情報、経営情報等を提供。また、同一ビルに入居する市の産学交流センターが主催する講座に資料提供したり、利用者を相互に案内するなど連携。

○図書館のハイブリッド化─印刷資料とインターネット等を組み合わせた高度な情報提供
 - パソコンの整備、ネットワークへの接続、商用データベースの活用、蔵書横断検索システムの整備、利用者用ホームページ、e-ブックの活用
 - 図書館ホームページが地域情報の玄関（ポータルサイト）に。インターネットを活用し設置者を超えた蔵書検索・利用、国立国会図書館の総合目録ネットワークやレファレンス協同データベースの活用

 事例①三重県立図書館情報ネットワーク「MILAI」では、一般利用者が自宅のインターネット端末から、県内公共図書館、大学図書館等の蔵書検索ができたり、県立図書館の蔵書を借りた最寄の図書館への配送も。
 事例②光町立図書館では、ホームページ上で、蔵書検索、予約、リクエスト、レファレンスサービス等が可能、携帯電話サービス（検索、予約）、資料紹介も実施。ホームページ、メールマガジン（週1回）による新着資料案内や事業の出来事、ニュース、生活上の疑問に対応したことがらを紹介。

○学校との連携による青少年の読書活動の推進、行政・各種団体等との連携による相乗効果の発揮
 - 図書館から行政・団体等に対して、政策立案支援、広報協力、会場提供等、行政・団体等から図書館に対して、機能のアピール、来館者増への寄与、図書館員と共に中高生向けポップライブラリに。ヤングアダルト向けNEWS発行。そのほか、中・高生に本の紹介。学校図書館と学校司書等が連携し、資料搬送サービス、相互貸借等を通じて全域サービスを実施。

 事例①川口市では、市立図書館と学校図書館全体がネットワーク化され、蔵書全体を検索でき、配送車が市内図書館を起点に全校を巡回。
 公共図書館と学校図書館等が連携し、資料搬送や調べ学習指導等実施。

○図書館の機能を発揮するために必要な図書館経営の改革
 - 図書館の資源の配分の見直し、職員の意識改革、資質・能力の一層の向上、利用者の視点にたった弾力的な運営、評価等

 事例 神奈川県立図書館では、貸出数だけでなく、レファレンス件数等付加価値の高いサービスをもとに利用頻度調査も実施、県民へのPRを徹底して報告。

これらの機能が十分に発揮されると

地域住民にとっては
- 職業（新たな知識・法令・規制）
- 制度（健康・経済・資格等）
- 生活（健康・福祉・教育・資格等）
- 豊かな暮らし（文化・教養・趣味等）
 に関する課題や悩み、不安を解決・解消する助けとなることができる。

行政・議会関係者にとっては
- 政策立案にあたっての先進的事例、他自治体の動向の把握
- 行政改革・財政改革のための手法の開発
- 新しい制度や仕組みの普及・周知を推進する上での助けとなることができる。

学校にとっては
- 図書資料の定期的配本や集団貸出による学校図書館・教材の充実
- 読書の時間の充実による読解力の向上や情緒豊かな子どもの育成
- 選書や資料購入に当たって、図書教諭等教育の充実の助けとなることができる。

※図書館整備状況の目標値について。我が国の住民一人当たりの貸出冊数以上の市町村の数と比較※

（「これからの図書館像（報告）」これからの図書館の在り方検討協力者会議,2006より）

● ── option M

私の求めた図書館づくり（西田博志）

「自由と夢のある図書館」

　図書館という施設は，ただたんに本や雑誌，新聞などを読んだり，借りたりするだけではなくて，ビデオを見たり，音楽を聴いたり，人形劇やお芝居だって観賞することができます。図書館のそうした集会・行事の機能を生かして，本の世界を，さらに豊かに広げていけるということができるわけです。

　八日市市立図書館では，1階の開架室に，ピアノが置いてあります。見学に来られた方から「なんでピアノがあるのか？」ってよく聞かれますが，実は閉館した後，よる7時ごろから「ピアノの夕べ」とか「ピアノとチェロの夕べ」，あるいはコーラスといった音楽会を開くわけです。1年ほどまえには，大阪フィルハーモニーのチェロ奏者に演奏してもらったこともあります。本格的な音楽が生で聴けるということで，毎回200人前後の方々がやってきます。音楽ホールと違って，いろいろ制約はありますが，本に囲まれて聴く音楽は，また別の楽しさがあるということで，なかなか好評です。

　図書館は，また美術館に早変わりすることもできます。この4月には，沖縄在住の墨絵画家・金城美智子さんという方の作品展を開催しました。3月末に京都市美術館で開催されたものを，そのまま八日市の図書館へ持ってきたわけです。最初は，「なんぼなんでも無理とちがうか？」と言っていたのですが，やればやれるもんだと思いました。京都市美術館の時は，69点を展示したのですが，八日市市立図書館では，これより10点も多い79点も展示してしまいました。多ければ多いほどいいというようなものではありませんが，雰囲気はなかなかのものでした。搬送を担当した日通美術部の方が，「これやったら，京都市美術館よりいいですよ」と言ってくれました。お世辞半分にしても，図書館いうのは，やろう思うたら，ほんま，なんでもできるんやなあって，妙に感心してしまいました。

　また，ウチの図書館では，子どもたちのために月1回人形劇を上演していますが，人形劇団は，いずれもクラルテ，人形館ポー，京芸といったプロ劇団に来てもらっております。こちらのほうは，お母さんにもたいへん好評で，毎回満員の状態が続いております。そのほかにも，プロによる一人芝居，周防の猿回し，着物ショー，落語など，お客様からの要望があれば，なんでもやってきたというのが実情です。私どもの場合，集会・行事については，住民の方が勝手にやるものと，図書館が企画してやるものと，どっちがやっているのかよくわからないものの三通りがあります。図書館のものは，ここ2，3年，自然保護とか街づくりに関するものが中心になっています。

自然保護問題に取り組む

　自然保護の問題に取り組むようになったきっかけは，3年ほどまえに，ウチの図書館で『ありがとう徳山村』という写真集をご覧になった方が，とっても感動して，ぜひこのおばあちゃんの写真展をやろうって言いにきましてね。岐阜県に徳山村ってところがあるのですが，ダムを造るというので，そこの住民が皆立ち退かされて，3年ほどまえに村そのものがなくなってしまいました。そこに住んでいた増山たづ子さんという元気なおばあちゃんが，出征したまま行方不明になっている自分の旦那さんが，もし帰ってきたら，自分の古里が沈んでしまって，見れんかったら困るっていうので，村の中をピッカリ・コニカっていうカメラでバチバチ，バチバチ，写真を撮りまくったわけです。十数年のうちにカメラを13台もぶっつぶしたいうことですから，たいへんなものです。

　それで，写真集が二つ出ているのですが，村人のいきいきした生活がみごとに表現されていて，ほのぼのとした，ほんとにいい写真集で，これを見たウチの利用者が「このおばあちゃんの写真展を，ぜひやろうよ」って聞かないものですから，それでやったのです。写真展だけではなくて，ついでにおばあちゃんにも来てもらって，講演会もやりました。この企画は大成功で，市民の間に大きな反響を呼ぶことができました。

　それでこの行事が終わったあと，市民の方と反省会をしまして，そのなかで古里とはいったい何なのかといったこととともに，自然の大切さといったことが，図書館の一つの大きな課題になってしまった。それからずーっと自然保護とか古里の街づくりというようなことについて，講演会や写真展，映画会，資料展示などを続けてきております。［中略］

　昨年（1990年）は，千葉県習志野市のタクシー運転手兼市議会議員，森田三郎さんという方をお呼びいたしました。森田さんは，昨年発行された子どもの本で，松下竜一さんという方の書かれた『どろんこサブウ』の主人公のモデルになっている方で，16年間も文字どおり泥んこになって，干潟に投げ捨てられたゴミとヘドロを，たった一人で拾い続けてこられたスゴイ人です。それでまた，この本読んだ人が，「サブウさんを呼んでください」言うものだから，来てもらいました。これもよかった。いい話をしてくれました。「汚い自然はない。人間によって汚くされている自然があるだけなんだ。だからゴミを拾うなんてことは，当たり前のことだ」って言うのですけれど，16年間も，指の指紋が消えてしまうぐらいゴミを拾って拾って拾いまくるなんて，ただ者じゃあない。これもたいへん市民にインパクトを与えることができた取り組みだったと思います。［中略］

市民とともに

　まあ，そんな調子で，八日市市立図書館の場合，一つの行事をやると，そこからまた関連した行事が広がって，その度に人の輪が広がったり，新しい図書館資料が加わったりするということになっております。しかし，私どものような地方の小さ

な図書館で，こうしたさまざまな集会・行事を可能にしている力は，なんといっても資料の提供，とりわけ「貸出し」というサービスであります。どういうことかといいますと，一般に市民が図書館にやってきて，本を借りたり，返したりするとき，ただ黙ってそうした行為を行うわけではありません。市民と市民，市民と図書館員のあいだには，ごく自然な形でコミュニケーションが成立し，結果としてたくさんの情報を，図書館にもたらしてくれているわけです。「この本，とてもよかった！機会があったらこの人の話を聞いてみたい」とか，「この人の写真展をやってほしい」といった直接本にかかわるものから，「ウチの近所に，山の絵ばかり描いている人がいるんだけど……」といった地域の情報など，図書館にやってくる人が多くなればなるほど，多種多様で面白い情報が集まってくる。私どもの多様な行事は，その結果もたらされているもので，その根底には，資料の貸出しを通じて，市民と図書館員の間に培われて来た信頼関係が存在しているわけです。その意味からも，「貸出し」というサービスは，たくさんの，しかも多様な市民を図書館に引き寄せることのできる，すばらしい手段だと，私は思っております。

(西田博志『図書館員として何ができるのか：私の求めた図書館づくり』教育史料出版会, 1997)

● —— option N

私たちの図書館宣言 (図書館友の会全国連絡会　2009年5月25日, 2012年5月22日改訂)

　　図書館は人類の叡智の宝庫です。読み，調べ，学び，交流し，必要な情報が得られる教育機関として，私たちの自立と地域社会の発展になくてはならない施設です。
　　私たちは，ここに図書館のあるべき姿を掲げます。
　一　知る自由と学ぶ権利を保障する図書館
　二　いつでも，どこでも，誰でも，身近に無料で利用できる図書館
　三　資料・情報が豊富に収集・整理・保存・提供されている図書館
　四　司書職制度が確立され，経験を積んだ館長と職員がいる図書館
　五　利用者のプライバシーを守る図書館
　六　情報公開と民意に基づく図書館協議会が機能する図書館
　七　教育委員会の責任で設置し，直接，管理運営される図書館
　　私たちは，この実現のために，図書館を支え，守り，すべての人と手をつなぎ，図書館とともに成長することを宣言します。

【注記】
　　原資料では，漢字にすべてルビがふられている。一から七の各項目について，翌年，解説文書が作成され，それを含めた全体が宣言となっている。

UNIT 22 ●公共図書館の制度と機能

図書館法 1

●─────**戦前の図書館法規**

　教育に関連する一連の法規と同様，戦前日本の図書館については法律ではなく，天皇の名による命令＝勅令によって規定されていた（勅令主義と呼ばれる）。1899（明治32）年に制定，1933（昭和8）年に全面的に改定され，戦後の図書館法制定まで存続した図書館令である。ほかに1921（大正10）年に出された公立図書館職員令があった（これらの戦前の勅令は，日本国憲法が施行された1947年に失効）。

勅令主義

図書館令

　1899年図書館令は第5条で，「図書館ノ設置廃止ハ其ノ公立ニ係ルモノハ文部大臣ノ認可ヲ受ケ其ノ私立ニ係ルモノハ文部大臣ニ開申スヘシ」と規定し，公立図書館の設置廃止に文部大臣の認可を要件とした。図書館の専門職員として「司書」を制度化したのは1906（明治39）年で，「公立図書館ニ館長，司書及書記ヲ置クコトヲ得」（第6条）とし，その後1921年の職員令で公立図書館職員の待遇，任用，分限等を規定するとともに，図書館令の「置クコトヲ得」を廃して「置ク」と改めた。

司書

　1933年の大幅改正では，新たに中央図書館制度を設け，中央図書館による管内図書館の指導，連絡統一を制度化したほか，図書館の目的を定めた第1条に，「図書館ハ社会教育ニ関シ附帯施設ヲ為スコトヲ得」という第2項を付加した。この規定は，図書館と社会教育の関係，図書館のもつ教育機能をめぐって『図書館雑誌』誌上等での活発な論議（附帯施設論争）を招くことになった。さらに私立図書館の設置・廃止についても地方長官による認可とした。図書館に対する統制の強化が，こうした変遷の中にみてとれる。

中央図書館制度

附帯施設論争

●─────**図書館法成立の経緯**

　戦前において図書館の整備・振興のための強力な法制上のバックボーンを待望しながら，最後まで確たるものを持ち得なかった日本の図書館界は，敗戦を機に，図書館法の制定に戦後の展開を賭けた。『図書館法成立史資料』（裏田武夫・小川剛編著，日本図書館協会，1968）が詳細に跡づけるように，図書館法制定に向けての動きは，すでに1946年に始まる。

図書館法制定

　日本の戦後教育のあり方に大きな関心を寄せ，その中で図書館の役割についても重視した占領軍総司令部民間情報教育局（GHQ／CIE）の図書館制度改革案が示

GHQ／CIE

されたことから,文部省は当面する公共図書館の問題を検討する在京図書館関係者の会議を招集し,1946年6月に「図書館法規に規定さるべき事項」をまとめた。同年12月には文部省としてまとめた最初の改革案「公共図書館制度刷新要綱案」がつくられ,翌年3月,最初の公共図書館法案が公表された。

占領軍関係者からの示唆,文部省社会教育局の積極的な動きを好機だととらえた図書館関係者は,日本図書館協会(日図協)を軸にCIEや文部省関係者との協議を重ね,独自の法案づくりにも取り組んだ。数多くの法案,法案要綱が文部省,あるいは日図協関係者の手で作成されるが,それらを通じて関係者が望んだ内容はほぼ共通していた。列挙すると,

図書館法に求められたこと

①図書館の目的,役割を狭く社会教育に限定するのではなく,文化的側面を重視した位置づけとすること
②市町村までの義務設置
③中央図書館制度を軸とした図書館網の整備
④強力な国庫補助の制度化
⑤専門職員の養成制度確立

などである。そして結果的には,その多くは図書館法の中に盛り込まれなかった。①については社会教育法が一足先の1949年に成立し,その中で「図書館は社会教育の機関とする」(第9条)と規定されたことで決着が図られた。②以下の図書館振興への支柱と期待した内容の後退は,財政的な負担の大きい法案は認められないというCIE当局からの指導によるところが大きいが,それだけではなく,図書館は住民の意思を基調に発展すべきもので,国による上からの制度に依存するのは好ましくないというアメリカ流の図書館思想に負うところも見逃せない。しかし,そのことを十分認識し得なかった当時の図書館界にとっては強い不満が残るものだった。それが,図書館法制定後に幾度かの法改正をめざす試みを生むことになる。

● ……… 法の構成と性格

図書館法

1950年4月30日に公布された図書館法は,「社会教育法の精神に基き,図書館の設置及び運営に関して,必要な事項を定め,その健全な発達を図り,もつて国民の教育と文化の発展に寄与することを目的」(第1条)とするもので,制定当初の全体は次のような構成である。

第1章　総則(第1条-9条)
第2章　公立図書館(第10条-23条)
第3章　私立図書館(第24条-29条)
附　則

第2条の定義において,「地方公共団体,日本赤十字社又は民法第34条の法人が

設置するもの」とその設置主体を掲げるように，この法は「公立図書館」と「私立図書館」を対象としており，「図書館法」という名称ではあるが，学校図書館，大学図書館，専門図書館など，あらゆる種類の図書館について包括的に規定するものではない。社会教育施設としてのいわゆる「公共図書館」についてのみ規定している。

　法制定時の社会教育局長であった西崎恵は，解説書『図書館法』（1950）において，この法が作られた目的と必要性について次のように述べている。

> 　本来図書館活動は国民の自由な創意によって，時代の推移を敏感に受け入れながら行われるものであるが，その活動の行われる基本的条件，例えば設置の手続，職員組織，国庫補助，入館料等について，主として行政的観点より考える時には，法律事項が相当存するのであって，そういう事項について規定し，新しい時代に即応する図書館の在り方を明示しようとするのがこの法律の目的である。

この説明でも明らかなように，本来ノーコントロール，ノーサポートを基本とする民間団体が設置する私立図書館については，入館料等を徴収できること，図書館同種施設は誰でも設置できることを規定するにとどまり，ほとんどは公立図書館についての規定となっている。憲法，教育基本法の精神を受け，社会教育法の精神に則って，図書館サービスを通じて国民の教育を受ける権利を保障する活動の展開を想定すれば，法の大半が地方公共団体が設置する公立図書館についての規定になるのは当然のことであった。

●……何を規定しているか──その特徴

　図書館法は制定以来これまでに22回の改正を重ねているが，ここでは当初の内容を軸にその要点，法の特徴といってよい個所をいくつか指摘することにしよう。

(1)「図書館奉仕」の理念を掲げ，図書館の行う活動を具体的に列挙した。

　前述した「社会教育法の精神」を具現化する働きを第3条で「図書館奉仕」として表現し，その内容を8項目（当初）で列挙している。「すべての国民があらゆる機会，あらゆる場所を利用して，自ら実際生活に即する文化的教養を高め得るような環境醸成」（社会教育法第3条）として，「国民が何かを学ぼうとする時，国民が一般的な教養を高めようとするとき，国民が何か楽しもうとする時，これに十分サービスし得る図書館でなければならない」（西崎恵『図書館法』）というのが新しい図書館像として示された。その際，「図書館が図書館奉仕を行う以上は是非とも必要な事項」を例示的に掲げ，その上に，時代の動きが求める「多彩な具体的な活動が展開されなければならない」（前掲書）と期待された。

(2) 義務設置制をとらず，住民自治，地方自治の原理に立脚して公立図書館を構想している。

義務設置　法を求める運動の中で関係者が強く期待した義務設置の考えはとらなかった。CIE 図書館担当官フェアウェザーが中田邦造との会見で表明した次の発言にその趣旨は明らかである。

図書館の設置を義務制にすることは認めがたい。図書館の機能が町村の隅々まで及ぶことは最も望ましいことであるが，それは民意で実現さるべきことで，義務制を採ることは中央図書館の範囲でも同様に適当でない。(『図書館法成立史資料』p. 319)

こうして公立図書館の設置は自治体と住民の意思にゆだね，国や県の認可を得るという戦前の制度を廃した。地方自治法に基づく「公の施設」としてその設置に関する事項は条例で定めることとした（第 10 条）。

公の施設

図書館協議会　さらに図書館運営に住民の意思を反映させるための仕組みとして図書館協議会を制度化した（第 14 〜 16 条）。設置の義務づけはないが，「図書館の運営に関し館長の諮問に応ずるとともに，図書館の行う図書館奉仕につき，館長に対して意見を述べる機関」と規定された。委員の選出にあたって，社会教育関係団体が推薦する人，学校の代表者，学識経験者などの大枠を示した（1999 年改正で大綱化）。

無料公開の原則　(3) 無料公開の原則を確立した。

「公立図書館は，入館料その他図書館資料の利用に対するいかなる対価をも徴収してはならない」（第 17 条）。これは日本にパブリックライブラリーの思想を具現化した最初の重要な規定であり，図書館法では数少ない規制力を備えた規定である（1933 年の図書館令では，「公立図書館ニ於テハ閲覧料又ハ附帯施設ノ使用料ヲ徴収スルコトヲ得」，と規定されていた）。この条文は法成立時の事情により 1 年間の猶予をおいて 1951 年 4 月から施行されたが，3 月にアメリカ図書館協会から日図協会長あてに「日本の図書館がはじめて民主的な運営が可能になった」ことへのお祝いのメッセージが寄せられたものの，その意味が当時よくわからなかった，という「制定当時の苦心を語る」座談会（『図書館雑誌』1971 年 7 月）の発言からも，これが CIE 担当官からの強い示唆を受けての規定であったことがうかがえる。

アメリカ図書館協会

成立時の理解の乏しさはともかく，この条文は公民館について規定する社会教育法や博物館法にみられない積極的な内容をうたっており，国民の自主的・主体的な学習を権利として保障する重要な根拠として評価できる。

司書・司書補　(4) 専門的職員として司書・司書補の資格と養成教育について規定した。ただし，専門職員の必置は規定されていない。

法は，図書館職員について，「図書館に置かれる専門的職員を司書及び司書補と称する」こと，その資格取得の要件と養成教育の方式を規定した（第 4 〜 6 条）。

しかし，図書館への司書の配置について，ここでの言及はなく，専門職員の制度化としては弱い規定にとどまった。制定当時の事情から，資格の取得方法は図書館に在職する者を主たる対象とした講習が一義的に考えられたが，2008年の改正により，実態に即して大学における専門科目の履修が主である形に改められた。

一方，公立図書館の職員に限った規定である第13条には，「館長並びに……教育委員会が必要と認める専門的職員，事務職員及び技術職員を置く」（第1項），「館長は，館務を掌理し，所属職員を監督して，図書館奉仕の機能の達成に努めなければならない」（第2項），国から補助金を受ける「公立図書館の館長となる者は，司書となる資格を有する者でなければならない」（第3項，1999年削除）ことを定めた。この条項にも司書の必置はみられないが，条文の趣旨を素直にたどれば，公立図書館には事務職員，技術職員とは別に特別な資質・能力をもった専門職員を司書として配置すること，図書館奉仕を達成するための統轄者である館長は司書の資格を有する者であることが法の期待するところであるのは明らかである。

> 館長資格

(5) 公立図書館の設置・運営に関する望ましい基準を定めて公示し，国からの補助金を受けるための要件として最低基準を定めることとした。

図書館法は制定当初，公立図書館について二つの基準の設定を定めた。一つは旧第18条のいわゆる「望ましい基準」で，図書館の健全な発達を図るため，「公立図書館の設置及び運営上望ましい基準」を文部大臣が公示するというものである。その後2008年の改正でこの規定が「第1章　総則」の第7条に移ったことで，私立図書館にもこの基準が適用されることになった。いま一つは第19条に規定された「国庫補助を受けるための最低基準」である。この基準を満たすことを条件に，国による施設，設備に要する経費等の補助が制度化された。しかし，これに基づく施設補助は1998年度政府予算において廃止され，99年の法改正では最低基準にかかわる条文も除かれた。さらにそれとの関連で第13条の館長の司書資格規定も削除された。

> 二つの基準
> 望ましい基準
> 最低基準

(6) 公立図書館相互，および他館種との図書館間協力について規定した。

> 図書館間協力

第8条および第3条第4号によって，県立と市町村立の関係を含めて公立図書館相互，さらには館種を越えた図書館間の協力を規定することで，図書館の組織的な連携に根拠を与えた。

(7) 国および自治体の刊行物について収集の便を規定した。

第9条で公の出版物の図書館への無償提供を定めている。公立図書館に公の出版物を優先的に提供し，住民の利用に供するという考えは，公立図書館が情報公開の一端を担い得る可能性を示す規定として，その先見性が高く評価される。しかしその実施は乏しく，2008年の法改正をめぐる国会審議で履行が強く求められ，その後若干の改善が果たされている。

> 公の出版物

UNIT 23 ●公共図書館の制度と機能
図書館法　2

●………図書館法の評価をめぐって

　戦後初期に、図書館関係者が図書館法に寄せた期待は大きかった。しかし、手にした図書館法は、その願いからは遠いものだった。焦土と化した敗戦からの復興を急がねばならない当時の財政事情が、金のかかる図書館整備を許さなかったという理由もあるが、占領軍当局が重視したアメリカ図書館思想が、法による画一的な上からの整備を斥け、地方自治の視点に立った指導をしたことが、この結果を生んだ。しかし、後者の視点は当時日本の図書館関係者がよく理解するところではなく、「理念は高いが実質において乏しい」という評価を残した。この部分を民主的な図書館制度の実現にどう活かすかがその後の図書館運動の課題となった。

中井正一

　図書館法制定の当時、日本図書館協会（日図協）理事長だった中井正一（国立国会図書館副館長）が、法の成立に際して、「かかるかたちに於て、一つの橋頭堡を、われらの永い文化の闘いに於てかちえたことは……勝利への第一歩である。……この法は、その運動を全面的に展開せよとの最初の狼火の役割をもっている」（『図書館雑誌』1950 年 4 月）と檄をとばして図書館界を激励したのは、当時の空気を反映している。

法の規制力

　ある事業の推進にとって、財政的な裏づけを含む強い規制力を備えた法の存在が有効なことは明らかである。そのための法制定を求める運動も当然ある。同時に、その事業が社会的に支持されるには、上から法を盾に形を整えるだけでなく、その基盤となる土壌をいかに培うかも重要な課題である。中井の指摘はこの両面への目配りと、図書館の整備・発展には息の長い土壌づくりとしての文化の闘いの必要を指摘したものであった。だがこの二面のいずれに重きを置くかの葛藤は、図書館法の評価をめぐり、法改正を求める声として繰り返し論議を招いてきた。

図書館法改正

　1990 年代になって「規制緩和」、「分権推進」の動きが強まる中で、97 年の地方分権推進委員会勧告、98 年の生涯学習審議会答申が「国の関与の見直し」という観点から社会教育法等とともに図書館法改正の必要性を提起、それを受けて 99 年 7 月に一括処理という形で「改正」が行われた。電子化情報の提供をめぐって、第 17 条の「無料公開」規定の見直しの是非も論議を呼んだ。さらに 2006 年 12 月の教育基本法「改正」に連動して、その具体化を図ることを目的に図書館法を含む

「社会教育法等の一部改正」が2008年6月に成立し，施行されている。

● ……… **1999年，2008年法改正**

制定以来22回に及ぶ図書館法の改正は，そのほとんどが図書館のあり方そのものを問うことでの改定とは言えない。基幹をなす法，上位法の改定に連動した派生的な処理によるものが大半で，いわゆる地方分権推進一括法に基づく1999年改正はその典型である。国の法的縛りが自治体の創意を規制する要素を除くという一点で，個別の事業についての配慮を一切抜きにして「規制緩和」を強行した。旧第13条の館長資格や第19条の最低基準の廃止などがそれである。

それに対して2008年6月の改正は趣を異にする。教育基本法という図書館法の最も基幹をなす法の改定と整合性をつけるということでは共通するが，中央教育審議会の場で図書館法等の見直しが検討され，図書館のあり方の論議を経て法案が用意されたこと，法案をめぐって衆・参両院での審議が行われた点で大きな違いがある。図書館のあり方を正面から問うた初めての法改正といっても過言ではない。

とはいえ，その「改正」内容に問題がないわけではない。先にUNIT 15で見たような教育基本法，社会教育法の改定に連動して，その「精神」が首尾一貫しているかどうかは慎重に吟味されるべきである。焦点は「生涯学習の理念」の反映，「社会の要請」の受け止め方にあろう。改正された条文に即していえば，学習の成果を活かす機会の提供等が「図書館奉仕」の一項としてなじむのか，「家庭教育の向上に資する」ことを図書館奉仕の留意事項とすることの是非，私立図書館に「望ましい基準」の適用を課し，評価・公表を求めること，などは図書館法の重大な変質と言えなくもない。実践を通しての法の活用と検証が求められるところである。

> 1999年改正
>
> 2008年改正

● ……… **図書館は教育機関か**

図書館法は制定の当初から，図書館の基本的なあり方と法の規定をめぐって論議を呼んできた。その一つが，図書館は単に教育機関という範疇にとどまるものではない，という主張である。法制定の過程においては，より広範な「文化機関」という把握が妥当だとおおむね考えられてきた。

しかし，1949年に社会教育法が成立し，その中で「図書館は社会教育の機関とする」と規定されることで，外堀を埋められた。このころ，新しい社会教育のあり方にふれて清水幾太郎が，欧米の社会教育と日本のそれとを比較し，前者を「図書館本位」，後者を「青年団本位」と呼び，今後は「人間の合理性と善意と自発性に対する信仰」を抜きには成り立たない図書館本位の道をこそとるべきだと提起している（清水幾太郎『私の教育観』河出文庫，1954, p.119-121）。ここで清水がいみじくも「青年団本位」と名づけたように，かつての日本の社会教育は，大衆をまとめて

> 社会教育の機関
>
> 教育機関か文化機関か
>
> 図書館本位
>
> 青年団本位

面倒をみる指導・教化性に大きな特徴があった。そういう「教育」に与することへの反発が，図書館を文化機関としておさえたいという図書館関係者の発想を強めた。

　1980年代後半以降，生涯学習が政策的にも強調され，さらに教育基本法に「生涯学習の理念」が法定されるもとで，「生涯学習」の政策的意図についての認識とあわせて図書館と教育の関係が改めて問われている。国民の誰もが，主権者として，また生活者として自らの判断と行動に必要な資料・情報を積極的に選び取る営みを，図書館サービスが権利として保障するという公共図書館の役割把握を「教育機関」の枠組みでとらえることは，生涯学習の性格を明確にする上でも重要なことである。

図書館と教育の関係

● ……… **義務設置**

義務設置

　図書館法の「弱さ」が最も強く批判されてきたのが，図書館の義務設置をめぐってである。自治体の自由意思にゆだねる限り図書館の設置は遅々として進まない，という思いが幾度かの法改正への志向となってきた。法が義務設置を規定すれば，当然そのための財政的支援が加わる。そうした国の関与を待望しての主張である。

図書館法第3条 土地の事情及び一般公衆の希望

　図書館法第3条が，図書館奉仕の留意事項として「土地の事情及び一般公衆の希望に沿い」ということをうたっている。図書館を必要とするかどうか，どんな図書館をもつかは，「土地の事情及び一般公衆の希望」にかかっている。そのことを抜きにして，法によって一律に図書館を自治体に作らせるというのは，パブリックライブラリーの理念に合致しない，というのが義務設置を斥けた法の考え方である。

パブリックライブラリーの理念

　では，住民が求めればすぐれた図書館が必ずできるか，というのが現実の命題であろう。未設置の町村がなお5割弱に及ぶという事実，住民が図書館の設置を要請しても容易に受け入れてくれない自治体の首長や教育委員会，その理由としての財政難，という図式は全国にたくさんある。図書館法が義務設置を規定していてくれれば，という思いは住民の意思としてももっともだろう。

　このディレンマの打開には，図書館はあってもなくてもよいのだ，と図書館法が規定しているわけではない，という理解が重要である。どんな図書館サービスを，どのように展開するかを住民意思にゆだねているのは確かであるが，住民が身近に図書館をもつ暮らしは，権利としての学びの保障であり，公立図書館はどの自治体にもなくてはならない教育機関の一つである。それを前提にして，自力で図書館を設置・運営することの困難な自治体に対しては，国が公教育の条件整備・学習権保障の観点から振興の施策を講じる責任がある，というのが法の唱える条理である。

公立図書館

● ……… **図書館振興への国の責務**

　こうした法の理解に立てば，1999年，「地方分権」の名目の下での一括処理による法改正に至る一連の国の施策は，法の執行者として本筋を見損なった誤りである。

公立図書館をどのように設置し，運営するかは自治体と住民の意思で選択されることであり，地方分権を推進するという趣旨からも，自治体の積極的な裁量が活かされるような条件を財政力を含めて自治体に認めることがまずは欠かせない。過疎の小さな町村にそのための手厚い振興施策を講じるのは国の教育行政の責任である。そうした施策が効果を生むためには，自治体もせめて最低この程度までは自主努力をしてほしい，というのが最低基準であり，まともな図書館整備への基本条件の示唆である。それを国による「規制」，自治体への分権を妨げるものという認識は，公教育についての国の行政責任の放棄と言うほかない。

最低基準

皮肉な言い方になるが，図書館法の「規制」力の乏しさは，国の規制を緩和し，地方分権を推進するという現代の行政改革の流れに照らすと「模範的」ということにもなろうか。規制の弱さ（＝大きな自由度）を限りない展開の可能性へと活かす芽を図書館法は十分備えているととらえることが重要である。

「規制」力の乏しさ

● ……… **無料公開**

「図書館資料の利用に対するいかなる対価をも徴収してはならない」という第17条の規定は，社会教育法，博物館法にもない図書館法のきわめて特徴的で重要な条文であり，他の公的社会教育施設の運営にも通じる原理として重視されてきた。

ところが，1998年の生涯学習審議会答申による電子化情報サービスの実施にかかわっての「図書館サービスの多様化・高度化と負担の在り方」が，「地方公共団体の自主的な判断の下，対価不徴収の原則を維持しつつ，一定の場合に受益者の負担を求めること」の適否の検討を提起したことで，改めて無料公開の意味とそれが及ぶ範囲が論議になった。提起に応えて審議会の図書館専門委員会は，インターネットや商用オンラインデータベースといった外部の情報源へアクセスしてその情報を利用することは「図書館資料の利用」には当たらない，したがって，「対価徴収については，サービスの様態に即して図書館の設置者である地方公共団体の自主的な裁量に委ねられるべき問題」という判断を基に，第17条改正の必要はないと報告し，99年の法改正ではこの条文の手直しにまでは至らなかった。

電子化情報サービス

無料公開

しかしこの論理は，他方で設置団体の判断によってサービスを有料とすることも可能であるという受け止めに道を開く「解釈改正」を行ったという側面は否めない。提供する内容が「図書館資料」であるか否かによって図書館サービスに有料―無料の線引きをするのは，時代の変化や科学技術の進歩を積極的に受け止めてサービスの拡大と展開を図ることを抑制することになる。公費で誰もに無料で開かれた情報受容のシステムがもつ意義がますます大きくなる現在，第17条を，情報アクセスへの限りない公的保障の原理としてとらえ，運用していくことが重要である。今後デジタル情報の活用が広がる中で，無料原則のより積極的な把握が必要である。

第17条の解釈改正

● ── option O

図書館法 〔昭和 25 年 4 月 30 日　法律第 118 号〕
〔最近改正　平成 23 年 12 月 14 日　法律第 122 号〕

第 1 章　総則

（この法律の目的）

第 1 条　この法律は，社会教育法（昭和 24 年法律第 207 号）の精神に基き，図書館の設置及び運営に関して必要な事項を定め，その健全な発達を図り，もつて国民の教育と文化の発展に寄与することを目的とする。

（定義）

第 2 条　この法律において「図書館」とは，図書，記録その他必要な資料を収集し，整理し，保存して，一般公衆の利用に供し，その教養，調査研究，レクリエーション等に資することを目的とする施設で，地方公共団体，日本赤十字社又は一般社団法人若しくは一般財団法人が設置するもの（学校に附属する図書館又は図書室を除く。）をいう。

2　前項の図書館のうち，地方公共団体の設置する図書館を公立図書館といい，日本赤十字社又は一般社団法人若しくは一般財団法人の設置する図書館を私立図書館という。

（図書館奉仕）

第 3 条　図書館は，図書館奉仕のため，土地の事情及び一般公衆の希望に沿い，更に学校教育を援助し，及び家庭教育の向上に資することとなるように留意し，おおむね次に掲げる事項の実施に努めなければならない。

一　郷土資料，地方行政資料，美術品，レコード及びフィルムの収集にも十分留意して，図書，記録，視聴覚教育の資料その他必要な資料（電磁的記録（電子的方式，磁気的方式その他人の知覚によつては認識することができない方式で作られた記録をいう。）を含む。以下「図書館資料」という。）を収集し，一般公衆の利用に供すること。

二　図書館資料の分類排列を適切にし，及びその目録を整備すること。

三　図書館の職員が図書館資料について十分な知識を持ち，その利用のための相談に応ずるようにすること。

四　他の図書館，国立国会図書館，地方公共団体の議会に附置する図書室及び学校に附属する図書館又は図書室と緊密に連絡し，協力し，図書館資料の相互貸借を行うこと。

五　分館，閲覧所，配本所等を設置し，及び自動車文庫，貸出文庫の巡回を行うこと。

六　読書会，研究会，鑑賞会，映写会，資料展示会等を主催し，及びこれらの開催を奨励すること。

七　時事に関する情報及び参考資料を紹介し，及び提供すること。

八　社会教育における学習の機会を利用して行つた学習の成果を活用して行う教育活動その他の活動の機会を提供し，及びその提供を奨励すること。

九　学校，博物館，公民館，研究所等と緊密に連絡し，協力すること。

（司書及び司書補）

第4条　図書館に置かれる専門的職員を司書及び司書補と称する。

2　司書は，図書館の専門的事務に従事する。

3　司書補は，司書の職務を助ける。

（司書及び司書補の資格）

第5条　次の各号のいずれかに該当する者は，司書となる資格を有する。

一　大学を卒業した者で大学において文部科学省令で定める図書館に関する科目を履修したもの

二　大学又は高等専門学校を卒業した者で次条の規定による司書の講習を修了したもの

三　次に掲げる職にあつた期間が通算して3年以上になる者で次条の規定による司書の講習を修了したもの

　イ　司書補の職

　ロ　国立国会図書館又は大学若しくは高等専門学校の附属図書館における職で司書補の職に相当するもの

　ハ　ロに掲げるもののほか，官公署，学校又は社会教育施設における職で社会教育主事，学芸員その他の司書補の職と同等以上の職として文部科学大臣が指定するもの

2　次の各号のいずれかに該当する者は，司書補となる資格を有する。

一　司書の資格を有する者

二　学校教育法（昭和22年法律第26号）第90条第1項の規定により大学に入学することのできる者で次条の規定による司書補の講習を修了したもの

（司書及び司書補の講習）

第6条　司書及び司書補の講習は，大学が，文部科学大臣の委嘱を受けて行う。

2　司書及び司書補の講習に関し，履修すべき科目，単位その他必要な事項は，文部科学省令で定める。ただし，その履修すべき単位数は，15単位を下ることができない。

（司書及び司書補の研修）

第7条　文部科学大臣及び都道府県の教育委員会は，司書及び司書補に対し，その資質の向上のために必要な研修を行うよう努めるものとする。

（設置及び運営上望ましい基準）

第7条の2　文部科学大臣は，図書館の健全な発達を図るために，図書館の設置及び運営上望ましい基準を定め，これを公表するものとする。

（運営の状況に関する評価等）

第7条の3　図書館は，当該図書館の運営の状況について評価を行うとともに，その結果に基づき図書館の運営の改善を図るため必要な措置を講ずるよう努めなければならない。

（運営の状況に関する情報の提供）

第7条の4　図書館は，当該図書館の図書館奉仕に関する地域住民その他の関係者の理解を深めるとともに，これらの者との連携及び協力の推進に資するため，当該図書館の運営の状況に関する情報を積極的に提供するよう努めなければならない。

（協力の依頼）

第8条　都道府県の教育委員会は，当該都道府県内の図書館奉仕を促進するために，市（特別区を含む。以下同じ。）町村の教育委員会に対し，総合目録の作製，貸出文庫の巡回，図書館資料の相互貸借等に関して協力を求めることができる。

（公の出版物の収集）

第9条　政府は，都道府県の設置する図書館に対し，官報その他一般公衆に対する広報の用に供せられる独立行政法人国立印刷局の刊行物を2部提供するものとする。

2　国及び地方公共団体の機関は，公立図書館の求めに応じ，これに対して，それぞれの発行する刊行物その他の資料を無償で提供することができる。

第2章　公立図書館

（設置）

第10条　公立図書館の設置に関する事項は，当該図書館を設置する地方公共団体の条例で定めなければならない。

第11条及び第12条　削除　［昭和60年7月法律90号］

（職員）

第13条　公立図書館に館長並びに当該図書館を設置する地方公共団体の教育委員会が必要と認める専門的職員，事務職員及び技術職員を置く。

2　館長は，館務を掌理し，所属職員を監督して，図書館奉仕の機能の達成に努めなければならない。

（図書館協議会）

第14条　公立図書館に図書館協議会を置くことができる。

2　図書館協議会は，図書館の運営に関し館長の諮問に応ずるとともに，図書館の行う図書館奉仕につき，館長に対して意見を述べる機関とする。

第15条　図書館協議会の委員は，当該図書館を設置する地方公共団体の教育委員会が任命する。

第16条　図書館協議会の設置，その委員の任命の基準，定数及び任期その他図書館協議会に関し必要な事項については，当該図書館を設置する地方公共団体の条例で定めなければならない。この場合において，委員の任命の基準については，文部科学省令で定める基準を参酌するものとする。

（入館料等）

第17条　公立図書館は，入館料その他図書館資料の利用に対するいかなる対価をも徴収してはならない。

第18条及び第19条　削除〔第18条・平成20年6月法律59号，第19条・平成11年7月法律87号〕

（図書館の補助）

第20条　国は，図書館を設置する地方公共団体に対し，予算の範囲内において，図書館の施設，設備に要する経費その他必要な経費の一部を補助することができる。

2　前項の補助金の交付に関し必要な事項は，政令で定める。

第21条及び第22条　削除〔第21条・平成11年7月法律87号，第22条・昭和34年4月法律158号〕

第23条　国は，第20条の規定による補助金の交付をした場合において，左の各号の一に該当するときは，当該年度におけるその後の補助金の交付をやめるとともに，既に交付した当該年度の補助金を返還させなければならない。

一　図書館がこの法律の規定に違反したとき。
二　地方公共団体が補助金の交付の条件に違反したとき。
三　地方公共団体が虚偽の方法で補助金の交付を受けたとき。

第3章　私立図書館

第24条　削除　〔昭和42年8月法律120号〕

（都道府県の教育委員会との関係）

第25条　都道府県の教育委員会は，私立図書館に対し，指導資料の作製及び調査研究のために必要な報告を求めることができる。

2　都道府県の教育委員会は，私立図書館に対し，その求めに応じて，私立図書館の設置及び運営に関して，専門的，技術的の指導又は助言を与えることができる。

（国及び地方公共団体との関係）

第26条　国及び地方公共団体は，私立図書館の事業に干渉を加え，又は図書館を設置する法人に対し，補助金を交付してはならない。

第27条　国及び地方公共団体は，私立図書館に対し，その求めに応じて，必要な物資の確保につき，援助を与えることができる。

（入館料等）

第28条　私立図書館は，入館料その他図書館資料の利用に対する対価を徴収することができる。

（図書館同種施設）

第29条　図書館と同種の施設は，何人もこれを設置することができる。

2　第25条第2項の規定は，前項の施設について準用する。

●図書館法施行規則（抄）(最近改正　平成23年12月1日　文部科学省令第43号)

第1章　図書館に関する科目

第1条　図書館法（昭和25年法律第118号。以下「法」という。）第5条第1項第1号に規定する図書館に関する科目は，次の表に掲げるものとし，司書となる資格を得ようとする者は，甲群に掲げるすべての科目及び乙群に掲げる科目のうち2以上の科目について，それぞれ単位数の欄に掲げる単位を修得しなければならない。

群	科目	単位数	郡	科目	単位数
甲群	生涯学習概論	2	乙群	図書館基礎特論	1
	図書館概論	2		図書館サービス特論	1
	図書館制度・経営論	2		図書館情報資源特論	1
	図書館情報技術論	2		図書・図書館史	1
	図書館サービス概論	2		図書館施設論	1
	情報サービス論	2		図書館総合演習	1
	児童サービス論	2		図書館実習	1
	情報サービス演習	2			
	図書館情報資源概論	2			
	情報資源組織論	2			
	情報資源組織演習	2			

第2章　司書及び司書補の講習

（司書の講習の受講資格者）

第3条　司書の講習を受けることができる者は，次の各号のいずれかに該当するものとする。

　一　大学に2年以上在学して，62単位以上を修得した者又は高等専門学校若しくは法附則第10項の規定により大学に含まれる学校を卒業した者

　二　法第5条第1項第3号イからハまでに掲げる職にあつた期間が通算して2年以上になる者

　三　法附則第8項の規定に該当する者

　四　その他文部科学大臣が前三号に掲げる者と同等以上の資格を有すると認めた者

（司書の講習の科目の単位）

第5条　司書の講習において司書となる資格を得ようとする者は，次の表の甲群に掲げるすべての科目及び乙群に掲げる科目のうち2以上の科目について，それぞれ単位数の欄に掲げる単位を修得しなければならない。[[次の表]は第1条と同じ][以下略]

第3章　図書館協議会の委員の任命の基準を条例で定めるに当たつて参酌すべき基準

第12条　法第16条の文部科学省令で定める基準は，学校教育及び社会教育の関係者，家庭教育の向上に資する活動を行う者並びに学識経験のある者の中から任命することとする。

option P

図書館の設置及び運営上の望ましい基準 [抄]

(2012年12月19日文部科学省告示第172号)

第一　総則

一　趣旨

① この基準は，図書館法（昭和25年法律第118号。以下「法」という。）第7条の2の規定に基づく図書館の設置及び運営上の望ましい基準であり，図書館の健全な発展に資することを目的とする。

② 図書館は，この基準を踏まえ，法第3条に掲げる事項等の図書館サービスの実施に努めなければならない。

二　設置の基本

① 市（特別区を含む。以下同じ。）町村は，住民に対して適切な図書館サービスを行うことができるよう，住民の生活圏，図書館の利用圏等を十分に考慮し，市町村立図書館及び分館等の設置に努めるとともに，必要に応じ移動図書館の活用を行うものとする。併せて，市町村立図書館と公民館図書室等との連携を推進することにより，当該市町村の全域サービス網の整備に努めるものとする。

② 都道府県は，都道府県立図書館の拡充に努め，住民に対して適切な図書館サービスを行うとともに，図書館未設置の町村が多く存在することも踏まえ，当該都道府県内の図書館サービスの全体的な進展を図る観点に立って，市町村に対して市町村立図書館の設置及び運営に関する必要な指導・助言等を行うものとする。

③ 公立図書館（法第2条第2項に規定する公立図書館をいう。以下同じ。）の設置に当たっては，サービス対象地域の人口分布と人口構成，面積，地形，交通網等を勘案して，適切な位置及び必要な図書館施設の床面積，蔵書収蔵能力，職員数等を確保するよう努めるものとする。

三　運営の基本

① 図書館の設置者は，当該図書館の設置の目的を適切に達成するため，司書及び司書補の確保並びに資質・能力の向上に十分留意しつつ，必要な管理運営体制の構築に努めるものとする。

② 市町村立図書館は，知識基盤社会における知識・情報の重要性を踏まえ，資料（電磁的記録を含む。以下同じ。）や情報の提供等の利用者及び住民に対する直接的なサービスの実施や，読書活動の振興を担う機関として，また，地域の情報拠点として，利用者及び住民の要望や社会の要請に応え，地域の実情に即した運営に努めるものとする。

③ 都道府県立図書館は，前項に規定する事項に努めるほか，住民の需要を広域的かつ総合的に把握して，資料及び情報を体系的に収集，整理，保存及び提供

すること等を通じて，市町村立図書館に対する円滑な図書館運営の確保のための援助に努めるとともに，当該都道府県内の図書館間の連絡調整等の推進に努めるものとする。
- ④ 私立図書館（法第2条第2項に規定する私立図書館をいう。以下同じ。）は，当該図書館を設置する法人の目的及び当該図書館の設置の目的に基づき，広く公益に資するよう運営を行うことが望ましい。
- ⑤ 図書館の設置者は，当該図書館の管理を他の者に行わせる場合には，当該図書館の事業の継続的かつ安定的な実施の確保，事業の水準の維持及び向上，司書及び司書補の確保並びに資質・能力の向上等が図られるよう，当該管理者との緊密な連携の下に，この基準に定められた事項が確実に実施されるよう努めるものとする。

四　連携・協力
- ① 図書館は，高度化・多様化する利用者及び住民の要望に対応するとともに，利用者及び住民の学習活動を支援する機能の充実を図るため，資料や情報の相互利用などの他の施設・団体等との協力を積極的に推進するよう努めるものとする。
- ② 図書館は，前項の活動の実施に当たっては，図書館相互の連携のみならず，国立国会図書館，地方公共団体の議会に附置する図書室，学校図書館及び大学図書館等の図書施設，学校，博物館及び公民館等の社会教育施設，関係行政機関並びに民間の調査研究施設及び民間団体等との連携にも努めるものとする。

五　著作権等の権利の保護
　図書館は，その運営に当たって，職員や利用者が著作権法（昭和45年法律第47号）その他の法令に規定する権利を侵害することのないよう努めるものとする。

六　危機管理
- ① 図書館は，事故，災害その他非常の事態による被害を防止するため，当該図書館の特性を考慮しつつ，想定される事態に係る危機管理に関する手引書の作成，関係機関と連携した危機管理に関する訓練の定期的な実施その他の十分な措置を講じるものとする。
- ② 図書館は，利用者の安全の確保のため，防災上及び衛生上必要な設備を備えるものとする。

第二　公立図書館
一　市町村立図書館
1　管理運営
(1) 基本的運営方針及び事業計画
- ① 市町村立図書館は，その設置の目的を踏まえ，社会の変化や地域の実情に応じ，当該図書館の事業の実施等に関する基本的な運営の方針（以下「基本的運営方針」という。）を策定し，公表するよう努めるものとする。

② 市町村立図書館は，基本的運営方針を踏まえ，図書館サービスその他図書館の運営に関する適切な指標を選定し，これらに係る目標を設定するとともに，事業年度ごとに，当該事業年度の事業計画を策定し，公表するよう努めるものとする。［以下③略］

(2) 運営の状況に関する点検及び評価等

① 市町村立図書館は，基本的運営方針に基づいた運営がなされることを確保し，その事業の水準の向上を図るため，各年度の図書館サービスその他図書館の運営の状況について，(1)の②の目標及び事業計画の達成状況等に関し自ら点検及び評価を行うよう努めなければならない。

② 市町村立図書館は，前項の点検及び評価のほか，当該図書館の運営体制の整備の状況に応じ，図書館協議会（法第14条第1項に規定する図書館協議会をいう。以下同じ。）の活用その他の方法により，学校教育又は社会教育の関係者，家庭教育の向上に資する活動を行う者，図書館の事業に関して学識経験のある者，図書館の利用者，住民その他の関係者・第三者による評価を行うよう努めるものとする。

③ 市町村立図書館は，前二項の点検及び評価の結果に基づき，当該図書館の運営の改善を図るため必要な措置を講ずるよう努めなければならない。

④ 市町村立図書館は，第1項及び第2項の点検及び評価の結果並びに前項の措置の内容について，インターネットその他の高度情報通信ネットワーク（以下「インターネット等」という。）をはじめとした多様な媒体を活用すること等により，積極的に公表するよう努めなければならない。

(3) 広報活動及び情報公開

市町村立図書館は，当該図書館に対する住民の理解と関心を高め，利用者の拡大を図るため，広報紙等の定期的な刊行やインターネット等を活用した情報発信等，積極的かつ計画的な広報活動及び情報公開に努めるものとする。

(4) 開館日時等

市町村立図書館は，利用者及び住民の利用を促進するため，開館日・開館時間の設定に当たっては，地域の実情や利用者及び住民の多様な生活時間等に配慮するものとする。また，移動図書館を運行する場合は，適切な周期による運行等に努めるものとする。

(5) 図書館協議会

① 市町村教育委員会は，図書館協議会を設置し，地域の実情を踏まえ，利用者及び住民の要望を十分に反映した図書館の運営がなされるよう努めるものとする。［以下②略］

(6) 施設・設備

① 市町村立図書館は，この基準に示す図書館サービスの水準を達成するため，図書館資料の開架・閲覧，保存，視聴覚資料の視聴，情報の検索・レファレンスサービス，集会・展示，事務管理等に必要な施設・設備を確保するよう努め

るものとする。
　② 市町村立図書館は，高齢者，障害者，乳幼児とその保護者及び外国人その他特に配慮を必要とする者が図書館施設を円滑に利用できるよう，傾斜路や対面朗読室等の施設の整備，拡大読書器等資料の利用に必要な機器の整備，点字及び外国語による表示の充実等に努めるとともに，児童・青少年の利用を促進するため，専用スペースの確保等に努めるものとする。

2　図書館資料

(1) 図書館資料の収集等
　① 市町村立図書館は，利用者及び住民の要望，社会の要請並びに地域の実情に十分留意しつつ，図書館資料の収集に関する方針を定め，公表するよう努めるものとする。
　② 市町村立図書館は，前項の方針を踏まえ，充実した図書館サービスを実施する上で必要となる十分な量の図書館資料を計画的に整備するよう努めるものとする。その際，郷土資料及び地方行政資料，新聞の全国紙及び主要な地方紙並びに視聴覚資料等多様な資料の整備にも努めるものとする。また，郷土資料及び地方行政資料の電子化に努めるものとする。
(2) 図書館資料の組織化［略］

3　図書館サービス

(1) 貸出サービス等
　　市町村立図書館は，貸出サービスの充実を図るとともに，予約制度や複写サービス等の運用により利用者の多様な資料要求に的確に応えるよう努めるものとする。
(2) 情報サービス
　① 市町村立図書館は，インターネット等や商用データベース等の活用にも留意しつつ，利用者の求めに応じ，資料の提供・紹介及び情報の提示等を行うレファレンスサービスの充実・高度化に努めるものとする。
　② 市町村立図書館は，図書館の利用案内，テーマ別の資料案内，資料検索システムの供用等のサービスの充実に努めるものとする。　［以下③略］
(3) 地域の課題に対応したサービス
　　市町村立図書館は，利用者及び住民の生活や仕事に関する課題や地域の課題の解決に向けた活動を支援するため，利用者及び住民の要望並びに地域の実情を踏まえ，次に掲げる事項その他のサービスの実施に努めるものとする。
　　ア　就職・転職，起業，職業能力開発，日常の仕事等に関する資料及び情報の整備・提供
　　イ　子育て，教育，若者の自立支援，健康・医療，福祉，法律・司法手続等に関する資料及び情報の整備・提供
　　ウ　地方公共団体の政策決定，行政事務の執行・改善及びこれらに関する理解に必要な資料及び情報の整備・提供
(4) 利用者に対応したサービス

市町村立図書館は，多様な利用者及び住民の利用を促進するため，関係機関・団体と連携を図りながら，次に掲げる事項その他のサービスの充実に努めるものとする。

 ア　（児童・青少年に対するサービス）　児童・青少年用図書の整備・提供，児童・青少年の読書活動を促進するための読み聞かせ等の実施，その保護者等を対象とした講座・展示会の実施，学校等の教育施設等との連携

 イ　（高齢者に対するサービス）　大活字本，録音資料等の整備・提供，図書館利用の際の介助，図書館資料等の代読サービスの実施

 ウ　（障害者に対するサービス）　点字資料，大活字本，録音資料，手話や字幕入りの映像資料等の整備・提供，手話・筆談等によるコミュニケーションの確保，図書館利用の際の介助，図書館資料等の代読サービスの実施

 エ　（乳幼児とその保護者に対するサービス）　乳幼児向けの図書及び関連する資料・情報の整備・提供，読み聞かせの支援，講座・展示会の実施，託児サービスの実施

 オ　（外国人等に対するサービス）　外国語による利用案内の作成・頒布，外国語資料や各国事情に関する資料の整備・提供

 カ　（図書館への来館が困難な者に対するサービス）　宅配サービスの実施

(5)　多様な学習機会の提供　［略］

(6)　ボランティア活動等の促進　［略］

4　職員

(1) 職員の配置等

① 市町村教育委員会は，市町村立図書館の館長として，その職責にかんがみ，図書館サービスその他の図書館の運営及び行政に必要な知識・経験とともに，司書となる資格を有する者を任命することが望ましい。

② 市町村教育委員会は，市町村立図書館が専門的なサービスを実施するために必要な数の司書及び司書補を確保するよう，その積極的な採用及び処遇改善に努めるとともに，これら職員の職務の重要性にかんがみ，その資質・能力の向上を図る観点から，第一の四の②に規定する関係機関等との計画的な人事交流（複数の市町村又は都道府県の機関等との広域的な人事交流を含む。）に努めるものとする。　［以下③，④略］

(2) 職員の研修

① 市町村立図書館は，司書及び司書補その他の職員の資質・能力の向上を図るため，情報化・国際化の進展等に留意しつつ，これらの職員に対する継続的・計画的な研修の実施等に努めるものとする。

② 市町村教育委員会は，市町村立図書館の館長その他の職員の資質・能力の向上を図るため，各種研修機会の拡充に努めるとともに，文部科学大臣及び都道府県教育委員会等が主催する研修その他必要な研修にこれら職員を参加させるよう努めるものとする。

二 都道府県立図書館
1 域内の図書館への支援

① 都道府県立図書館は，次に掲げる事項について，当該都道府県内の図書館の求めに応じて，それらの図書館への支援に努めるものとする。
　　ア　資料の紹介，提供に関すること
　　イ　情報サービスに関すること
　　ウ　図書館資料の保存に関すること
　　エ　郷土資料及び地方行政資料の電子化に関すること
　　オ　図書館の職員の研修に関すること
　　カ　その他図書館運営に関すること

② 都道府県立図書館は，当該都道府県内の図書館の状況に応じ，それらの図書館との間における情報通信技術を活用した情報の円滑な流通や，それらの図書館への資料の貸出のための円滑な搬送の確保に努めるものとする。

③ 都道府県立図書館は，当該都道府県内の図書館の相互協力の促進等に資するため，当該都道府県内の図書館で構成する団体等を活用して，図書館間の連絡調整の推進に努めるものとする。

2 施設・設備 ［略］
3 調査研究

　都道府県立図書館は，図書館サービスを効果的・効率的に行うための調査研究に努めるものとする。その際，特に，図書館に対する利用者及び住民の要望，図書館運営にかかわる地域の諸条件，利用者及び住民の利用促進に向けた新たなサービス等に関する調査研究に努めるものとする。

4 図書館資料 ［略］
5 職員 ［略］
6 準用

　第二の一に定める市町村立図書館に係る基準は，都道府県立図書館に準用する。

第三 私立図書館 ［略］

【参考資料】
◎数値目標

　2012年に告示された「図書館の設置及び運営上の望ましい基準」には数値目標はいっさい含まれていないが，日本図書館協会はこれに代わるものとして次ページに示す内容の提案をしている。これは，人口段階別に貸出密度上位10％の図書館設置市町村を取り上げ，指標となる項目の平均値を示したものである。この手法は，2001年の「望ましい基準」策定の際，文部科学省からの委託により調査研究をした成果である。

貸出密度上位の市町村図書館の状況

人口段階別の貸出密度（人口当たり年間貸出点数）上位10％の市町村を対象とした各項目（指標）の平均値を示したものである。

人口段階	1万人未満	1～3万人	3～5万人	5～10万人	10～30万人	30万人以上
市町村数	16	34	24	27	20	5
貸出密度	14.96	12.42	12.65	11.86	11.68	9.78
人口	5,750.9	20,772.7	37,780.3	67,513.7	155,198.4	398,384.0
図書館数	1.0	1.4	1.6	3.2	5.9	5.0
1館当り可住地面積	30.8	37.2	21.2	18.5	10.4	28.9
延床面積	950.7	1,728.0	2,847.1	4,067.9	7,090.3	11,513.9
職員総数	14.4	13.5	15.7	29.4	39.8	72.7
うち司書	7.1	8.9	11.2	18.2	30.4	50.0
10年以上勤務職員数	1.5	3.0	3.4	5.8	16.2	27.3
専任職員数	2.7	3.3	5.4	9.6	26.4	43.4
うち司書	1.9	2.1	3.7	6.5	16.9	28.4
司書率％	69.4%	62.4%	67.3%	67.6%	63.9%	65.4%
蔵書冊数	81,034.9	151,523.2	232,954.8	378,625.1	782,256.1	1,208,824.2
購入図書冊数	3,178.9	6,962.9	8,879.1	13,760.3	32,760.0	41,784.8
購入雑誌種数	64.1	146.2	185.0	265.3	596.4	863.8
購入新聞種数	7.5	11.6	15.8	25.2	53.6	74.0
音声資料所蔵数	1,557.7	2,993.7	5,557.6	7,399.6	16,368.8	40,217.7
映像資料所蔵数	8,610.5	3,254.6	3,135.1	4,973.9	6,056.0	12,836.7
貸出登録者数	8,894.9	19,505.1	34,982.6	46,506.8	76,366.2	219,564.0
利用貸出登録者数	3,535.3	11,501.0	11,928.1	20,231.8	41,972.6	109,880.8
貸出点数	86,010.9	258,083.3	477,875.4	801,042.5	1,813,041.4	3,897,711.4
予約件数	2,153.8	8,941.0	19,098.5	62,436.2	298,330.1	633,032.0
相互貸借　借受点数	698.0	990.3	1,254.3	1,955.3	4,927.8	5,421.3
提供点数	543.2	988.0	1,199.2	1,466.6	3,504.3	6,444.5
資料費予算　（千円）	5,864.2	11,780.8	15,422.5	25,435.6	64,982.9	110,548.2
うち図書費	4,452.8	8,924.8	12,021.1	18,748.1	46,223.0	56,183.2
うち雑誌新聞費	1,025.9	1,651.3	2,250.1	3,671.8	8,946.9	11,548.0
うち視聴覚費	487.3	931.1	1,210.7	1,533.2	1,815.0	3,956.8
人口当資料費　（円）	1,019.7	567.1	408.2	376.7	418.7	277.5

・図書館数，職員数，蔵書冊数等：2012年4月現在
・1館当り可住地面積：1館当りの可住地（原野，湖沼を除く）面積。単位㎢
・職員総数：非常勤，臨時，派遣職員等含むフルタイム相当人数
・購入資料数，貸出点数，予約件数，相互貸借等：2011年度実績
・利用貸出登録者数：2011年度に貸出利用をした登録者数
・予算：2012年度当初予算
・本表では，政令指定都市および特別区は除外している。それぞれ財政構造等が一般市町村と異なることや，図書館の管理運営，サービスの実態は一般市町村と同一に捉えられないことから，別途実態にあった「数値目標」を立てる必要がある。
出典：『図書館の設置及び運営上の望ましい基準活用の手引き』（日本図書館協会，2014，p.39）

UNIT 24 ●公共図書館の制度と機能
公共図書館の機能

● ……『市民の図書館』

　日本の公共図書館は，次のページに掲げる図からも明らかなように1960年代末から70～80年代を通じて飛躍的にその内実を変えてきた。資料を保存し館内で見てもらうことを主とする図書館から，館外に借り出すことが一般的な図書館への変貌である（公共図書館の総貸出冊数が1971年を境に蔵書冊数の総数を上回るようになった）。その変化を生み出す指針となったのが，1970年に日本図書館協会（日図協）が刊行した『市民の図書館』（公共図書館振興プロジェクト報告）である。

『市民の図書館』

資料提供

　　　　公共図書館の基本的な機能は，資料を求めるあらゆる人々に，資料を提供することである。……
　　　　公共図書館は，資料に対する要求にこたえるだけでなく，資料に対する要求をたかめ，ひろめるために活動する。……
　　　　自由で民主的な社会は，国民の自由な思考と判断によって築かれる。国民の自由な思考と判断は，自由で公平で積極的な資料提供によって保証される。資料の提供は公共図書館によって公的に保証され，誰でもめいめいの判断資料を公共図書館によって得ることができる。（『市民の図書館』）

　図書館が収集・整備し，保存している資料を，利用者の求めに応じて提供するのは当然のことであり，資料を提供しなければ何をするのか，と問われかねないほどに当たり前のことを述べている，というのが現在からみたこの内容であろう。しかし，それができていなかった，そのように図書館を活用する人が限りなく乏しかった1960年代半ば頃までの状況の中で，この指摘が衝撃的な意味をもち，そのための具体的な方法として，本を気軽に貸し出すこと，求められた資料はその図書館が窓口になって必ず提供することを実践し，一定の成果を上げることで，「資料提供」が図書館の基本的な機能であること，市民がそれを求めており，図書館がその気になれば相当程度に応えられることを立証してきた。
　図書館で必要な資料が入手できることが当たり前になり，図書館への信頼が高まることで，何かあれば図書館に相談してみようとなると，そこから図書館の使い方

図　市区町村立図書館の個人貸出の伸びと蔵書冊数

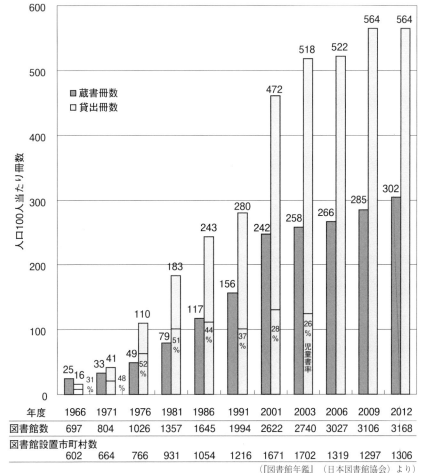

（『図書館年鑑』（日本図書館協会）より）
※近年の児童書率は隔年調査。2006年から実施していない。

がさまざまな広がりを呈する。それがまた図書館（員）に新たな対応とそのための方策を求める。図書館の機能はそうして拡大していく。そのことは実は，図書館法が制定され，図書館奉仕の理念が掲げられた当時，すでに指摘されていたことであった。先にも引いた西崎恵の『図書館法』が，第3条（図書館奉仕）の例示事項の解説で次のように述べている。

西崎恵

［第1～8号（制定当初）の事項は］図書館奉仕のために図書館が行わなければならない事項の一応の例示にすぎない。時代の動きはその都度図書館に新しいサービスの活動を要求するかもしれない。しかし，ここにかかげられたような事項は，図書館が図書館奉仕を行う以上は是非とも必要な事項であって，時代の推移によって変化するものではあるまい。……この規定の上に，多彩な具体的な活動が展開されなければならない。

図書館奉仕

「図書館が図書館奉仕を行う以上は是非とも必要な事項」を核にして，その上に多彩な活動を展開するという関係，それには思いもよらない広がりもあるという把握を実感できる状況が，法の制定から20年ほど経過してようやく可能になった。

●………資料提供と情報サービス

貸出とレファレンス

公共図書館の提供するサービスは，貸出とレファレンスを二本柱とすると言われ続けてきた。しかしそれがどのような関係にあるか，については必ずしも明確に説明されてはこなかった。前記の『市民の図書館』はその点について，両者が構造的な関係にあり，当面「貸出し」に力を注ぐことの重要性を次のように提起した。

貸出

> 貸出しは必ず読書案内を含まなければ発展しない。……この過程で，貸出しでは処理できない調査研究がレファレンスに移ってゆく。
> 貸出しが十分行なわれることによって，レファレンスの要求が生まれ，拡大するのである。つまり貸出しの基礎の上にレファレンスが築かれる。

レファレンスサービス

レファレンスサービスは，利用者の調査研究課題に対して，適切な資料・情報を紹介し，課題解決を助けるサービスである。課題解決に役立つ資料を提供するとともに，資料に盛り込まれている内容（情報），あるいは課題解決に有効な情報そのものを提供することをも含む。その意味で，情報提供サービスを資料提供から区別する考え方もあり得るが，広義には資料提供に内在するものとも言える。『市民の図書館』の指摘の重要性は，課題解決に有効な機関として図書館が想起される程度に，まずは資料の提供，貸出に力を注ごう，ということにあり，その過程において必ずや醸成されるであろう課題解決のための関心，ニーズに対応できる図書館であることを提起したことにある。レファレンス要求は当然それとしても独自に存在しようが，必要な本をいつでも気軽に入手できる図書館であることを前提にして，人は図書館にいろんな課題解決の相談を持ちかけることにもなる。少なくともその逆ではない，というのが『市民の図書館』の提起であった。

●………図書館を利用することで

ではいま図書館を身近にもつことで，人々はどのように図書館を活用できるのだろうか。図書館にはどんな使い方があり得るか。日図協図書館政策特別委員会が1987年に策定した「公立図書館の任務と目標」の第3項（図書館の利用）が，やはり例示的内容として次のことを掲げている。

公立図書館の任務と目標

> 住民は，図書館の利用を通じて学習し，情報を入手し，文化的な生活を営むことができる。図書館の活用によって達成できることは多様であり，限りない可能

性をもっているが，おおむね次のようなことである。
 (1) 日常生活または仕事のために必要な情報・知識を得る。
 (2) 関心のある分野について学習する。
 (3) 政治的，社会的な問題などに対するさまざまな思想・見解に接し，自分の考えを決める糧にする。
 (4) 自らの住む地域における行政・教育・文化・産業などの課題解決に役立つ資料に接し，情報を得る。
 (5) 各自の趣味を伸ばし，生活にくつろぎとうるおいをもたらす。
 (6) 子どもたちは，読書習慣を培い，本を読む楽しさを知り，想像力を豊かにする。
 (7) 講演会・読書会・鑑賞会・展示会などに参加し，文化的な生活を楽しむ。
 (8) 人との出会い，語りあい，交流が行われ，地域文化の創造に参画する。

　同様の提起は，アメリカ図書館協会が1995年に機関誌に公表した「アメリカ社会に役立つ図書館利用12箇条」(12 Ways Libraries are Good for the Country. option R 参照) にも見られる。
　公共図書館の利用者は，年齢，性別，職業，学歴，趣味，思想信条などにおいてまったく多様であり，それぞれが個として，その折々に自己に必要なニーズを図書館に寄せる。上の例示に見られるように，あるときは日常生活における仕事や暮らしに必要な知識や情報そのものであり，あるときは市民として，主権者として自己の判断を迫られたり，決断の指針を求めて，ということもある。楽しみや教養の読書，図書館資料を素材に一つのテーマをじっくり追う研究や学習も図書館の伝統的な利用法である。「図書館が好きだ」と感じる人は，ヒマがあれば図書館を訪れて書架をながめ，ブラウジングを楽しむ。「こんな本があったのか！」と思いがけない出会いを体験することもある。勤労者の休日や高齢者の日常にそういう利用が増えている。幼い子どもにとってお話コーナーのお姉さんがその子の将来の夢になることもある。図書館で開かれる講演会や資料展示に参加するほか，自分たちで図書館を場とする表現・交流の企画を立てる市民グループが登場する図書館もある。それが公民館であってもよいのだろうが，いや図書館で，というこだわりに意味がある。利用者が集まって「図書館友の会」をつくり，図書館づくりに手を差しのべようという動きも各地に広がりつつある。
　こうした図書館の利用法は，必ずそうなるというものではないし，ならねばならないわけでもない。しかし，そうした展開の可能性を秘めているのが図書館である。それは市民共有の資源である資料がもつ力であり，その資料を一人ひとりのニーズに確実に結びつけることを責務として自覚する専門職員の働きがあることで結実す

公共図書館の機能

る。そのことを公共図書館の機能として整理すれば，次のようにまとめられよう。
　①住民が求める情報資源を確実に保障する提供機能
　②さまざまな資料との出会いが知的好奇心を刺激し，探求・学びへの意欲を誘う啓発機能
　③利用者のもつ課題や疑問を解き，さらなる探求の意欲を深める相談・援助機能
　④図書館を場とする表現・交流などを通しての文化創造機能

●………図書館サービスを支える要件

　ここに掲げるような使い方ができ，機能が広がるためには，いくつか欠かせない要件がある。図書館があらかじめ収集し整備する資料の内容と蔵書（とりわけ開架資料）の広がり，わかりやすい配架や資料案内，館内のレイアウト，ゆとりと暖かみを感じられる雰囲気，職員による相談・援助の体制など，その一つひとつが「使い方」の多様な展開を左右する。情報環境の変化を直視すれば，利用者の多様なニーズに応えるためには，デジタル資料，新たな情報メディアにも目を広げ，それを使いこなせる環境を整えることも欠かせない。どんなにすぐれた図書館であっても一館だけであらゆるニーズに応えきれるものではなく，他の図書館との連携・協力の体制が整備されていることが必要だし，市町村の図書館を支援する県立図書館の働きも重要である。

　中でも，日々の利用を通してこうした展開があり得ることへの共感をもった支援の姿勢を，図書館が全体として備えていることが大事である。1冊の本との出会いが生み出す知的関心の広がり，共有の資源である図書館資料を手にした者同士の心の交流，図書館を場にして読書で得た経験や思いを交わしたり，表現の機会をもちたいという願いを的確に受け止められる図書館でなければならない。前掲の機能に示した可能性を図書館の機能として具現化するのは，図書館を利用しながら期待感を広げる市民自身であり，それに手を添え支援する図書館職員の積極的な協働である。

人生変えた図書館通い

　なじみのない町での閉塞した日常に悶々としていた一人の若い母親が，図書館で出あった一冊の本から，まるで自分に話しかけてくれているようだという励ましを得，同じ本を読んでいる他の人との交流をもつことで世界が広がり，生きていくのが楽になった，という経験を「人生変えた図書館通い」として新聞の投書欄に寄せている（朝日新聞，1987.1.29）。この背景には，いろんな図書館員の作用がうかがえる。こうした出会いと展開を支える働きを可能性としてもつのが図書館であり，またそのようにあることを期待したい。

UNIT 25

●公共図書館の制度と機能

公共図書館をめぐる諸問題

● ……… 急激な社会変化のもとで

　社会の成熟化，情報化，高齢化，国際化，あるいは行財政改革や地方分権の推進，生涯学習体系への移行など，時代の目まぐるしい変貌のもとで，図書館もその波をかぶっている。国の行政や地方政治の中で，図書館が一定の位置を占める存在になってきた証とも言えよう。そうした状況下で，公共図書館をめぐってさまざまな問題が顕在化しているが，そのいくつかについて概観しよう。

● ……… 「図書館のあり方」論議

　前世紀末以降の 10 年余を通して，公共図書館サービスのあり方をめぐっての論議が盛んである。それを集約したものとして，日本図書館研究会の機関誌『図書館界』が 2004 ～ 2007 年に取り上げた誌上討論「現代社会において公立図書館の果たすべき役割は何か」，その進行過程で公表された文部科学省の協力者会議報告『これからの図書館像』（2006 年），そして日本図書館情報学会研究委員会による『変革の時代の公共図書館』（2008 年）がある。

　ここでは詳述する余裕はないが，『市民の図書館』を基に資料提供（貸出）の重視によって進めてきた公共図書館の発展戦略がいまもなお有効か，そこからの転換（あるいは脱却）により文化・教養，趣味・楽しみの図書館から地域の抱える多様な課題解決に役立つ図書館へとその役割をシフトすることの重要性を主張する議論の応酬である。その背景には UNIT 8，9 でも触れた出版界・著作者の一部からの無料貸本屋論があり，それがマスコミにも派手に取り上げられたことがあった。

資料提供

　貸出と課題解決を対立軸でとらえることは決して有効な論議ではない。住民の求める資料を確実に提供（保障）するサービスの進展が図書館利用者を広げ，「市民の図書館」と呼び得る実態を創り出してきたことに疑問はない。そこで形成されてきた図書館像をさらに広げ，豊かなものとしていく上で，図書館がどのようなものであり得るかを実践的に問いかけ，地域における住民の暮らしに内在するさまざまな課題の解決に役立つ資料や情報を提供する機関としてのあり方を探ることは，『市民の図書館』を転換，いわんや否定することではない。

　「貸出」とは，住民が求める資料を利用する方法の一つとして，一定期間，自由

貸出

25．公共図書館をめぐる諸問題　151

に館外に持ち出す手続きである。同時にそれはその過程で利用者が図書館員による資料案内（相談）や予約サービス等によって，必要とする資料や情報に確実にアクセスできることを保証する営みであり，その帰結として持ち帰りの手続きに至る。それは住民が最も一般的かつ強く求め，支持している図書館利用である。それを住民要求への安易な迎合とのみとらえ，「無料貸本屋」といった実態を伴わない概念を前提とする議論からは，有効な発展の筋道は見出せまい。

●………課題解決の図書館サービス

図書館が地域課題の解決，住民の仕事や生活上の課題に役立つものとして認識される存在にならねば，ということで，ビジネス支援，地域情報拠点，健康情報の提供などに力を注ぎ，サービスを特化する主張がある。

「公立」図書館として，地域に関する資料に責任をもち，地域が当面する課題と向き合うことの重要性は先にUNIT 19で述べたとおりであるし，住民の抱える切実な課題にとって有効な資料や情報を提供すること，それに備えた整備を行うことは当然であり，利用の多い充実した図書館では，そのように活用されてきている。

しかし，図書館が一方的に特定のテーマにサービス内容を絞り込んだり，「役立つ」ということを「教養や楽しみ」の対極に置き，実用性を一面的に強調することは，図書館サービスのもつ総合性を貧しくさせることになる。図書館は，「土地の事情及び一般公衆の希望」（図書館法第3条）に留意し，すべての住民を視野に，「実際生活に即する文化的教養」を醸成する環境整備（社会教育法第3条）という使命を追求することが重要である。そこには当然課題の解決に資するサービスの営み，そのことを実感できるような情報資源の整備，アピールが必要であるし，そうした図書館利用のできる住民を地域に多く育む日常が問われる。

●………サービス拠点の整備

図書館がどの程度に人々の暮らしの中で身近であるかの指標として，最も基礎的なものはサービス拠点の整備状況である。自治体が公立図書館を設置し，サービスを提供することは，国民の学ぶ権利を保障する方策の一つであり，法による義務づけこそないが，法の条理からして図書館は明らかに必置すべき公共施設である。

<small>自治体合併の影響</small>　平成の自治体大合併は，2006年までに3,232団体を1,821団体へ再編した。市（区）では図書館設置率がほぼ100％に達しているものの，町村の設置はなお5割を少し超えた程度で，人口が1.5万人前後より少ない町村では未設置が圧倒的に多いという状況は容易に解消されそうにない。長らく4割前後にとどまった町の設置率が5割を超えたのは，合併による数字上のみかけであり，「身近に」図書館をという内実の変化は伴っていない。どこに住む人もが身近な生活圏域において図書館

を利用できるきめ細かなサービス拠点の整備を，というのが全国的にみるとハード面でのなお最大の課題である。

●⋯⋯協力・連携の拡充

　図書館サービスの内容が充実し，人々の図書館に寄せる期待が高まれば高まるほど，どんなによい図書館でも単館で住民の多様なニーズに応えきることはできないことがはっきりしてくる。それを乗り越えようとするところに図書館相互の協力・連携が必然化する。一つの自治体内の複数のサービス拠点が組織的に一体となって活動をするのは当然であるが，設置主体を異にする図書館同士が互いに協力しあってサービス活動を強化すること，さらには協力・連携の体制を整えることが不可欠になっている。これがネットワーク整備の課題である。コンピュータに象徴される情報通信技術の飛躍的な発展が，技術面でそのことを可能にしている。図書館が元来備えている「組織的」という特徴を最大限生かして，情報資源を共有の公共財として誰もが使いこなせるシステムに整備していくことに力を注ぐ必要がある。

●⋯⋯県立図書館の役割と県域ネットワークの整備

　県庁所在市に充実した図書館があれば県が図書館をもつ必要はないのではないか，二重行政だ，という県立図書館不要論を含む県立批判がいくつかの県で起きている。目新しいテーマではないが，財政難のもとでの首長サイドからの見直し論であり，そうした問いかけを許すような県立図書館自体の弱さも結果していよう。他方ではそうした論議を生みようのない実態を備えた県立図書館も少なからず存在する。

　広域自治体である県の図書館が担う役割についての長年の論議と実践の集約として，「公立図書館の任務と目標」は次のように述べている。

> 53　都道府県立図書館は，市町村立図書館と同様に住民に直接サービスするとともに，市町村立図書館の求めに応じてそのサービスを支援する。
> 　　大多数の住民にとって，身近にあって利用しやすいのは市町村立図書館である。したがって県立図書館は市町村立図書館への援助を第一義的な機能と受けとめるべきである。

　大図書館（県立図書館等）に第一線の中小図書館にとっての後ろ盾としての役割を期待したのは1963年の『中小都市における公共図書館の運営』であったし，2001年の文部科学省告示「公立図書館の設置及び運営上の望ましい基準」においても，県立の「運営の基本」で市町村の図書館支援の意義を強調している。

　県立図書館が市町村の図書館から頼りにされるために，少なくとも必要な要件と

＊県立図書館

して，市町村立図書館では備えきれない資料を含めて市販出版物の7〜8割をカバーできる程度の資料費，自館および県内の図書館の所蔵情報をオンラインで提供し，横断検索のシステムが整っていること，求めに応じて資料を届ける物流体制（巡回配本車）の整備が欠かせない。県域ネットワークの要としての働きである。その部分を欠いては，県域ネットワークは機能し得ない。

> 県域ネットワーク

しかし近年の資料費削減の傾向は県立図書館においてより深刻であり，2013年度予算で年間5000万円以下の県立図書館が半数以上の24県，3500万円以下が14県もあり，1億円を超えるのはわずかに4都府県にすぎないという貧しさである（2011年度は「住民生活に光をそそぐ交付金」の活用で増額された県がある）。市町村図書館等への協力貸出の実績が年間1万冊に満たない県立図書館は17ある。

> 県立図書館の資料費

県立図書館が県立に求められる役割を果たし得るだけの条件を備え，それを市町村の図書館が積極的に活用する実践を追求することが，公共図書館サービス総体の充実にとって重要である。県立図書館不要論は，県立の働きに十分な資金投入をしていない自らの施策を棚に上げての認識不足によるが，そうした批判を招かない県立図書館自身の積極的な活動による普段の実践が欠かせない。

●………厳しい職員体制

図書館サービスを支える重要な基盤である「人」の体制が厳しくなっている。下表に見られるように，図書館の増加，サービスの広がりと増大に対して，それを担う専任職員は逆に減少し，非正規・派遣職員への依存度が高まり，比率が大きく逆転するという深刻な現実がある（委託・派遣職員数については2005年から調査）。

> 非正規雇用職員への依存

表　公立図書館職員数の変化

	1998	2002	2006	2008	2010	2012年
図書館数	2,499	2,686	3,062	3,109	3,168	3,214
専任職員	15,429	15,181	13,987	13,036	12,036	11,579
非常勤・臨時	8,216	11,742	13,947	14,330	15,296	15,789
委託・派遣職員	—	—	3,140	5,231	7,193	8,671

（『日本の図書館』各年版）

こうした傾向は，単に図書館の職員についてのみ見られる固有の問題ではなく，日本の雇用勤労者全体の中で非正規社員が占める割合が3分の1に及ぶという日本の社会全体における雇用構造の変化の一端であるが，図書館の場合はその比率をはるかに上回り，マスコミが「官製ワーキングプア」を報じるときの典型として司書が取り上げられる深刻な状況がある。そこにはこれまで主要に公的セクターによって担われてきた公共サービスのあり方，公務員制度とその中での専門職の位置づけ等にかかわる大きな社会変化が起因している。次のUNITでその問題を取り上げる。

> 官製ワーキングプア

UNIT 26 ●公共図書館の制度と機能
公立図書館の管理運営をめぐって

●………公の施設の管理運営

　地方自治法は第1条で，地方自治体が地方自治の本旨に基づき，住民に対して供与する行政事務が，「民主的にして能率的な行政の確保を図る」ものであることを求めている。公立図書館を含む公の施設が，限られた財源を有効に活用し，最大限の行政効果を生み出すように工夫すべきことは当然である。しかし，効果的であることと効率性は同じではないし，何をもって「効率的」とみるかの合意を欠いたままに，要は経費のかからない方式，コストダウンが一面的に強調されると，その事業を遂行すること自体の意味をあいまいにしてしまう。

　自治体が公費（住民の負担する税金）を使って公の施設を設置し，管理運営することに民間の活力を生かして柔軟で創意工夫のある方法を探るべきだという議論が台頭するのは，1980年前後に始まる行財政改革の動きである。1979年の新経済社会7ヵ年計画が日本型福祉社会を展望，81年3月に第二次臨時行政調査会（第二臨調）が発足し，「小さな政府」，「公・民の役割分担」を主張し，行革の流れを主導する。「社会福祉施設，社会教育施設等の公共施設については，民営化，管理・運営の民間委託，非常勤職員の活用，住民のボランティア活動の活用等を地域の実情に即して積極的に推進する」という第二臨調答申がこの問題の発端を開いた。

　その後の現在に続く構造改革路線のもとで，公費削減，効率性重視，民間でやれることは民間へ，という考えから公の施設の運営方式に多様な形態がつくり出されてきた。地方自治法第244条の2に第3項として，「普通地方公共団体は，公の施設の設置の目的を効果的に達成するため必要があると認めるときは……その管理を普通地方公共団体が出資している法人で政令で定めるもの又は公共団体もしくは公共的団体に委託することができる」と挿入されたのは1963年改正であり，これが自治体による公共施設の他への委託を許容するその後の制度的根拠とみられてきた。

公の施設

民間の活力

行財政改革

第二臨調

民間委託

●………委託，民営化の動向

　1981年に開設された京都市図書館の財団委託を嚆矢として，公立図書館の世界に委託による管理運営の可能性を探る動きがいくつか胎動する。それに対して，教育機関である図書館の基幹的業務は委託になじまない，との1986年3月の国会に

おける文部大臣答弁が一定の歯止めの役割を果たし，公立図書館では他の公の施設に比べると委託の「進展」は抑制されてきた。

ところが1990年代後半になると，市場原理に立って積極的に委託，民営化を推奨する政策が強まり，そのための法制度面の整備も進む。1998年の特定非営利活動促進法（NPO法），99年には「民間資金等の活用による公共施設等の整備等の促進に関する法律」（PFI法）が制定され，2004年4月にNPO法人を管理者に指定した山梨県山中湖情報創造館，10月には三重県桑名市立図書館がPFI方式で開館する。2002年頃からは，元来司書採用の仕組みをまったく欠いている東京23区の図書館において，大幅な窓口業務委託が広がりを呈するようになった。そして2003年6月の地方自治法改正で「指定管理者制度」が創設され，公立図書館の管理運営の外部化が全国的に論議を呼ぶことになった。

●………指定管理者制度

指定管理者制度に道を開いた2003年の改正地方自治法第244条の2，第3項は次のように改められた。

第244条の2（公の施設の設置，管理及び廃止）

3　普通地方公共団体は，公の施設の設置の目的を効果的に達成するため必要があると認めるときは，条例の定めるところにより，<u>法人その他の団体であって当該普通地方公共団体が指定するもの（以下「指定管理者」という。）に，当該公の施設の管理を行わせることができる。</u>（下線部が改正個所）

従来の公共性のある団体に委託できるという内容を改め，民間業者を含めた団体に管理の代行を可能にした点でこれは大きな転換である。この改正の目的を伝える当時の総務省通知では，「住民サービスの向上を図るとともに，経費の節減等を図ること」をあげ，新地方行革指針は「現在直営で管理しているものを含め，すべての公の施設について，管理のあり方についての検証を行い，検証結果を公表すること」を求めた。同じ時期，文部科学省は「住民サービスの向上を図る観点から，地方公共団体が指定管理者制度を適用するか否かを判断するものであること」と説明しており，それぞれにニュアンスの違いがあるのは明らかである。それが各地で混乱を招くことにもなった。

この制度導入当初の国の指針は，すべての施設が何が何でもこの制度に，と強く迫るニュアンスであり，法の前段に示す「設置の目的を効果的に達成するため必要があると認める」ときにという前提を無視した，明らかに行き過ぎの強権的な行政指導であった。その結果，大方の公の施設はこの制度に早々と移行した。自治体もそれを急務とする対応を示したのが地方の実態である。

● ……… 図書館への導入の是非と検討課題

　公立図書館へのこの制度の適用は，日本図書館協会（日図協）の毎年の調べによると，2014年4月時点で全国の設置団体の12％程度にとどまり，検討中を加えてもそれほど多くはない。しかし，決して無縁であるわけではなく，ほとんどの自治体で「なぜ図書館は導入できないのか」と迫られ，財政改善の観点から，制度導入に代わる方策の検討を求められる状況が続いている。苦衷の決断として，この制度を回避するため大規模な業務委託を導入した自治体もある。

　こうした事態を憂慮し，日図協は2005年8月に「公立図書館の指定管理者制度について」の見解をまとめ，制度の導入を「初めに結論ありき」ではなく，「公立図書館固有の役割，意義を確認し，図書館サービスの向上と公立図書館の振興を図ることを前提」とした検討を各自治体，各館で行ってほしい，と呼びかけた。その際の検討の視点，留意点として，

　①法の前段に明示する「設置目的の達成に有効なとき」という限定を重用し，住民サービスの向上に資するかどうかを検討すること。

　②図書館は教育機関としての位置づけをもつことを重視する。

　③図書館サービスは他の図書館等との連携・協力を必須とする事業であり，その独自な特性に照らして制度の是非を検討すること。

　④指定管理者に委ねる業務の範囲の限定が可能と説明されているが，業務範囲の限定が管理の二元化を招き，事業の効果的達成を阻まないか見極める。

　⑤図書館は無料の原則を法定化しており，経済的利益を期待することは困難な点を示していくこと。

を掲げ，「現時点において」公立図書館への指定管理者制度の適用は，「公立図書館の目的達成に有効とは言えず，基本的にはなじまない」，「民間業者を指定管理者とすることは，避けるべきである」と判断している。

　見解でも言及しているが，この制度の一番の問題点は，公の施設として一括することで，施設（事業）個々の特性を一切顧慮しないことにある。「設置の目的を効果的に達成」できる場合にのみ，導入が可能というのが法の正確な意味であり，そのためには公立図書館のあり方を見極める慎重で丁寧な検討が不可欠である。

　その意味でも，施設の目的外使用をあえて強行し，営利空間を含めた来館者の増加を「成果」だと誇示する佐賀県武雄市のTSUTAYAと連携した指定管理「図書館」に，少なからざる自治体が関心を寄せる動向は憂慮すべきことである。

> 日図協の見解

> 武雄市図書館

● ……… 国の指導にみる変化

　2004年頃から実施されたこの制度は，3～5年を一つの周期とすることから初期の導入ケースでも2期目を迎え，制度の矛盾や問題点が頻出し，直営に戻す事例も

現れている。雇用職員の劣化,「官製ワーキングプア」の増大も大きな課題になっている。そうした事態を配慮し,総務省が示す地方財政運営の指針に明らかな変化が生じている。2008年6月の指導文書では,指定管理者選定の基準として「公共サービスの水準の確保」を掲げ,「専門的知見を有する外部有識者等の視点」導入を強調する。ここには当初の「経費節減」を強調するニュアンスはない。

総務省

文部科学大臣の答弁　　2008年5月の社会教育法等の改正審議に際し,この制度について文部科学大臣が「長期的視野に立った運営が図書館ということにはなじまないというか難しい」と答弁し,衆・参両院の委員会採決にあたって,「指定管理者制度の導入による弊害についても十分配慮し,適切な管理運営体制の構築」が附帯決議された。2009年5月には公共サービス基本法が制定され,公共サービスを行うにあたっての基本理念が確認された。

総務省通知　　2010年12月に総務省自治行政局長が示した「指定管理者制度の適用について」は,冒頭でこの制度が「民間事業者等が有するノウハウを活用することにより,住民サービスの質の向上を図っていくことで,施設の設置の目的を効果的に達成」するものであることを確認し,個々の施設への適用の是非は自治体の自主性にゆだねられること,「単なる価格競争による入札とは異なる」こと,「指定管理者において,労働法令の遵守や雇用・労働条件への適切な配慮がなされるよう,留意すること」などを示した。ここには明らかに当初の指導とは異なるスタンスが見られる。

総務大臣発言　　この指導文書の趣旨を敷衍して,2011年年頭の記者会見で片山善博総務大臣(当時)が,これまでこの制度をコストダウンの具として使ってきた非を指摘し,「公共図書館とか,まして学校図書館なんかは,指定管理になじまないと私は思うのです。やはり,きちっと行政がちゃんと直営で,スタッフを配置して運営すべきだ」と述べている。日図協が2008年,10年に「図書館における指定管理者制度について」見解を提起し,継続した調査結果を公表し,問題の所在を指摘してきた成果をそこに見ることができる。

　　サービスの対価を増やすことで事業の資源を稼ぐという企業原理が本来成り立たない図書館サービスを,計画的,安定的に遂行し,「設置の目的を効果的に達成」していく上で,指定管理者制度がなじまないことはすでに明白になっているといって過言でないだろう。しかし,その後もなおこの制度を図書館に適用しようとする「試行」は各地で跡を絶たない。それだけ自治体における財政再建が厳しいことの証左である。職員の大半が非正規・人材派遣職員に依存している多くの図書館の現実,サービスの最前線を業務委託にゆだねている現状は,指定管理者制度の問題点と多分に重なるところがあることを重視せねばならない。「設置の目的」を真摯に追究し,その理解を広げ,効果的な達成の努力が図書館の管理運営に一層強く望まれる。

●―― option Q

「公共」か「公立」か

　自治体が設置し，地域住民の利用に供する図書館を指して「公立図書館」あるいは「公共図書館」と呼んでいる。両者をほぼ同じ意味で使用することも珍しくないが，両者を厳密に区別して使うことが必要だという考え方もある。

　図書館法の用語としては，図書館，公立図書館，私立図書館の三つがあるのみで，一般によく使われる「公共図書館」は，法律には存在しない慣用的な表現である。

　「公共図書館」を「ごく単純に英米でいうパブリック・ライブラリーの訳語として理解しているものが多い」し，公共図書館という言葉に対する「理解のしかたはまことにマチマチである」と指摘した小倉親雄が，英米でいうパブリックライブラリーと公共図書館の違いを明らかにしたのは1965年のことである（「パブリック・ライブラリーの思想とわが国の公共図書館」『図書館学会年報』12巻1号）。

　慣用的には，地域住民に開かれた図書館を「公共図書館」と称することが多い。図書館法にしたがえば，公立図書館と私立図書館を合わせたものを「図書館」と称しており，結果としてそれが「公共図書館」であると目されている。

　パブリックライブラリー（public library）の本来の意味を最初のユネスコ公共図書館宣言（1949年版）に求めた森耕一は，宣言の次の一節を重視する。

> 人民のために人民によって運営される民主的な機関として，パブリック・ライブラリーは，明確な法の権威のもとに設立され維持され，完全にまたは主として，公費でまかなわれ，職業，信条，階級または人種にかかわりなく，地域社会の全住民に対して平等に，無料で公開されなければならない。

　パブリックライブラリーであるための要件がここに明確に示されており，意味があいまいな「公共図書館」という表現はすべきでない，というのが森の主張である（森耕一『図書館法を読む』補訂版，日本図書館協会，1996）。しかし，経営形態の多様化で財源を私費に依存する「公共」の図書館も出現することで，両者の識別もまた複雑化している。この二つの表現を意識して使い分けることの必要が日本で論議になるのは1980年代である。そこには図書館の設置・運営，管理の責任を負うのは誰か，という設置者を厳しく問わねばならない状況に即応している。公費でつくった図書館の管理・運営を指定管理者などに委託する形式が登場し，民間活力に期待を寄せる政策が進展する中で，住民の知る権利を保障する責務の履行者として図書館を考える際，設置者にこだわることが必要であり，「公共性」の重要性は認識しつつも，「公立」ととらえることが格別の意味をもつという認識が強まった。

　本書においても，設置者を厳密に問うべき個所では「公立図書館」を用い，一般的に開かれた図書館という意味で「公共図書館」も区別して使用したゆえんである。

option R

アメリカ社会に役立つ図書館利用 12 箇条（アメリカ図書館協会，竹内悊訳）

　原文（テキスト）は当初，アメリカ図書館協会の機関誌 *American Libraries* の 1995 年 12 月号に掲載され，2010 年に一部が改訂された。以下に掲げる柱の下に，それぞれの内容についての説明文が付されている。その翻訳を主に編纂された小冊子が下記の『図書館のめざすもの』である。

12 Ways Libraries Are Good For The Country.
1. Libraries sustain democracy.
    図書館は民主主義を維持します
2. Libraries break down boundaries.
    図書館は社会の壁を打ち破ります
3. Libraries level the playing field.
    図書館は社会的不公平を改めるための地ならしをします
4. Libraries value the individual.
    図書館は一人ひとりを大切にします
5. Libraries noursh creativity.
    図書館は創造性を育てます
6. Libraries open young minds.
    図書館は若い心を開きます
7. Libraries return high dividends.
    図書館は大きな見返りを提供します
8. Libraries build communities.
    図書館はコミュニティをつくります
9. Libraries support families.
    図書館は家庭を支えます
10. Libraries build technology skills.
    図書館は，情報機器を使う能力と考え方とを育てます
11. Libraries offer sanctuary.
    図書館は心の安らぎの場を提供します
12. Libraries preserve the past.
    図書館は過去を保存します

（竹内悊編訳『図書館のめざすもの』新版，日本図書館協会，2014）

UNIT 27 ●学校図書館の制度と機能
学校図書館法

● ………戦後教育改革と学校図書館の制度化

　「教師の最善の能力は,自由の空気の中においてのみ十分に現わされる。この空気をつくり出すことが行政官の仕事なのであって,その反対の空気をつくることではない。子どもの持つ測り知れない資質は,自由主義という日光の下においてのみ豊かな実を結ぶものである」という第一次米国教育使節団報告書（1946年）の指摘は,戦前・戦中を通じての,国家主義的な見地に立つ中央集権的,権威的な教育行政に対する根本からの批判であり,その転換を厳しく迫るものであった。「教科書や口授教材の暗記を強調しすぎる悪風をのぞく最良法の一つは,種々異なった諸観点を表わす書籍や論文に,学生を接触させることである」,「学校の仕事が,規定された学校課程と,各科目毎に認定されたただ一冊の教科書とに制限されていたのでは,［教育の］目的はとげられようがない。民主政治における教育の成功は,画一と標準化とをもってしては測られないのである」とも報告書は述べている。

　こうした考え方を基調に据えた戦後教育改革＝教育基本法体制のもとで,1947年4月から学校教育法に基づく新学制が実施され,日本の学校教育は大きな変革を遂げた。新たに新制中学校を設けて義務教育を9年間に延長し,小学校教育の目標も従来の国民学校が掲げた「皇国ノ道ニ則リ」,「国民ノ基礎的錬成」という国家を軸としたものから,「学校内外の社会生活の経験に基き,人間相互の関係について,正しい理解と協同,自主及び自立の精神を養うこと」（第18条）など民主的な市民形成に改められ,男女共学が制度化された。教育の内容面では,従来の国家による厳格な規定を廃し,法令では大綱を基準として示すにとどめ,その具体化は拘束性をもたない学習指導要領によること,教科書は検定制に改め,教材の選択・使用に教師の自主的判断を認めるなど,学校と教師の主体性を大幅に尊重するものとなった。教科では新たに社会科,自由研究が設けられた。

　このような新教育の思想を土壌にして,「学校には,その学校の目的を実現するために必要な校地,校舎……図書館又は図書室,保健室その他の設備を設けなければならない」という学校教育法施行規則第1条が規定された。わが国の学校制度において,学校図書館の設置を義務づけた最初の画期的な規定である。

第一次米国教育使節団報告書

戦後教育改革

新教育

学校教育法施行規則第1条

●………法の制定過程

　省令の規定を活かすべく文部省は，占領軍総司令部民間情報教育局（GHQ／CIE）の示唆と助言を得て二つの学校図書館振興の施策を講じた。『学校図書館の手引』の編纂・普及であり，「学校図書館基準」の作成である。1948年12月に刊行された『手引』は，新教育における学校図書館の意義と役割から始めて，学校図書館の組織，整備，運用の方法を具体的に説き，学校に必要な設備として掲げた学校図書館とはどのようなものかについてのイメージを全国の学校現場に提供した。その過程で学校図書館整備の目標を明らかにする必要が意識され，1948年7月に文部大臣の諮問機関として学校図書館協議会を設置し，1年間の審議を経てまとめたのが「学校図書館基準」である。基準は，「学校図書館は学校教育の目的にしたがい，児童生徒のあらゆる学習活動の中心となり，これに必要な資料を提供し，その自発的活動の場とならなければならない」と基本原則を確認した上で，蔵書冊数を生徒1人当たり2冊以上，経費の公費支弁，専任司書教諭と事務助手の配置などを規定し，各学校が3年後にはこの基準を達成するよう努力することを求めた。そして，この基準を「最も有効に実施展開する」のに必要な措置として，協議会は8項目を文部大臣に建議している。文部省が東西2カ所で開いた『手引』の伝達講習（1949年2，3月）に集まった人たちの中で，学校図書館整備のための全国的な組織づくりが着手された。これが1950年の全国学校図書館協議会（全国SLA）の結成につながる。

　1950年2月27日，東京の氷川小学校を会場に，全国SLAの結成ならびに研究大会が開かれた。その当初から掲げた課題が「学校図書館基準」の法制化であった。たしかに省令が学校図書館の設置を求めはしたが，公費支弁の保障はなく，人も金も現場の創意工夫に委ねるありさまで，それでは公教育に必備の施設としてすべての学校に図書館を整備することは望めない，というのが熱心な関係者の強い願いであり，そのため基準を規制力のあるものにすることが重要だと考えられた。

　結成以来そのことを訴えてきた全国SLAは，1952年夏から年末にかけて全国的な請願署名の運動を展開した。請願項目は，

①学校図書館の費用を，公費によってまかなうことのできるよう，財政的な措置を講ずること。
②学校図書館に，専任の司書教諭ならびに専任の事務職員がおけるようにすること。
③司書教諭制度の法制化をはかること。
④司書教諭養成の方途を確立すること。
⑤各教育委員会に，学校図書館専任の指導主事をおくこと。

からなり，92万5000人の署名が1953年1月，衆・参両院に提出された。

　これから同年7月までの半年間，学校図書館法制定の動きが議会の内外で活発に展開された。文部省が教育法の体系をくずすとして法の制定に前向きではない中で，

法案は野党主軸の議員立法で準備され，審議の過程で突然の国会解散による挫折など紆余曲折，非常な難航の末，1953年7月末に可決され，8月8日公布となった。国民的な運動から発して実を結んだ学校図書館法の制定である。

●………法の構成と内容

学校図書館法は当初全文が3章15条からなっていた。第1条において，「学校図書館が，学校教育において欠くことのできない基礎的な設備であることにかんがみ，その健全な発達を図り，もつて学校教育を充実すること」と目的を定める。学校教育充実のための条件整備法と言ってよい。全体は3章立てで，第1章が総則，第2章は学校図書館審議会，第3章は国の負担を定めていたが，第2章は1966年，第3章は2001年に削除され，現在は章立てなしの全文8条に縮小されている。

以下，当初の全15条を内容の関連で6点にまとめて整理し，概要を紹介するとともに，その後の改正を加味して現行法の要点を述べる。

(1) 学校図書館の位置づけ，意義，機能（第1，2，4条）

学校図書館が「学校教育において欠くことのできない基礎的な設備」であることを確認した上で，定義づけをしている。学校図書館とは，小・中・高等学校（盲・聾・養護学校を含む）に設置される図書館で，図書・視聴覚資料・その他学校教育に必要な資料を収集，整理，保存し，児童生徒および教員の利用に供することで，学校の教育課程の展開に寄与するとともに，児童生徒の健全な教養を育成することを目的とする。そのために，読書会や資料展示会等を行い，図書館および図書館資料の利用について指導すること，他校の図書館や社会教育施設等と協力し，支障のない範囲において一般公衆の利用に供することもできると規定している。

(2) 学校図書館の設置義務（第3条）

学校には必ず学校図書館を設けなければならない。

(3) 司書教諭の制度化と養成方法等（第5条）

学校には学校図書館の専門的職務を掌る司書教諭を必ず配置する。司書教諭は教諭の充て職とし，その資格は，文部大臣が大学に委嘱して行う講習において取得する。講習の科目，単位数等は省令で定める。ただし，有資格者の養成には相当の時間が必要なので，附則第2項において，「当分の間，第5条第1項の規定にかかわらず，司書教諭を置かないことができる」と必置を緩和した。この緩和規定は，1997年6月の法改正で原則的に撤廃され，12学級以上の学校について平成15(2003)年3月までと限定された。併せて講習の委嘱先を大学だけでなく「その他の教育機関」（県教育センター等を想定）に広げた。

(4) 設置者および国の任務（第6，7条。2014年改正法では第7，8条）

学校の設置者は，学校図書館の整備・充実に努めなければならない。国は，学校

図書館の整備・充実ならびに司書教諭養成の総合的計画を樹立し，学校図書館の設置・運営に関し，専門的・技術的な指導および勧告を与える。

(5) 学校図書館審議会（第 8 〜 12 条）

第 7 条に規定する国の任務事項および学校図書館の設備，図書の基準等の重要事項について文部大臣の諮問に応じて調査審議し，建議する審議会の設置，構成などを規定。ただし，この条項は 1966 年の改正で全文削除されている。

(6) 公立学校図書館に対する国庫負担（第 13 〜 15 条）

国は公立学校の図書館の設備または図書が政令で定める基準に達していない場合，基準に達するのに必要な経費の 2 分の 1 を負担することを規定。1958 年の改正により，小・中学校については義務教育費国庫負担法による負担となり，本法には高校についての負担義務のみが残ったが，2001 年の改正で全文削除された。

(7) 2014 年改正で新たに第 6 条として学校司書を法制化

●⋯⋯⋯法の問題点と 1997 年，2014 年改正

幻の学図法

法が成立する直前の 1953 年 3 月に一つの法案があった。突然の国会解散で廃案となった「幻の学図法」と 8 月公布の法を比較すると，成立当初の法の問題点が明らかになる。その焦点は，運動が強く法に求めてきた学校図書館整備のための公費と人の問題にある。まさにそのことのために法の制定が難航もしたのである。

3 月法案では，人に関して，「必要な員数の司書教諭その他の職員」の配置を定め，司書教諭は免許制の専門教員を想定していた。経費の面では，「学校図書館の運営事務に要する経費の 2 分の 1」を国が負担するとし，私立学校への補助もあった。しかし現行法では，人は講習資格の「充て職」司書教諭にとどまり，「当分の間」の緩和が永続化することで，人のいない学校図書館の元凶となったし，国庫負担は時限的な振興にとどまった。金のかからない理念の面では立派だが，運動側が求めた具体的な整備にはきわめて弱い法に終わったのが学校図書館法制定の経緯である。

1997 年法改正

それから半世紀，学校教育における学校図書館の役割を具現化する担い手として，専門職員確保の根拠となる法改正が求められてきた。1997 年 6 月の改正が司書教諭の発令を実現したものの，引き続き配置が猶予される 12 学級未満の小・中学校は約半数に及ぶ。この改正では「学校司書」の問題にはまったく触れなかった。その後，各地の自治体の努力により，その内実には大きな問題はあるものの，学校司書の配置は広がり，文部科学省の調査でも義務教育学校の約半数に達するに及ぶ。そこで後述するように 2012 年度地方財政措置で国も初めて学校司書の配置に財源を計上した。その具体化には法的根拠が必要だという声を受けて成ったのが 2014 年改正で，ようやく「学校司書」が法に明記された。だが，学校司書の配置義務，その資格や養成方法，司書教諭との関係などはすべて今後の検討に残されている。

UNIT 28 ●学校図書館の制度と機能
学校図書館の機能

●………**学校教育の充実に資する**

　学校図書館法の第1条が示すように，そして何よりも学校に図書館づくりが進められた戦後教育の初期の事情が語るように，学校の中の図書館は，学校教育が図書館の働きがあることによってより一層充実するためにこそ存在するものである。学校図書館が学校の中，あるいは近くに設けられた公共図書館の分館，児童図書館とは明らかに異なる基本的な性格がそこにある。またそのためにこそ，学校図書館には困難な課題も生ずる。学校教育が図書館の働きを必要とするようなものとして営まれているかどうかに図書館は大きく左右されるからである。図書館の働きによって教育の充実をめざす努力が，しばしば学校教育のありようによって阻まれたり，十分な理解を得られないという事態が生じかねない。

　これまで学校の中に図書館をつくり，教育の充実をめざす教師の実践が高揚したのは，19世紀末から20世紀初期のいわゆる新教育の時期（先進的な欧米諸国でもそうであり，日本では大正自由教育と呼ばれる）と，戦後教育の推進期であったことがその関係を明確に語っている。子ども中心の教育が標榜され，教え込みではなく子どもの学びを重視する教育が追求された時代である。学校図書館を考えるには，学校図書館を必要とする教育の問題を併せ考えることが不可欠である。

新教育

学校図書館を必要とする教育

　それでは，学校教育を充実させる図書館の働きとは何か。学校図書館の役割と機能を考察しよう。

●………**図書館活動と図書館教育**

　法によってすべての学校に必置と定められていることもあり，どの学校にも図書館（室）は設置されている。しかし，長年にわたってその実態は，校舎の片隅にひっそりとあり，小学校における図書の時間を除けば，授業中は鍵がかかっており，昼休みか放課後に本の好きな一部の子どもが訪れ，本を読んだり自分でカードに名前を書いて借りていく，といった状況を常態化してきた。法が目的とする「学校の教育課程の展開に寄与」（第2条），あるいはユネスコの「学校図書館宣言」が学校図書館の目標として掲げる「学校図書館は教育の過程にとって不可欠なもの」であり，「学校の使命及びカリキュラムとして示された教育目標を支援し，かつ増進す

ユネスコ学校図書館宣言

28. 学校図書館の機能　165

る」といった表現と重ねて理解するにはあまりにもギャップが大きいことは否めなかった。そのこともあって，一般に思い描かれる学校図書館のイメージは，学校の中の「本のある教室」であり，著しく貧しいものとなりがちである。

　学校図書館が学校教育とその主役である子どもたちの学びにかかわる場面を考えると，大別して二つある。

　一つは，日常的に子どもたちや教師が，学校の教授＝学習過程をはじめさまざまな経験，必要から生ずる資料や情報への要求をもって図書館を訪れるのに対し，図書館のスタッフによって提供されるサービスの営みを通してである。子どもが授業中に必要を感じたらいつでも図書館に調べにやってくる，というのは図書館のある学校の前提であるはずである。授業で触発された興味や疑問（それを生むのが質のよい授業であろう）を解明したり深めるために，放課後や休み時間に訪れる。学校行事や学級活動，クラブ活動に必要な知識や情報を求めることもあろう。一方，教師にとっても図書館は授業づくりの貴重な支えでありパートナーである。学校の教育目標の設定，年間計画の立案から始まって日々の授業計画において構想のイメージを広げ，教材研究でその具体化を考える逐一で，適切な資料や情報を提供してくれる図書館の働きは，図書館からの授業づくりへの参画である。

学校図書館活動　　これらの働きは，学校図書館が行うサービスとしての活動であり，「学校図書館活動」として把握できる。その働きの担い手は，いつも図書館に常駐し，資料に精通しており，子どもたちや教師の求めを受け止め，的確に対応できる学校図書館専門職員である。必要な資料が学校にない場合は，近隣の学校図書館と連絡をとりあったり，地域の公立図書館から借り受ける。展示やブックリストなどで進んで資料の紹介をしたり，求めがあれば教科の授業や図書の時間の中で資料の紹介，ブックトークをしたりもする。こうした働きは，いつでも求めを受け止められる専門スタッフの存在を抜きにしては決して成り立たない活動である。逆に，そういう専門スタッフの的確な支援によって，図書館への信頼と期待が高まり，図書館を利用しようという意欲も増幅される。学校の中の図書館が，教師と児童生徒，学年や学級のカベを越えた交流の場となり，いつでも気軽に訪れたい生活の場にもなる。それは新たな学びを生み出す温床である。

　二つ目は，学校図書館の資料と場，上に述べた図書館の機能（働き）を活用しての授業をはじめとする教育活動そのものを通じてである。資料に囲まれた図書館を場として，あるいは図書館資料を教室に持ち込んで教科の授業（調べ学習）を行う，学び方の一環として図書館利用法を指導する，あるいはどの子もが本を好きになるような読書の指導などである。こうした教育活動を「図書館教育」と総称することができる。それはどの学年，クラスにおいても計画的に実践されることが必要であり，それぞれの学級・教科の担任教師が担わなければならない活動である。小学校

図書館教育

における「図書の時間」も当然その中に位置づけられることが必要である。

　学習指導要領が，指導計画作成における配慮として，「学校図書館を計画的に利用し，その機能の活用に努める」ことを掲げているのは，そういう日常を期待してのことである。どの教師もがそうした指導ができるように，司書教諭や図書館専門職員が協力し，援助することになる。

●………補いあう両者の関係

　この二つは，教育の場の図書館が学校教育の充実に資する上でともに欠かせない教育の機能であり，しかも相互に補強しあう関係にあって，いずれかが不十分であれば他の進展を期待できないという関係にある。日ごろから図書館に親しみと期待を抱いていない教師が図書館を活用した授業を企画することは望めないし，図書館で楽しい本と出会った経験のない子が必要に応じて図書館を使うというのも期待しがたいことである。図書館が面白いし，好きだという関心が，図書館についてもっと知りたい，図書館の上手な使い方を学びたいという意欲にもつながる。一方，授業で図書館を使う経験が日常化すれば，子どもは普段から何か知りたいこと，わからないことがあれば図書館へ，ということになろう。そうした関係の中で，自分の学校の図書館を，よりよいもの，使える図書館にしなければという教師集団の学校図書館づくりへの関心と力が結集されることが重要である。

　明らかに担い手を異にする図書館活動と図書館教育，この二つの側面が有効に機能することで，学校図書館は学校教育の充実に確かな関与をすることになる。

　文部省が1959年に指導資料として作成した「学校図書館基準」（最初は1949年）では，学校図書館の機能を次のように規定している。　　　　　　　　　　　　　　　　　　　　　　　　　　　　　　学校図書館基準
　　学校図書館の機能

　B　機能
　1　学校図書館は奉仕機関である。児童・生徒および教師の必要に応じて資料を　　奉仕機関
　　提供し，教育課程の展開に寄与し，教養・趣味の助成にも役だたせなければな
　　らない。
　2　学校図書館はまた指導機関である。問題解決のために図書館を有効に利用す　　指導機関
　　る方法を会得させ，読書指導によって読書の習慣づけ・生活化を教え，図書館
　　利用を通して社会的，民主的生活態度を経験させる。

　学校図書館の機能をまずは「奉仕機関」としてとらえ，その上で「また指導機関である」と表現するのは，ここで述べた図書館活動と図書館教育の関係に通じる認識とみてよい。決してその逆ではない。学校教育の場で「奉仕」という考え方は必ずしも一般になじむものではないだろうが，学校教育の役割が無知な子どもへの一

方的な教え込みではなく，子どもに内在している可能性にそっと手を添えて引き出してやる営みだと考えれば，学校教育を「支援」，「サービス」として認識するのは重要なことである。学校図書館が学校に「欠くことのできない基礎的な設備」（第1条）として，教育における固有の役割を示し得るのもそのことにおいてである。

●………学校に図書館の働きがあることで

　学校図書館が専任で専門のスタッフを備え，図書館教育の全学的な実践に強い関心と豊富な経験をもつ司書教諭の指導性，そして全校の教師集団の図書館を活かす教育活動への取り組みと協力体制が整備されていくならば，学校が一方的な教え込みから子どもが主体になっての学びの場へと転換していく変革への展望が望めよう。それこそ「生きる力」を育む生涯学習の時代の学校のあり方である。

　そうした学校と学校図書館像を次のように整理しておこう。

(1) 子どもたちや教師がいつでも期待感をもって訪れることができ，いろんな出会いや発見のある開かれた学習（資料・読書）センターが学校内に生まれる。

(2) 授業などで触発された子どもたちの疑問を解き明かしたり，興味や知的好奇心を広げたり深めることにつながる多様な資料，楽しい本との出会いがサービスとして提供される。

(3) 教師の教育計画や創意に富んだ授業の展開に必要な教材資料がサービスとして提供され，創意・工夫のある授業に向けての教師のイメージが図書館の働き（支援）によって具体化される。

(4) 教科の授業や図書の時間の指導を，教師と学校図書館専門職員との協同の営みとしてつくり出せる。

　　明らかに役割を異にする専門家同士が協同して学校の教育活動を担い，実践を進めることになる。学校にはさまざまな専門家の参加・協同が不可欠である。

(5) 地域の公共図書館をはじめ各種図書館組織との連携・協力により，広範な情報資源へのアクセスが可能となる。

　　小さな学校図書館が，広く大きな情報資源の世界への窓口としてつながっており，誰もがどこまでもアクセスできることを実感することは，探求の喜びと楽しさを味わえるし，情報時代に必要な情報を主体的・選択的に使いこなせる基礎的能力の育成につながる。

(6) 生徒図書委員会の活動を単なるお手伝いではなく，子ども主体の文化活動として発展させることができる。

　　現状では，図書委員会は図書館スタッフ不在の穴埋め役にとどまりがちである。委員会自身の自主活動，子どもたちの手による図書館から全校に向けての情報発信がさまざまに行われるべきであろう。

UNIT 29 ●学校図書館の制度と機能
学校図書館をめぐる諸問題

●………動きはじめた国の施策

　長年にわたって学校の片隅でひっそりと忘れられた存在になりがちだった学校の図書館に，1990年代になって国の施策がいくつか胎動する。1993年を初年度とする「学校図書館図書整備5か年計画」が始動し，95年には「児童生徒の読書に関する調査研究協力者会議」が「子供と読書とその豊かな成長のため」の「三つの視点，10の提言」を提起し，視点の一つに「新しく魅力的な学校図書館」づくりを掲げた。

　1996年7月には第15期中央教育審議会（中教審）第一次答申「21世紀を展望した我が国の教育の在り方について」が，学校図書館の重要性と施策の必要について次のように言及した。国レベルの審議会答申文書において学校図書館についてのこうした記述は初めてのことであり，注目を集めた。

> 学校の施設の中で，特に学校図書館については，学校教育に欠くことのできない役割を果たしているとの認識に立って，図書資料の充実のほか，様々なソフトウェアや情報機器の整備を進め，高度情報通信社会における学習情報センターとしての機能の充実を図っていく必要があることを指摘しておきたい。また，学校図書館の運営の中心となることが期待される司書教諭の役割はますます重要になると考えられ，その養成について，情報化等の社会の変化に対応した改善・充実を図るとともに，司書教諭の設置を進めていくことが望まれる。

　こうした提起の背景には，1980年代半ば以降の「ゆとり教育」や「自ら学び，自ら考える」学習を標榜する教育改革の動向があり，そのための学習環境として，さらには進行する情報化の動きを考えるとき，情報リテラシーを高める学びの拠点として学校図書館を見直そうという認識がうかがえる。

　2012年度の地方財政措置では，従来からの図書整備補助に加えて，新聞購入の経費，さらに初めて学校司書の配置経費を見込み，施策を前進させた。

●………生きる力の育成と総合的な学習

　2002年実施の学習指導要領に「総合的な学習の時間」が設定され，翌年の手直

［欄外用語］
学校図書館図書整備5か年計画

学習情報センター

司書教諭

自ら学び，自ら考える

総合的な学習の時間

しでその展開にあたっての配慮事項として，学校図書館の活用について工夫することを求めた。1996年中教審答申が「これからの学校像」として描いた，「生きる力の育成を基本とし，知識を一方的に教え込むことになりがちだった教育から，子供たちが，自ら学び，自ら考える教育への転換」を果たすための目玉ともいうべき位置づけで登場したのが，従来の教科とは別に，教科書もなく，学校現場の創意・工夫で，子どもたちの自由な発想により取り組む「総合的な学習の時間」である。その遂行に学習資料センターとしての学校図書館の整備と活用が不可欠なことは明らかで，学校図書館に「日がさす」状況が強まった。

<small>これからの学校像</small>

● ……… **情報化への対応**

先に引いた中教審の答申も指摘するように，国の施策としての学校図書館への関心には，情報化への対応という色彩も強い。新しくは文部科学省（文科省）が2010年8月に示した「教育の情報化ビジョン—21世紀にふさわしい学びと学校の創造を目指して」において，21世紀を生きる子どもたちに求められる力として，経済協力開発機構（OECD）が掲げる「知識基盤社会」を担う子どもたちに必要な「主要能力（キーコンピテンシー）」の中身をしめる「知識や情報を活用する能力」，「テクノロジーを活用する能力」を重視する。そのために教育の情報化が具体化される側面として，①情報教育（子どもたちの情報活用の力の育成），②教科指導における情報通信技術の活用（情報通信技術を効果的に活用した，わかりやすく深まる授業の実現），③校務の情報化をあげ，その展開，課題を提起する。こうした文脈からの学校図書館への期待も現代の特徴である。

<small>教育の情報化ビジョン</small>

● ……… **ゆとり教育の見直し**

ところが21世紀初頭にOECDの学習到達度調査（PISA）の結果が公表され，日本の子どもの学力（とりわけ読解力）低下が顕著ということで，学力向上が声高に叫ばれるようになる。2006〜2007年の教育基本法の改正，教育再生会議の改革論議などを経て，2008年の教育課程の見直し，2011年からの実施へと模索が続いている。主要教科の授業時間を増やし，総合的な学習の時間を縮減するという内容に対しては，「"ゆとりからの逃走"が始まった」（毎日新聞社説，2007.9.1）とマスコミも指摘するように，いかにも拙速で確かな検証を欠いた迷走と言うほかない。しかし，文科省は「生きる力」，「自ら学び，自ら考える」教育に変化はないことを強調し，子どもの読書，言語力の向上，学校図書館整備の施策を目指している。

「教え込み」ではなく「学び」を主軸にした学校にこそ親和性をもつ学校図書館が，この変化の中でどのような位置づけを確保し，実態を強め得るか。図書館の機能と働きを通して学校教育の変化をつくり出していく，積極的なあり方が求められる。

<small>OECDの学習到達度調査（PISA）</small>

● ┄┄┄┄学校図書館の現況

　文科省が都道府県教育委員会の協力を得て隔年に実施する「学校図書館の現状に関する調査」の 2012 年 5 月調べでは，学校図書館図書標準の達成度（小学校 56.8％，中学校 47.5％），蔵書のデータベース化（小学校 64.1％，中学校 65.1％，高校 87.2％），新聞の配備（小学校 24.5％，中学校 19.0％，高校 90.1％），全校一斉読書の実施（小学校 96.4％，中学校 88.2％，高校 40.8％），ボランティアの活用（小学校 81.2％，中学校 27.2％，高校 2.9％）などの事実がわかる（司書教諭，学校司書の関係は後述）。

　しかしこの調査では，最も重要な学校教育の内容や方法にかかわる学校図書館の働き，実態についてはほとんど見えない。

> 学校図書館の現状に関する調査

● ┄┄┄┄教員支援の働き

　2009 年に文科省の「子どもの読書サポーターズ会議」がまとめた報告書「これからの学校図書館の活用の在り方等について」に重要な提起がみられる。「学習・情報センター機能の更なる発展」の一項として，「学校図書館の教員サポート機能を充実させる」を掲げている。元来，学校図書館は，「児童生徒及び教員の利用に供し……」と法がうたうように，教員に対してもサービスを行うことが求められている。授業の計画から展開，学級経営，学校行事など，教師のあらゆる活動において，参考となる資料や指導資料，過去の記録，他校の実践記録などが図書館から提供されること，授業の構想等を介して教材資料についての助言を得たり，ときに共同制作にもいたる，といった支援があれば，それは「教育課程の展開」にきわめて有効に働くはずである。そうした支援により，教員個々が図書館の活用に関心と信頼をもつことが，子どもたちへの図書館活用の指導や助言にも反映することが期待できる。

　報告書も指摘するように，「これまで長年にわたって実施されてこなかった」ゆえに，いまさらの感はあるが，学校図書館を教育の課題としてとらえていこうとすれば，これは重要な提起に違いない。しかしこの提言を具体化するためには，教師にとって有効な支援を担い得る主体としての専門職員の存在が不可欠である。学校図書館の課題は常に人の問題に帰着する。

> 子どもの読書サポーターズ会議

> 教員サポート機能

● ┄┄┄┄学校図書館に人を

　いま全国各地で「学校図書館を考える会」という名称の市民を主とする活動が盛んに展開され，学校図書館のあり方や教育との関係，子どもの読書振興についての学習を重ねつつ，最大の関心事を「学校図書館に専任の人を」の要求に収斂し，首長や教育委員会等にその実現を働きかけている。そのこともあって，学校図書館に人が置かれる状況は確実に広がっている。先に見た文科省の 2012 年 5 月現在の調

> 学校図書館に専任の人を

査によると，法に定めのある司書教諭の発令は，12学級以上の学校では当然100％に近いが，それ未満の学校では2割強にとどまる。学校司書の配置状況（国公私立学校）は次の表に整理してみた。

学校司書の配置状況

	学校数	配置校（割合）	常勤職員数	非常勤職員数
小学校	20,990	10,037（47.8）	1,780 人	8,728 人
中学校	10,495	5,056（48.2）	1,368	4,154
高　校	5,001	3,387（67.7）	3,148	937

　この調査では，配置されている人の内実については定かでないが，小・中学校においては非正規職員が大半で，教員支援や教育の内容にかかわっての資料提供，図書館利用教育を担える力量を備え，専門職員と呼べる学校の教育専門職員であるか，という点では大いに問題がある。とりあえず「人」を，という自治体の決断で具体化されてきた措置であり，勤務日数・時間，資格の有無，職名，雇用条件など千差万別，とても一様にはとらえがたいのが「学校司書」の実態である。

　地道な地域の運動や関係者の非常な努力でここまできたことは評価すべきではあるが，図書館には図書館の仕事に専念し，そのことで学校教育の充実に貢献できる活動の担い手を，それをやれるだけの資質・要件を備えた形で確保することが，めざす課題とされねばならない。どんな形でも人を，という施策は，学校図書館の職員像を非常に矮小化したレベルで固定しかねないので注意が必要である。

● ……… 「学校司書」の認知と施策化

　これまで文科省は一貫して学校図書館に働く職員を「学校図書館担当事務職員」と呼んできた。一般に使われる「学校司書」という名称の使用を頑なに拒んできた。しかしその内実に多くの問題は抱えつつも，学校図書館に「人」を配置する実態が広がり，国会審議や協力者会議の検討の中でも「学校司書」の名称で論議される状況が一般化する中で，文科省の発言や文書にも変化が生まれ，2012年度からの地方財政措置において，学校司書の配置に相当する予算措置を行うに至った。草の根の努力が生み出した実態が国の施策を動かした重要な成果である。

地方財政措置

　措置の内容は，いま多くの自治体が住民からの熱い思いに応える形で腐心しながら進めてきたものを国がサポートするという域を出るものではなく，総額約150億円（小学校約9,800人，中学校約4,500人分）という金額も決して専門職員を全校に配置するに見合うものではない。それとて各自治体では，法に根拠のない職に費用を充てることはできないという対応が目立ち，それが2014年の法改正で学校司書を明示し「その配置に努めなければならない」というに至った。これを本来あるべき学校図書館専門職員の確保へと積極的に活かしていくことが重要である。

● ── option S

学校図書館法　[昭和28年8月8日　法律第185号 / 最近改正　平成26年6月27日　法律第93号]

（この法律の目的）
第1条　この法律は，学校図書館が，学校教育において欠くことのできない基礎的な設備であることにかんがみ，その健全な発達を図り，もつて学校教育を充実することを目的とする。

（定義）
第2条　この法律において「学校図書館」とは，小学校（特別支援学校の小学部を含む。），中学校（中等教育学校の前期課程及び特別支援学校の中学部を含む。）及び高等学校（中等教育学校の後期課程及び特別支援学校の高等部を含む。）（以下「学校」という。）において，図書，視覚聴覚教育の資料その他学校教育に必要な資料（以下「図書館資料」という。）を収集し，整理し，及び保存し，これを児童又は生徒及び教員の利用に供することによつて，学校の教育課程の展開に寄与するとともに，児童又は生徒の健全な教養を育成することを目的として設けられる学校の設備をいう。

（設置義務）
第3条　学校には，学校図書館を設けなければならない。

（学校図書館の運営）
第4条　学校は，おおむね左の各号に掲げるような方法によつて，学校図書館を児童又は生徒及び教員の利用に供するものとする。
　一　図書館資料を収集し，児童又は生徒及び教員の利用に供すること。
　二　図書館資料の分類排列を適切にし，及びその目録を整備すること。
　三　読書会，研究会，鑑賞会，映写会，資料展示会等を行うこと。
　四　図書館資料の利用その他学校図書館の利用に関し，児童又は生徒に対し指導を行うこと。
　五　他の学校の学校図書館，図書館，博物館，公民館等と緊密に連絡し，及び協力すること。
2　学校図書館は，その目的を達成するのに支障のない限度において，一般公衆に利用させることができる。

（司書教諭）
第5条　学校には，学校図書館の専門的職務を掌らせるため，司書教諭を置かなければならない。
2　前項の司書教諭は，主幹教諭（養護又は栄養の指導及び管理をつかさどる主幹教諭を除く。），指導教諭又は教諭（以下この項において「主幹教諭等」という。）をもつて充てる。この場合において，当該主幹教諭等は，司書教諭の講習を修了した者でなければならない。
3　前項に規定する司書教諭の講習は，大学その他の教育機関が文部科学大臣の委嘱を受けて行う。
4　前項に規定するものを除くほか，司書教諭の講習に関し，履修すべき科目及び単位その他必要な事項は，文部科学省令で定める。

(学校司書)
第6条　学校には，前条第1項の司書教諭のほか，学校図書館の運営の改善及び向上を図り，児童又は生徒及び教員による学校図書館の利用の一層の促進に資するため，専ら学校図書館の職務に従事する職員（次項において「学校司書」という。）を置くよう努めなければならない。
2　国及び地方公共団体は，学校司書の資質の向上を図るため，研修の実施その他の必要な措置を講ずるよう努めなければならない。
(設置者の任務)
第7条　学校の設置者は，この法律の目的が十分に達成されるようその設置する学校の学校図書館を整備し，及び充実を図ることに努めなければならない。
(国の任務)
第8条　国は，第6条第2項に規定するもののほか学校図書館を整備し，及びその充実を図るため，次の各号に掲げる事項の実施に努めなければならない。
　一　学校図書館の整備及び充実並びに司書教諭の養成に関する総合的計画を樹立すること。
　二　学校図書館の設置及び運営に関し，専門的，技術的な指導及び勧告を与えること。
　三　前二号に掲げるものの外，学校図書館の整備及び充実のため必要と認められる措置を講ずること。
　　　附　則［抄］
(施行期日)
1　この法律は，昭和29年4月1日から施行する。
(司書教諭の設置の特例)
2　学校には，平成15年3月31日までの間（政令で定める規模以下の学校にあつては，当分の間），第5条第1項の規定にかかわらず，司書教諭を置かないことができる。
　　　附　則（平成26年6月27日法律第93号）
(施行期日)
1　この法律は，平成27年4月1日から施行する。
(検討)
2　国は，学校司書（この法律による改正後の学校図書館法（以下この項において「新法」という。）第6条第1項に規定する学校司書をいう。以下この項において同じ。）の職務の内容が専門的知識及び技能を必要とするものであることに鑑み，この法律の施行後速やかに，新法の施行の状況等を勘案し，学校司書としての資格の在り方，その養成の在り方等について検討を行い，その結果に基づいて必要な措置を講ずるものとする。

── option T

ユネスコ学校図書館宣言
すべての者の教育と学習のための学校図書館

　学校図書館は，今日の情報や知識を基盤とする社会に相応しく生きていくために

基本的な情報とアイデアを提供する。学校図書館は，児童生徒が責任ある市民として生活できるように，生涯学習の技能を育成し，また，想像力を培う。

学校図書館の使命

学校図書館は，情報がどのような形態あるいは媒体であろうと，学校構成員全員が情報を批判的にとらえ，効果的に利用できるように，学習のためのサービス，図書，情報資源を提供する。学校図書館は，ユネスコ公共図書館宣言と同様の趣旨に沿い，より広範な図書館・情報ネットワークと連携する。

図書館職員は，小説からドキュメンタリーまで，印刷資料から電子資料まで，あるいはその場でも遠くからでも，幅広い範囲の図書やその他の情報源を利用することを支援する。資料は，教科書や教材，教育方法を補完し，より充実させる。

図書館職員と教師が協力する場合に，児童生徒の識字，読書，学習，問題解決，情報およびコミュニケーション技術の各技能レベルが向上することが実証されている。

学校図書館サービスは，年齢，人種，性別，宗教，国籍，言語，職業あるいは社会的身分にかかわらず，学校構成員全員に平等に提供されなければならない。通常の図書館サービスや資料の利用ができない人々に対しては，特別のサービスや資料が用意されなければならない。

学校図書館のサービスや蔵書の利用は，国際連合世界人権・自由宣言に基づくものであり，いかなる種類の思想的，政治的，あるいは宗教的な検閲にも，また商業的な圧力にも屈してはならない。

財政，法令，ネットワーク

学校図書館は，識字，教育，情報提供，経済，社会そして文化の発展についてのあらゆる長期政策にとって基本的なものである。地方，地域，国の行政機関の責任として，学校図書館は特定の法令あるいは施策によって維持されなければならない。学校図書館には，訓練された職員，資料，各種技術および設備のための経費が十分かつ継続的に調達されなければならない。それは無料でなければならない。

学校図書館は，地方，地域および全国的な図書館・情報ネットワークを構成する重要な一員である。

学校図書館が，例えば公共図書館のような他館種図書館と設備や資料等を共有する場合には，学校図書館独自の目的が認められ，主張されなければならない。

学校図書館の目標

学校図書館は教育の過程にとって不可欠なものである。

以下に述べることは，識字，情報リテラシー，指導，学習および文化の発展にとって基本的なことであり，学校図書館サービスの核となるものである。

・学校の使命およびカリキュラムとして示された教育目標を支援し，かつ増進する。
・子ども達に読書の習慣と楽しみ，学習の習慣と楽しみ，そして生涯を通じての図書館利用を促進させ，継続させるようにする。
・知識，理解，想像，楽しみを得るために情報を利用し，かつ創造する体験の機会を提供する。
・情報の形式，形態，媒体が，地域社会に適合したコミュニケーションの方法を含めどのようなものであっても，すべての児童生徒が情報の活用と評価の技能

を学び，練習することを支援する。
- 地方，地域，全国，全世界からの情報入手と，さまざまなアイデア，経験，見解に接して学習する機会を提供する。
- 文化的社会的な関心を喚起し，それらの感性を錬磨する活動を計画する。
- 学校の使命を達成するために，児童生徒，教師，管理者，および両親と協力する。
- 知的自由の理念を謳い，情報を入手できることが，民主主義を具現し，責任ある有能な市民となるためには不可欠である。
- 学校内全体および学校外においても，読書を奨励し，学校図書館の資源やサービスを増強する。

　以上の機能を果たすために，学校図書館は方針とサービスを樹立し，資料を選択・収集し，適切な情報源を利用するための設備と技術を整備し，教育的環境を整え，訓練された職員を配置する。

職員

　学校図書館員は，可能なかぎり十分な職員配置に支えられ，学校構成員全員と協力し，公共図書館その他と連携して，学校図書館の計画立案や経営に責任がある専門的資格をもつ職員である。

　学校図書館員の役割は，国の法的，財政的な条件の下での予算や，各学校のカリキュラム，教育方法によってさまざまである。状況は異なっても，学校図書館員が効果的な学校図書館サービスを展開するのに必要とされる共通の知識領域は，情報資源，図書館，情報管理，および情報教育である。

　増大するネットワーク環境において，教師と児童生徒の両者に対し，学校図書館員は多様な情報処理の技能を計画し指導ができる能力をもたなければならない。したがって，学校図書館員の専門的な継続教育と専門性の向上が必要とされる。

運営と管理

　効果的で責任のもてる運営を確実にするためには，
- 学校図書館サービスの方針は，各学校のカリキュラムに関連させて，その目標，重点，サービス内容が明らかになるように策定されなければならない。
- 学校図書館は専門的基準に準拠して組織され，維持されなければならない。
- サービスは学校構成員全員が利用でき，地域社会の条件に対応して運営されなければならない。
- 教師，学校管理者幹部，行政官，両親，他館種の図書館員，情報専門家，ならびに地域社会の諸団体との協力が促進されなければならない。

宣言の履行

　政府は，教育に責任をもつ省庁を通じ，この宣言の諸原則を履行する政策，方針，計画を緊急に推進すべきである。図書館員と教師の養成および継続教育において，この宣言の周知を図る諸計画が立てられなければならない。

　　　　　　　　　　　　（1999年11月　第30回ユネスコ総会において批准，原文：英語）
　　　　　　　　　　　　　　　　　　　　　　　　　（長倉美恵子，堀川照代共訳）

UNIT 30 ◉大学図書館の制度と機能
大学図書館に関する法律・基準等

● ……… **大学図書館の法的根拠**

　大学（短期大学，高等専門学校を含む）図書館については，公共図書館や学校図書館，後に取り上げる国立国会図書館のように，直接その設置・運営等に関して規定した単独の法律は存在しない。しかし，研究・教育の機関である大学に図書館が必備のものであることに疑問はなく，旧国立学校設置法（2004年3月廃止）や大学設置基準などで大学に図書館の設置を義務づけており，その整備の程度が大学の許認可において審査の対象事項とされてきた。すべての校種を対象とする学校教育法施行規則第1条「学校の施設設備と位置」が学校に「図書館又は図書室」の設置を求めていることは，もちろん大学にも該当する。

　これらの規制力をもった法規のほか，その運営について望ましいあり方を示す文書として，大学基準協会の定めた大学図書館基準，各設置母体ごとの協会等が作成する図書館改善要項がある。この UNIT ではこれらをまとめて紹介する。

● ……… **旧国立学校設置法・国立大学法人法**

　国立大学における図書館の設置は，これまで国立学校設置法第6条において「国立大学に，附属図書館を置く」と規定されてきた（公私立大学にはこれに類する法の定めはない）。しかし，2004年4月からの国立大学の独立行政法人化により代わって制定された国立大学法人法（2004年4月1日施行）には，図書館についての規定は一切盛り込まれなかった。各大学法人が作成し，文部科学省の承認を得る「中期目標・中期計画」にどう表現するかにすべてがかかっており，この点で大学図書館の法制上の位置づけが後退した印象は否めない。

附属図書館

● ……… **大学設置基準**

　1956年に制定された文部省令で，2014年10月に最終改正されている（文部科学省令第23号）。同様のものとして短期大学設置基準，高等専門学校設置基準がある。基準は第1条（趣旨）において，「この省令で定める設置基準は，大学を設置するのに必要な最低の基準とする」こと（第2項），「大学は，この省令で定める設置基準より低下した状態にならないようにすることはもとより，その水準の向上を

大学設置基準

図ることに努めなければならない」(第3項)と求めている。1991年の改正においては，「大綱化」という表現が強調されたように，詳細にわたってそのあり方を規定するのではなく，各大学における自主的・主体的な改革の努力を求める大綱的文書に改められ，大学の自己点検・評価が取り組むべき課題として制度化された(この関係は2004年の改正で削除し，学校教育法施行規則へ移行)。

　図書館についても細部にわたる数量的規制を厳密に示すのではなく，研究教育上必要な資料を系統的に備え，情報の処理および提供のシステムを整備するよう大綱を示し，時代の要請にそうよう改められている(改正前の基準は，閲覧室の座席数，授業科目の種類に応じた図書・学術雑誌の冊数，点数などを細かく掲げていた)。

　図書館に直接言及している条項として，第36条(校舎等施設)で「大学は，その組織及び規模に応じ，少なくとも次に掲げる施設を備えた校舎を有するものとする」として，学長室，事務室，研究室，教室などと併せて図書館を掲げ，第38条が「図書等の資料及び図書館」について5項目にわたって次のように規定している。

> 大学設置基準第38条

1　大学は，学部の種類，規模等に応じ，図書，学術雑誌，視聴覚資料その他の教育研究上必要な資料を，図書館を中心に系統的に備えるものとする。
2　図書館は，前項の資料の収集，整理及び提供を行うほか，情報の処理及び提供のシステムを整備して学術情報の提供に努めるとともに，前項の資料の提供に関し，他の大学の図書館等との協力に努めるものとする。
3　図書館には，その機能を十分に発揮させるために必要な専門的職員その他の専任の職員を置くものとする。
4　図書館には，大学の教育研究を促進できるような適当な規模の閲覧室，レファレンス・ルーム，整理室，書庫等を備えるものとする。
5　前項の閲覧室には，学生の学習及び教員の教育研究のために十分な数の座席を備えるものとする。

● ……… 学術審議会答申

> 学術審議会答申

　規制力のある法規ではないが，大学図書館のあり方や関連行政・施策に影響力を及ぼす提起を折にふれ行ってきたものに学術審議会の答申類がある。その最近のものとして，2006年3月の報告「学術情報基盤の今後の在り方について」および2010年12月に出された審議のまとめ「大学図書館の整備について―変革する大学にあって求められる大学図書館像」(ともに科学技術・学術審議会学術分科会研究環境基盤部会学術情報基盤作業部会)がある。前者のⅡ章を「学術情報基盤としての大学図書館等の今後の整備の在り方について」に充て，現状，取り巻く課題，今後の対応策に言及，結びにおいて，

大学図書館には従来からの役割に加えて，学術情報の円滑な流通や社会貢献に資する機関リポジトリによる大学からの情報発信力の強化，情報リテラシー教育などの教育サービス機能の強化など，新たな役割を推進することが求められている。これを実現させるためにも，運営体制の強化に努め，多様化する利用者のニーズ等に対応していく必要がある。

と述べ，この提言を大学，文部科学省，大学図書館，関係者が真摯に受け止め，実現に取り組むことを希望している。

　後者の文書はそれを受けて，「大学図書館の職能・役割及び戦略的な位置づけ」と「職員の育成・確保」に焦点を当てている。

　学術情報システムの開発・整備，電子図書館機能の拡充など，この審議会からの提言はこれまで国の大学図書館行政や大学図書館のあり方に大きな影響力を示してきており，施策へのインパクトは強い。

● ……… 大学図書館基準

　国公私立大学の自主的な組織として1947年につくられた大学基準協会が図書館研究委員会を設けて検討し，1952年に発表したのが「大学図書館基準」である。協会の目的からして，会員の自主的努力と相互の援助で大学の質的向上を図るものであって，これ自体が何らかの規制力をもつものではない。その後，1981年に改訂され，全体は総論，図書館の機能と業務，職員，施設・設備，組織及び管理運営，予算，相互協力の7項目からなる。大学図書館のあるべき姿がコンパクトに整理されているが，定量的基準値を欠き，いかほど有効に機能しているかは疑問である。

大学図書館基準

● ……… 改善要項

　開学後の図書館の運営の指針となるべき改善要項には，設置母体の種別に，国立大学図書館改善要項（1953年，文部省大学学術局），公立大学図書館改善要項（1961年，公立大学図書館協議会），公立短期大学図書館改善要項（1978年，公立短期大学図書館協議会），私立大学図書館改善要項（1956年，私立大学図書館協会），私立短期大学図書館改善要項（1998年，日本私立短期大学協会）がある。いずれも規制力をもったものではない。

改善要項

　これらのうちで1996年に改訂された私立大学図書館改善要項は，1991年の大学設置基準の改定を受けたもので，「情報量の増大とそのメディアの変化，及びそれらを取り扱うエレクトロニクスの分野の発展」など大学図書館の急激な変化が進行するもとで，しかも「情報の収集・蓄積・提供が，図書館員によって利用者に対してなされる」という図書館の基本的役割は不変であるという認識から，大学図書館の自己点検・評価のよりどころとなる主体的な文書として作成されている。

私立大学図書館改善要項

UNIT 31 ●大学図書館の制度と機能
大学図書館の機能

●………大学の心臓部

　欧米の大学図書館に関する記述を見ると，大学図書館は「大学の心臓部である」という表現をよく目にする。大学の研究・教育にとって，欠かすことのできない中核的な役割を負っていることの強調であり，わが国でも常用される比喩である。理念として大学関係者が等しく支持する表現であろうが，現に大学の中で図書館がそのような位置づけを得ているか，となると首をかしげることも少なくない。学校図書館の場合と同様，大学の研究・教育（とりわけ教育）のありようが，図書館の機能を真に必要とするようなものになっているかどうか，によるところが大きい。

大学図書館の機能

　大学図書館の機能としては，学習（図書館）機能と研究（図書館）機能の二つをあげるのがこれまで一般的であった。利用者（大学の構成員）が求める資料や情報を的確に提供するサービスが基本であることは，他の館種の図書館と変わりはないが，大学と大学を取り巻く環境が大きく変貌しつつある現在，大学図書館の機能にも新たな側面が求められている。

●………学習支援の機能

　大学図書館の機能としては，まず学生の学習活動と教員の教育活動にサービスする働きが求められる。授業に直接かかわる部分については次の教育機能に譲って，

学習支援

学習支援の面から見てみよう。

　学生の学びに奉仕する図書館としては，他館種のサービスと基本的に異なるものではなく，よく整備された資料の提供を通して，学生の学習や学生生活に根差すニーズに応えること，さらなる要求を喚起し，学習意欲を刺激することにつきる。そのためには，学生にとって魅力のある資料が整備されていることが欠かせない。

　学生の学習に必要な資料は，いくつかの層をなして優先度が考慮されねばならない。まずは授業に直接関連して必要となる参考資料，課題図書等が確実に整備されることが必要で，そのためには授業担当者との緊密な連携・協力が不可欠である。

　あわせて，それぞれの大学の学部・学科等，専門分野に対応した基本的な資料，参考図書を備え，適切に更新することが重要である。

　学生の卒業研究に応えられる程度の専門資料が整備できれば，その周辺に，授業

に直接関連するわけではないが，学生の知的関心を刺激し，現代の諸課題について目を開かせる，あるいは生きるための糧となる多様な読書資料群が必要である。「大学図書館の本は古くて面白くない」という不満を語る学生が少なくない。彼（女）らの感性や好奇心に訴えるような資料をできるだけ豊富に揃えることが，授業や専門の学習と少し距離を置いたところでの図書館の教育機能の資源となる。

資料の整備とともに重要なのが適切な利用案内，日常の利用相談・援助の体制を整え，図書館利用の有効性，面白さを学生に気づいてもらう働きである。リクエスト・予約制度，図書館間の相互協力を活用した経験は，学生に図書館という仕組みへの興味を意外なほど広げる。それだけ学生は日頃，図書館への期待感をあまり強くはもっていないのが普通だからである。

学習支援の働きとして，資料の充実と併せて重要なのは，キャンパスライフにおける場としての図書館の魅力である。誰はばかることなく自由に学習したり読書できる空間，ぶらりと立ち寄りたくなる魅力，ときに仲間と討論しながら学びを深めるための施設・設備も備わっている，といった環境が重要であり，最近は「ラーニングコモンズ」としてこの側面を重視する大学も増えている。

> 場としての図書館
>
> ラーニングコモンズ

同一世代の半数が高等教育機関に進学する大学大衆化の時代，あるいは少子化の進行で経営的にも学生の確保が重大視される現状は，学生が集まる大学，学生にとって魅力ある大学の模索を必須としており，それは大学図書館にとっても共有すべき課題である。図書館の蔵書と適切なサービス，空間のもつ魅力が，学生の学習意欲をかきたて，さらなる探究にいざなうようなものとして作用することが，大学評価においても重要な指標となっている。

● ……… **教育機能**

大学図書館が大学教育に直接かかわる活動としての教育機能は，次の三つの面で考えられる。

> 教育機能

a　カリキュラムの展開に寄与する

講義のシラバスに示される参考文献など，授業の進行に関連して学生がぜひとも読むべき資料，関心の広がりを受け止められるような資料が図書館に揃っていることは，自主的な学習を支える基盤である。またその利用にあたって図書館職員による相談・援助の人的サービスに込められる個別助言指導は，教員による指導とは異なるサービスとしての独自性をもっている。

b　教員の教育活動への支援と協力

授業に創意工夫を凝らす教員に対する資料や情報の提供，レファレンスサービスによって，授業づくりで教員に協力する。

c　図書館自身が教育の一端を担う

ゼミ単位などで求めに応じて文献利用・情報検索の演習，指導などを試みることは多くの大学でなされているが，さらに一歩進めて正規の科目として情報探索法などの授業を設けて大学図書館員が教員と連携して行うケースも広がりつつある。

図書館利用教育　　大学における図書館利用教育の重要性はかねて主張されてきたところである。義務教育や高校段階での教育のあり方，学校図書館の不備もあって，大学生になってもごく基本的な図書館の利用法を身につけていない場合が少なくない。そのため，学生がそのことを実際に必要とする時期をとらえて，きめ細かな利用教育を実践することは，図書館としての大学教育への参画であり，生涯学習者を育む活動である。

●………学術研究支援と成果の発信機能

学術情報システム　　1980年の学術審議会答申「今後における学術情報システムのあり方について」以来，学術研究情報を共有資源として整備する方策が国のレベルにおいて推進され，全国共同利用施設である学術情報センター，それを改組した国立情報学研究所（NII：National Institute of Informatics）を核に，学術研究情報の流通体制の整備が進められてきた。大学図書館が学術研究情報の主要な生産拠点である大学の活動を支える基盤的施設であることから，学術情報の集積機能と発信機能双方において，

学術情報の集積機能と発信機能　　各大学図書館の果たすべき役割は大きい。このシステムの構築にあたって，それぞれの大学は所蔵資料の情報を入力して総合目録（NACSIS-CAT）の形成にかかわるとともに，それを駆使して資料の共通利用を図ることで（NACSIS-ILL），研究者の資料・情報ニーズに応えることができる。

研究機関としての大学の図書館は，これまでから学術研究の基礎資料である学術情報と学術研究の成果を蓄積することに力を注いできた。だが大学の研究者が図書館に一義的に求めたのは，自分の研究に必要な資料が，できるだけ身近に（かなうことなら他の研究者の手が届かない形で）備わっていることであった。それに大学間格差が加わって，学術資料が偏在する（同一学内においても）きわめて閉鎖的な図書館となりがちであった。

電子ジャーナルに象徴される情報環境の急激な変化と学術情報システムの整備は，そうした状況を一変させた。個々の図書館が閉鎖的に固有の蔵書を構成し，学内の研究者の利用に供するスタイルは過去のものとなり，学術情報の共有化，共通利用は，国家的な知的戦略事業ともなっている。

こうしてマクロには全国的（さらには国際的）な学術情報ネットワークの一端として位置づけられる大学図書館の研究支援機能であるが，個々の研究者にとっては，やはり自分の大学にできるだけ必要な資料が揃っていることがまずは望ましいことである。それぞれの大学での有為なコレクション構築の重要性は依然として大きい。研究のための資料となると，その範囲は一概には言えない。学術研究の成果として

刊行される学術書や研究論文，二次資料はそれぞれの大学の専門分野に応じてできる限り広範に収集すべきであるが，いまの時点ではとるに足りないような資料が，後になって他のものでは代替できない貴重な研究資料となることもあり，その見極めは容易ではない。研究者との不断の話し合いを重視し，それぞれの大学にふさわしいコレクションの構築と資料情報の精度を高める努力が重要である。

　大学図書館は，自分の大学で生産される学術研究の成果を収集，蓄積し，他からのフリーアクセスに対応できる発信の機能を担っていくことも重要である。これがいま各大学が力を注ぐ機関リポジトリの役割である。

機関リポジトリ

● ⋯⋯⋯⋯ **レファレンス機能**

　学習目的であれ研究目的であれ，大学図書館にとっては，学内の構成員の図書館利用が十分その目的を果たせるよう，資料や情報の入手・活用について利用者を支援する働きが重要である。レファレンスサービスやレフェラルサービスの充実である。これと決まった特定の文献の入手には大学間の相互利用やネットワークの活用が有効であるが，漠然とした目的や手がかりからのアクセスには，情報資源に精通し，有効な探索ツールを駆使できる図書館スタッフの助力が有用である。インターネットの普及と多様な書誌データベースの整備，他大学等との連携により，時と場所の制約がないデジタルレファレンスも具体化されている。

● ⋯⋯⋯⋯ **文化的機能と地域貢献**

　大学図書館が大学の教育・研究に奉仕するために存在し，そのことを一義的に追求するのは当然であるが，同時に大学図書館は，人類の文化遺産である図書館資料の蓄積・継承・伝達において，社会における重要な文化的機能を負っている。四年制大学に限っても1,400余の大学図書館が所蔵する蔵書は3億冊で，冊数では公共図書館の4億冊に劣るが，経常資料費639億円（2012年度決算額）は2倍をはるかに超えている。これらが社会の知的共有資源として活かされることが必要である。

　公共図書館がその利用対象の特性から，蔵書構成において広範かつ一般的であることを特色とするのに対し，大学図書館は専門的であり，大学によっては特定分野のコレクションを特色とする。したがって，大学図書館が公共図書館と連携を図り，利用を地域の人々にも開くことで，大学に籍をもたない多くの人々が，学習と研究に大きな利便を得ることになる。それは大学の地域への貢献であり，学術研究の成果の社会への還元ともなる。

　大学によっては貴重な特別コレクションを備えるところも少なくない。そうしたコレクションの維持は，それ自体一つの文化機能であり，それらを展示，デジタル化その他の方法で社会に公開することは意義のあることである。

UNIT 32 ●大学図書館の制度と機能
大学図書館をめぐる諸問題

●………大学の変貌

　大学のキャンパスはいま急激に変わりつつある。高校を卒業する進学齢期の生徒が激減する一方で、生涯学習の強調がリカレントタイプの学生（社会人）を数多くキャンパスに迎え、アジアを中心に外国人留学生も飛躍的に増えている。減少する学生を奪い合うように学部や学科の再編でどの大学も競って「変化」と新しさを喧伝している。「大学教育の高度化」を指針に大学院が拡大され、これまでの研究者養成だけではなく、社会人教育の場ともなっている。地元自治体との連携による大学の機能を地域に開く市民大学などと銘打った一般開放の講座も激増しており、それに参加する多様な受講生がキャンパスに花を添えている。

　こうした状況の中で、学術文化の情報資源を数多く備えた大学図書館は、大学構成員に奉仕するだけでなく、社会の多様なニーズに応えることを迫られている。図書館に資料を求める人々の多様化、外国語で書かれた利用案内や説明資料の準備、検索方法や機器の利用についての一層きめ細かなガイド、これまでにはなかった思いもよらない資料要求など、変化に当惑する図書館も少なくないだろう。

　館内の利用風景にも大きな変化があり、開架スペース、カラフルな雑誌コーナーが広がり、利用者用端末機（OPAC）が林立、AV資料の視聴コーナーやグループ学習の場、談話空間、創造の成果を交流・発信する場などが人気を集めている。

●………当面する諸課題

学術情報基盤の今後の在り方について

　先にも取り上げた科学技術・学術審議会作業部会の報告「学術情報基盤の今後の在り方について」(2006.3)のⅡ-2「大学図書館を取り巻く課題」が、次の5つを指摘している。①財政基盤が不安定、②電子化への対応の遅れ、③体系的な資料の収集・保存が困難、④目録所在情報サービスの問題点、⑤図書館サービスの問題点。それを受けてⅡ-3「今後の対応策」では、①大学図書館の戦略的な位置付け、②電子化への積極的な対応、③今後の電子化を踏まえた大学図書館の強化すべき機能、④目録所在情報サービスの枠組みの強化、⑤大学図書館サービス機能の強化、⑥大学図書館と社会・地域との一層の連携の推進、の6点があげられている。

　大学の変革期にあって、それぞれに重要な課題であるが、紙数の関係もあり、こ

こではそのうちのいくつかの面と，この文書では指摘の弱い職員をめぐる現況と問題点を取り上げる。

● ········ 経営戦略の中の図書館

　2004年度からの法人化により国公立大学図書館では国からの運営交付金，私立大学では私学助成金が年々縮減され，競争原理による補完が一般化する中で，財政基盤をいかに強めるか，そのための全学的な理解を高めることが一層重要になっている。館長の位置づけが弱くなったり，事務組織が他の部局と統合されるところも生まれるなど，大学経営全体の中でのあり方には厳しさが増している。

　少子化の下でまさに「生き残り」を賭けて大学経営が問われる中，大学の魅力を高め，学生に選ばれる卓越性をどうつくり出すかが模索されており，図書館も当然その課題を共有せねばならない。文部科学省が国公私立大学図書館協力委員会の協力を得て2011年にまとめた「大学図書館における先進的な取組みの実践例」もそうした要請のもとで，各大学が学習・教育・研究活動の質的充実と向上のため，一層の機能強化に向けてアクションを起こす際の参考に，と公表したものである。

● ········ 電子化の推進と機関リポジトリ

　1996年の学術審議会建議「大学図書館における電子図書館的機能の充実・強化について」が，電子図書館について，「電子的情報資料を収集・作成・整理・保存し，ネットワークを介して提供するとともに，外部の情報資源へのアクセスを可能とする機能をもつもの」と説明している。こうした方向での施策は，情報環境や技術の急激な変化，あるいは資料費の減少もあって，大学図書館の大きな関心事として作動し，時間と距離に制約されない情報アクセスの便を広げている。 電子図書館

　国立情報学研究所（NII）の学術情報ネットワークへの加入は2012年3月末現在769機関で，そのうち大学・短大・高専が577を占める。情報の探索とアクセスに重用されている目録システム（NACSIS-CAT）への接続は1,262機関で，所蔵データは1億1500万件。図書館間の文献複写や資料の相互貸借を支援するシステム（NACSIS-ILL）への依頼は年間85万件に達している。印刷媒体バックナンバーのデジタル化から論文単位の課金処理をこなし，学会誌に掲載された研究論文の全文デジタルデータをネットワーク上に公開するNACSIS-ELS（現在はCiNiiに統合）が「バーチャル・ライブラリー」のイメージをユーザーに実感させている。 学術情報ネットワークへの加入
NACSIS-CAT
NACSIS-ILL

　高騰する電子ジャーナルのコンテンツを学術研究資源として有利に確保するため，共同購入の体制（コンソーシアム）を設立する試みが国立大学，公私立大学それぞれでで行われてきたが，国公私立大学図書館協力委員会とNIIとの間で締結された協定を基に，2011年4月に大学図書館コンソーシアム連合（JUSTICE）が誕生し， 電子ジャーナル

大学図書館コンソーシアム連合

発足時に486館が参加した。設置母体の違いを越えてすべての大学図書館が学術雑誌，電子ジャーナルのより安定的な確保に向けて，組織的に対応できるしっかりした体制を整えることができた意義は大きい。

　自館の所蔵する貴重資料などをデジタル化し，インターネットに公開することも志向されている。その推進には膨大な経費や労力，著作権処理などの難題もあり，共同した事業とする方向や支援策など課題も多い。

　「大学とその構成員が創造したデジタル資料の保管や発信を行うために，大学がそのコミュニティの構成員に提供する一連のサービス」と説明される機関リポジトリがNIIの委託という形で多くの大学で具体化されている。大学内の研究者が生産する研究成果，教育用資料などが最初から電子的形態でつくられることが増えていることから，それらを蓄積保存し，インターネットを通じて利用の便に供そうという仕組みで，研究成果の発信と社会への還元として期待される事業である。その中軸を大学図書館が担うことが先述の審議会報告でも強調されている。NIIの学術機関リポジトリ構築支援を受けて2011年度ですでに200機関が成果の公開を行い，コンテンツ数も130万件に達している。

> 機関リポジトリ

● ……… **情報リテラシー**

　先のUNITにおいて教育機能として取り上げたが，大学図書館が大学の教育機能の充実に一翼を担う課題として，学生の図書館利用能力，さらには学習のしかたや論文のまとめ方などを，図書館独自の方法で指導・支援する課題はいよいよ大きくなっている。初歩的なガイダンス，オリエンテーションから始まり，図書館探検（ツアー）を募ったり，少人数規模で文献探索・情報検索，データベース利用の講座を企画する，といった試みはほとんどの大学で実施されている。それをさらに大学教育の一環という位置づけのものにしようとすると，教員（組織）との理解と協働が必要となる。京都大学の「情報探索入門」，慶應義塾大学の「情報リテラシー入門」などは，大学の正課のカリキュラムに組み込まれた授業として実施されているものであり，大学図書館員が教員とともに指導者として学生に対応している。

　ただこうした試みも，日常の地道な図書館サービスの実態と表裏のものとなることが欠かせない。学生を意欲的で上手な図書館利用者，学習者へと育むためには，学生からの評価と期待が集まる日常体験があってのことである。利用を通して学ぶというのは，あらゆるタイプの図書館にあって共通することである。

● ……… **大学の図書館として**

　大学図書館にとって命ともいうべき資料費の減少が続き，とりわけ学生用図書費の不足が慢性化し，学生から図書館には必要な本がない，新しい本が入らない，と

いう不満が寄せられる。学術研究の基盤整備，電子ジャーナルの共通使用，研究成果を発信する機関リポジトリ，ラーニングコモンズ，など新たな動きが顕著だが，それらが大学の教育・研究機能の一環である図書館が担う役割として総合的に位置づけをもち，大学構成員の学習や研究に必要な情報資源が確実に保障され，新たな学びや研究への刺激となる働きとして，大学の中で実感される内実をより一層強めていくことが重要である。

●………要員難と専門職体制の後退

いずれの館種の図書館も当面する諸問題のつまるところは「人」の問題にかかわるが，大学図書館もまた同様である。国立大学はたび重なる定員削減で正規職員は減少する一方，正規職員のあとは臨時職員を充て，臨時職員の多い職場になっている。私立大学でも18歳人口の減少による大学経営の「効率化」により，司書職制度は限りなく後退し，臨時職員や派遣職員への依存が高まっている。4年制大学についてその実態を整理してみた。

> 定員削減

> 非正規雇用職員への依存

表　4年制大学における職員数の変化

	1990	1995	2000	2005	2010	2013年
専任職員数	7,926	8,078	7,575	6,379	5,223	4,764
非常勤・臨時	3,211	4,098	4,497	4,401	4,500	4,447
派遣職員等	—	—	—	2,244	2,778	3,287

（『日本の図書館』各年版）

1994年をピークに専任職員は激減を続ける。情報化の進展による新たな業務の増大，学外利用者の増加など，仕事は増え続けるものの人手は伴わず，その穴を非常勤や臨時の職員が埋めるという状況がどこでも常態化しているが，その非常勤・臨時職員さえもが伸び悩んでおり，それをさらにカバーするのが派遣会社から送られる職員という構造になっている。図書館まるごと外部化というケースさえ生まれている。

国立大学では独立行政法人化以後もブロックごとの職員採用で図書館情報学の専門知識を問う仕組みが続いているが，私立大学においては専門職制度はほぼ崩壊している。かつては司書のベテラン職員が専門職として勤務し，後進の指導にあたっていたが，経験の継続を無視して司書も他の部局に配置転換することが一般化し，図書館職員について専門職という考え方をまったくとらない大学が増えている。

> 専門職制度

大学設置基準第38条に，「図書館には，その機能を十分に発揮させるために必要な専門的職員その他の専任の職員を置くものとする」と定めているが，実態はまったくそれに逆行する方向に流れているというほかない。

●──── option U

学術情報システム──NII の事業紹介

(『国立情報学研究所要覧　平成 24 年度』より)

★目録所在情報サービス

目録システム (NACSIS-CAT)
全国の大学図書館などにどのような学術文献（図書・雑誌）が所蔵されているかが即座に分かる総合目録データベースを構築するシステムです。この目録システムでは，データベースを効率的に形成するため，標準的な目録データ（MARC）や，海外の同様の総合目録データベース（米 OCLC，ドイツ HBZ）を参照する機能を備え，全国の大学図書館などによるオンラインの共同分担入力が行われています。この総合目録データベースは，CiNii Books および Webcat Plus で誰でも自由に利用できます。

図書館相互貸借システム (NACSIS-ILL)
大学の研究者などに学術文献を提供するため，図書館間で図書や雑誌論文を相互に利用しあう業務を支援するシステムです。 目録システムで構築される最新の総合目録データベースを活用することができ，業務の効率化と利用者への文献情報提供の迅速化を図っています。 また，米国 OCLC，韓国 KERIS など海外の ILL システムとの連携を通じ，海外の大学図書館などとの相互貸借サービスを支援するとともに，ILL 文献複写等料金相殺サービスを通じて，図書館業務の効率化を促進しています。

★学術機関リポジトリの構築・連携支援

機関リポジトリとは，大学とその構成員が創造したデジタル資料の管理や発信を行うために，大学がそのコミュニティの構成員に提供する一連のサービスです。

NII では，これまでのコンテンツ関連事業の成果を継承，拡充させ，次世代学術コンテンツ基盤の整備に資するために，各大学における機関リポジトリの構築とその連携を支援しています。

□支援事業

NII では，平成 17 年度から大学などを対象に機関リポジトリ構築推進，機関リポジトリの相互連携による新たなサービス構築および利便性向上に資するための事業を委託しています。また，大学などの学術機関を対象に，コンテンツ拡充，システム連携，コミュニティ形成についても支援を行っています。

学術機関リポジトリの委託内容

委託内容	17 年度	18 年度	19 年度	20 年度	21 年度	22 年度	23 年度
領域 1（機関リポジトリ構築・運用事業）	19 機関	57 機関	70 機関	68 機関	74 機関	24 機関	31 機関
領域 2（先端的な研究開発事業）	−	22 件	14 件	21 件	21 件	8 件	8 件
領域 3（学術情報流通コミュニティ活動支援）	−	−	−	−	−	5 件	4 件

★学術情報ネットワーク（SINET 4）

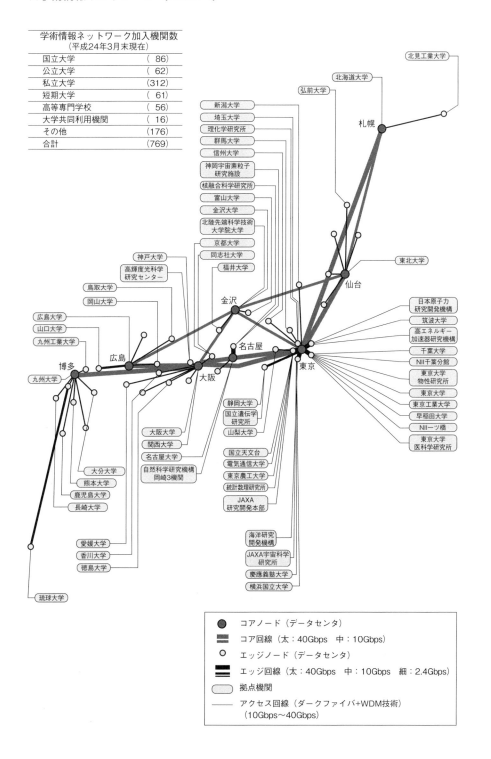

189　U．学術情報システム──NIIの事業紹介

UNIT 33 ●専門図書館の制度と機能
専門図書館の特性と機能

●………専門図書館の特性

　「特定の専門主題領域の資料を収集・整理・保管して，その専門領域の利用者の利用に供する図書館」（『図書館用語集』三訂版，日本図書館協会，2003）というのが専門図書館についての一般的な説明である。専門図書館については多くの定義が，取り扱う資料や情報が「特定の専門主題領域」であることにふれている。実態としてそのように言うほかないほど多様なものを包みこんだ概念が「専門図書館」であることはたしかだが，より本質的には，「事業組織が業務上の必要から設ける組織の一部門」（河島正光「専門図書館」『図書館情報学ハンドブック』丸善，1988）であることに留意することが重要である。専門図書館は，業務を遂行する上で資料や情報の必要を意識する組織体が設置母体としてまずあり，その一部門として図書館（室）を設ける。その結果，そこで扱われる資料や情報は，おのずと「特定の専門主題領域」のものになる，というのが専門図書館が他の図書館と大きく異なる点である。利用者がおおむね限られていること，利用対象への徹底したサービス，という特徴も，専門図書館が本来もっているこの性格から由来することである。

　その一方で，「特定の専門主題領域」を扱っている図書館という点で共通する図書館を専門図書館にグルーピングすることにより，そこには実にさまざまな図書館が含まれることになり，「組織の一部門」とは言えないものをも数多く包含することにもなる。「専門図書館協議会」（専図協）の構成を見るとそれがよくわかる。「専門図書館」とは，実態に即して便宜的に慣用されているカテゴリーだと言えよう。

●………専門図書館の類別

　専門図書館と呼ばれるものの中には，国の立法・司法・行政部門の図書館や地方議会の図書室のように，法的根拠をもって設置され制度化されたものもあるが，民間企業体が必要を感じて設けるものなど，正確な数を把握することは不可能である。専門図書館の全国的な団体である専図協が3年に1回実施している専門図書館の実態調査の結果を基に刊行している『専門情報機関総覧』2012年版によると1,700機関が収録されている。それを設置母体別に見ると次のとおりである。

　　国・政府関係機関・公共企業体　　162

傍注: 専門図書館／組織の一部門／専門図書館協議会／『専門情報機関総覧』

地方議会・地方自治体	187
公立図書館	129
大学・付属研究所	518
学会・協会・団体	228
民間企業体	158
国際機関・外国政府機関	21
美術館・博物館	262
公文書館	31
その他	4

この中には，国立国会図書館の中の「憲政資料室」，「法令議会資料室」のような専門資料室も特定分野の資料・情報を扱っている一つの機関としてカウントされている。館種でいえば公共図書館，大学図書館として別にカウントされるものも，ここには含まれている。

個別に中身を見ていくと，国の機関等に含まれるものには，国会法（第130条），国立国会図書館法に基づく国立国会図書館，裁判所法（第14条の3）が規定する最高裁判所図書館，国立国会図書館法第20条により支部図書館としての位置づけをもつ行政・司法部門の図書館など，法的な根拠をもつ図書館もある。その他の政府関係機関・独立行政法人・公共企業体の図書館としては，科学技術振興機構情報資料館，日本原子力研究開発機構図書館，日本貿易振興機構ジェトロ・ビジネスライブラリー等々，その名称もさまざまである。

地方議会の図書室は，地方自治法（第100条第19項）により必置を定められており，国会における国立国会図書館と同様，地方議会においても，議員の調査研究のために設置が義務づけられている。その利用は議員だけに限定されず，一般住民にも開かれている（同条第20項）。

地方議会図書室

公共図書館で専図協に加入している図書館は限られているが，公共図書館が専門図書館的な役割を果たし得るケースとしては，地域行政資料に相当の蓄積がある場合，あるいはビジネス関係の資料や情報を積極的に扱い，企業やビジネスマンからのレファレンス質問に対応している場合などが想定できる。神奈川県立川崎図書館などはこの分野で長い経験をもっており，おおむね県立クラスの大規模な図書館である。

大学の学部図書館，付属研究所図書館は，総合図書館（中央図書館）に比べると特定分野の専門資料を中心的に扱っており，専門図書館の色彩を強く備えている。単科大学の図書館も当然その大学の専門分野の資料が中心になるので，専門図書館的な要素をもっている。医学図書館（大学医学部・医科大学図書館，病院図書館など）はその典型であり，日本医学図書館協会という独自の組織をもち，ネットワー

ク形成など早い時期から協力活動の実績を果たしている。

　学会，協会をはじめ各種の公益法人などが設置する団体の図書館も多い。それぞれにその機関の活動に必要な資料や情報を収集・整備し，会員などの利用に供している。事業の公益性から，図書館を一般に開放しているものもある。

　『総覧』で数が多いのは民間企業体の図書館である。図書係，資料室，調査部，情報管理部，情報センターなど，いろいろな名称が使用されている。その企業体の事業目的に必要な情報を扱うほか，組織の維持管理に必要な文書，記録類の整備，保存を担っている。社内の広報誌や社史の編集を扱っている場合もある。一部門として独立した図書館をもつためには，ある程度以上の企業規模であることが必要であろう。

企業の社会貢献活動

　近年急増しているタイプに，組織内部へのサービスを主眼としたものではなく，企業の文化活動や社会貢献活動の一環として，その企業体等の関係する分野・主題の資料（記録資料だけでなく現物，博物資料を含めて）を収集・蓄積して一般の利用，鑑賞に公開している図書館がある。食文化，乗り物，履物，印刷，観光など生活・文化関係から環境，女性問題など多岐にわたり，一般の公共図書館では収集しきれていない貴重な資料も多く，広く社会で重用されている。名称に「博物館」，「資料館」をうたうものも多く，各地の旅行ガイドなどにもよく紹介されている。

　国際機関・外国政府機関の図書館としては，戦後早い時期から広く知られて利用も多いアメリカンセンター・レファレンス資料室（元アメリカ文化センター），ドイツ文化センター図書館，日仏会館図書室のほか，国際連合広報センター，各国大使館広報部（資料室）などがあり，それぞれの国に関する政府情報や学術資料をはじめ，政治・経済・社会・科学技術・芸術など多方面の外国情報の入手に利用する人は多い。

　美術館・博物館はそれ自体が社会教育施設であるが，その中に整備されている図書室，資料室は，その分野の専門図書館でもある。東京都のように，公立図書館と共通の司書の配置部署として運営されているものもある。

　専門図書館は概して小規模なものが多く，先の『総覧』収録のものについてみると，4割強の図書館は専任スタッフがゼロまたは2名以下，15％の資料室で面積が100㎡を下回る。18％が蔵書1万冊以下，24％が座席数10席以下となっている（『専門情報機関総覧2012』）。

● ………専門図書館の機能

組織の図書館

　専門図書館は，それが設置される基本的な性格からして，設置機関の目的に奉仕する「組織の図書館」であるが，同時に実態として，それぞれの専門主題・分野の資料や情報を一般に公開する目的でつくられるものも少なくない。この二つの側面

は，当然，専門図書館に異なる機能を求めることになる。

前者の「組織の図書館」ということを主に，専門図書館の機能を考察する。

複数の人々の協働の体系である組織が事業の伸展により発達し，複雑化するにつれ，管理の機能が重要性を増す。そして管理行動の各段階において，それぞれに情報機能が求められる。河島正光はそのような情報機能にかかわる行動を「組織の情報行動」と名づけて，専門図書館の働きが求められる要因を次の4点で考察している（河島正光「専門図書館」『図書館情報学ハンドブック』丸善）。

①状況把握の要因

組織内の状況把握（各種の業務報告）と，組織外の状況把握（事業環境を認識するための査察，調査，公聴）という組織の認知行動としての二つの局面がある。

②組織を統制・制御する要因

組織維持の局面（計画，規範，通知など）と，個々の活動を管理・制御する局面（製造工程の自動制御など）の二局面がある。組織の決定行動と指令行動である。

③環境との関係を調整する要因

環境に働きかける手段としての情報行動（発注，広報，広告，宣伝，ロビーイングなど）。組織の発信行動。

以上の三つは事業の種類に関係なくどの組織にも共通する「組織管理の情報行動」であり，管理行動の一環をなしているのに対し，情報行動の過程または産出を事業として行う組織に限ってみられる要因として，次の④がある。

④事業としての情報行動

情報の創起，収集，処理・加工，配布。

組織の図書館，すなわち専門図書館は，このような組織の情報体系の一環に位置し，組織の分業単位である特定の業務部門においてそれが必要と判断されたとき，必要に即して，その部門の業務を支援することを求められる。

専門図書館の機能が求められる基盤をこのように考えると，その様態は組織のありようによって一様でなく，非定型的なものとならざるを得ない。しかし，その企業体の組織管理と事業目的（研究，調査，開発，マーケティングなど）に即して，求めに応じる徹底した情報サービス，さらには進んで有益と思われる情報資源の提供が最も先鋭的に求められるのが専門図書館の働きであると言えよう。

そのためには，組織内部の記録や情報の蓄積・整備とともに，外部データベースの活用を含めて，多様な情報資源をいかに組織的に収集し，提供可能にするかが重要である。「活用」を主眼に鮮度の高い，有益な情報資源と取り組むのが専門図書館（とりわけ企業体や科学技術系の図書館）の働きである。

UNIT 34　◉専門図書館の制度と機能

専門図書館をめぐる諸問題

●……存立基盤と情報環境の変化

　官公庁，民間企業体をはじめ専門図書館の設置母体である諸機関・団体の職場は，急激な情報通信技術の発展と導入によって急速に変貌しつつある。オフィスには端末機が林立し，全社電子メールシステムの導入，インターネットやイントラネットの活用，ホームページの開設が進み，仕事の流れや組織の動きを大きく変えている。加えて，経済環境の変化が思い切った経営の効率化，リストラを求め，個々の事務事業の存続意義が厳しく問われる状況が常態化している。そうした中で組織のための図書館である専門図書館は，情報時代の旗手としてその存在と機能を強くアピールできる機運が醸成されつつある一方，現代の要求に的確に対応できない不要不急の部署としてリストラの先陣にあげられかねない，といった危機的状況にもさらされ，そのあり方が厳しさを増してもいる。

　情報の価値，重要性については誰も異論はないが，情報資源を地道に探索し，収集・組織化して利用に備える，あるいは組織体の活動記録を丹念に整備し，新たな展開のための素材として活かす営みがもつ意義を積極的に理解し，そのための投資に合意が得られるという状況は，必ずしも十分とはいえない。元来，能動的な情報サービスを特徴としてきたのが専門図書館であるが，大きく再編されつつある情報体系のもとで，図書館の機能がどのように作用し得るか，図書館は何ができるかを積極的にアピールし，情報部門が企業価値を高めるといった側面を具体化することで，組織体の単なる補助部門という認識を払拭することが必要である。

●……図書館は何ができるか

　図書館の評価が利用者によりなされることはどの館種でも違いはないが，専門図書館の場合に，とりわけ組織の経営者・管理部門が図書館をどう評価しているかがその消長に大きく影響する。この層をターゲットにし，情報ネットワークを駆使することで，どんな情報が，どのように入手できるか，それが自組織にとってどんな利益をもたらすかの周知を図ることが必要である。そうした効果を期待できる情報ネットワークの一環として，自館も情報の発信に一定の役割を分担し，責任を果たすことが求められるし，それによって機能が強化され，自らが得るところもまた大

きくなるという関係にあることの認識を，設置母体の中に広げるものでなくてはならない。

● .... **情報環境の整備と活用**

情報収集の分野が限られ，一つひとつが小規模で，しかも能動的な情報サービスが求められる専門図書館では，外部との相互協力やネットワークを活用してアクセス可能な情報資源を積極的に取り入れることへの関心と意欲がとりわけ強い。自館の限界をふまえ，外部の諸機関やサービスを活かし，組織間の連携によって機能・サービスの達成・向上を志向している。

例えば，外部の商用データベースを活用して情報サービスを行うことについて専門図書館は医学図書館とともに最も早くから積極的に着手しているが，先述の2012年版『専門情報機関総覧』の統計資料によると，1,700機関のうち「契約していない」394，未記入467を除く約半数が契約・活用している。1993年段階の調査でもすでに2,173機関中1,120機関（51.5％）が利用しており，民間企業の専門図書館にしぼると85.3％という高い比率を示していた。2012年版で利用度の高かったデータベースを多いものの順であげると，CiNii，日経テレコン21，Science Direct，JDream Ⅱ，Springer LINK，医中誌Web，WileyInterScienceなどである。

外部MARCの利用は半数強が使っておりNACSIS-CATが圧倒的に多く，ほかにTRC MARC，JAPAN MARCがそれに次ぐ。

商用データベース

● .... **ネットワークへの強い関心**

元来が非常に多様なものから構成される専門図書館のネットワークには，専門図書館の同業者団体的なもの，地域的近接性に根ざした相互協力，専門分野・主題領域あるいは収集対象が共通する図書館間の連携など多様である。神奈川県内の専門図書館のネットワークである神奈川県資料室研究会のように公共図書館，大学図書館をも含めて館種を越えた連携をつくり出している事例もある。扱う領域や資料の近接性からは，専門図書館は大学の学術研究成果への期待から大学図書館との連携に関心は強いし，大学側からも研究の高度化に必要な情報資源への関心として専門図書館との連携で相互に益することが期待できよう。

神奈川県資料室研究会

都道府県立図書館を基軸にした県域の図書館ネットワークに公開性を備えた専門図書館が加わることで，共通利用できる情報資源の種類，幅が広がるなど，図書館協力に果たす専門図書館の貢献の可能性が大きく広がることも期待される。

協力・共同事業の内容では，従来の資料の相互貸借中心から収集・所蔵の分担，レファレンスサービス，協同しての書誌・データベース作成など多面的になっており，先の『総覧』調査で，「図書館間の相互協力として自館でできること」にあ

がっている回答で高位を占めるのは，レファレンス，複写サービス，相互貸借であり，保存分担がそれに次いでいる。

●┄┄┄研究・開発

レファレンスサービス

研修会や研究集会のテーマから見ると，レファレンスサービスへの関心が高い。調査・回答の技法など実用性の関心が強いのは当然であるが，実務を通じて実用性のあるツールを自館で作成する図書館もある。企業・銀行の変遷をたどることのできるデータベースの作成などは，使う立場から発想した必要な作業と言えよう。

専門図書館が先駆的に手がけてきた功績に，官公庁の政策文書や民間研究機関の調査報告書，民間団体の作成する報告書や意見書，セミナー等の配布資料，企業内出版物，テクニカル・レポート，学会等の会議録，学位論文など，通常の出版物流通ルートに乗らない限定された配布で，しかも発行部数も少ない非営利刊行物，いわゆる「灰色文献」(gray literature) の利用可能性や流通構造の研究がある。重要な情報資源でありながら，検索・入手の手段が不十分で，どの図書館においても悩みの種であり続けてきた課題であり，これも日常の必要性から発想された取り組みであろう。

灰色文献

●┄┄┄スタッフの育成

規模が小さく，スタッフの採用・配置が設置母体の人事の一環としてなされるのが普通である専門図書館にあっては，少人数の職員をいかにして情報専門職に育成するかが大きな課題である。専門図書館員としての学習経験を備えた人材を特定して採用するということが望めないとすると，採用し図書館に配属されたあとでの自前の養成が主とならざるを得ない。専門図書館への人の配置は，組織全体の人事異動，ローテーションによるのが一般的で，結果として司書資格所有者を擁する館は前記総覧の回答館で63％，学芸員資格所持者も22％となっている。

専図協では，全国研究集会や全国七つの地区協議会を拠点として専門図書館員の能力開発，情報管理技術向上のための研修事業を積極的に実施している。研修内容としては，情報管理の知識や手法，レファレンスサービス，主題知識，新しい技術への適応能力の向上，著作権などがあるが，情報スペシャリストとして有能であるだけでなく，組織体の中で図書館の位置づけを高める企画の創造性，予算獲得の力量などがひときわ強く求められるのが専門図書館員の現況である。

それにしても『総覧』で専任職員ゼロが15％を占め，2か月ごとに更新される派遣職員1名で運営している，ある病院図書室をみると，その厳しさは想像に余りある。重い課題である。

● ── option V

専門図書館（文庫）のいろいろ

　広い意味で専門図書館といってよいいろいろな分野の主題にわたる図書館（文庫）が，その専門機関や業界団体等によってつくられており，一般に公開されているものも多い。必ずしも「図書館」と称しているものばかりではないが，収集資料の特徴から貴重なものが多数ある。「図書館」を特集する一般雑誌などで，「面白い図書館」として紹介されることもある（『おもしろ図書館であそぶ　専門図書館142』毎日ムック，2003など）。ここでは『図書館年鑑　2014』に収録のものを中心にリストアップした。一部は「私立図書館」と呼べるものもある。詳細は同年鑑を見てほしい。

☆（一財）アジア図書館
　　〒533-0032　大阪府大阪市東淀川区淡路 5-2-17 TOA ビル　☎ 06-6321-1839
　　市民グループ「アジアセンター 21」が設置・運営

☆（独）宇宙航空研究開発機構宇宙科学研究所図書室
　　〒252-5210　神奈川県相模原市中央区由野台 3-1-1　☎ 042-759-8014

☆（公財）大阪産業労働資料館（エル・ライブラリー）
　　〒540-0031　大阪府大阪市中央区北浜東 3-14　エル・おおさか 4F
　　☎ 06-6947-7722

☆（公財）大宅壮一文庫
　　〒156-0056　東京都世田谷区八幡山 3-10-20　☎ 03-3303-2000
　　故大宅壮一の遺志を継ぎ，一般の図書館にみられないポピュラーな雑誌を保存。
　　所蔵資料について『大宅壮一文庫雑誌記事索引目録』を刊行。有料。

☆（一財）石川武美記念図書館
　　〒101-0062　東京都千代田区神田駿河台 2-9　☎ 03-3294-2266
　　『主婦の友』創刊者石川武美の設立。長く女性専用の図書館であったが，2003年に「女性・生活・実用」をテーマとする専門図書館としてリニューアル。

☆（公財）紙の博物館図書室
　　〒114-0002　東京都北区王子 1-1-3　☎ 03-3916-2320

☆教科書図書館「東書文庫」
　　〒114-0005　東京都北区栄町 48-23　☎ 03-3927-3680

☆航空図書館
　　〒105-0004　東京都港区新橋 1-18-1　航空会館 6F　☎ 03-3502-1205
　　一般財団法人日本航空協会が開設。閲覧無料，貸出は有料で登録制。

☆(一財)国際医学情報センター図書資料館
　〒160-0016　東京都新宿区信濃町35　信濃町煉瓦館2F　☎03-5361-7086

☆神戸ファッション美術館ライブラリー
　〒658-0032　兵庫県神戸市東灘区向洋町中2-9-1　☎078-858-0055

☆(独)国際交流基金関西国際センター図書館
　〒598-0093　大阪府泉南郡田尻町りんくうポート北3-14　☎072-490-2605

☆(独)国立女性教育会館女性教育情報センター
　〒355-0292　埼玉県比企郡嵐山町菅谷728　☎0493-62-6195

☆(公財)東京都江戸東京博物館図書室
　〒130-0015　東京都墨田区横網1-4-1　☎03-3626-9974

☆東北歴史博物館図書情報室
　〒985-0862　宮城県多賀城市高崎1-22-1　☎022-368-0101

☆奈良文化財研究所図書資料室
　〒630-8577　奈良県奈良市二条町2-9-1　☎0742-30-6754

☆(公財)日本交通公社旅の図書館
　〒107-0062　東京都港区南青山2-7-29　日本交通公社ビル　☎03-5770-8380

☆(公社)日本山岳会資料室
　〒102-0081　東京都千代田区四番町5-4　サンビューハイツ四番町1F
　☎03-3261-4433

☆(一財)日本聖書協会聖書図書館
　〒104-0061　東京都中央区銀座4-5-1　聖書館7F　☎03-3567-1995

☆日本放送協会放送博物館図書室
　〒105-0002　東京都港区愛宕2-1-1　☎03-5400-6900

☆(公財)広島平和記念資料館
　〒730-0811　広島県広島市中区中島町1-2　☎082-241-4004

☆(一財)北海道開発協会開発ライブラリー
　〒001-0011　北海道札幌市北区北11条西2丁目　セントラル札幌北ビル
　☎011-709-5213

☆(一財)民音音楽博物館ライブラリー
　〒160-8588　東京都新宿区信濃町8　民音文化センター地下1F　☎03-5362-3555

☆(公財)ユネスコ・アジア文化センターACCUライブラリー
　〒162-8484　東京都新宿区袋町6　日本出版会館3F　☎03-3269-4446

UNIT 35 ●専門図書館の制度と機能
その他の図書館

　このUNITでは，国立・公共・学校・大学・専門という既述の図書館の種別で包みきれない「その他」の図書館のいくつかについて，制度，概要，現状と課題等について概説する。主たる利用の対象がある特別な状態に置かれた人たちであり，通常の図書館を使いにくい人たちだという共通点のある図書館である。しかし，その人たちも権利として公立図書館利用から疎外されてはならないことは当然である。

●………点字図書館（視覚障害者情報提供施設）

　視覚障害者のために，点字図書や録音図書を製作・収集し，利用に供する図書館で，身体障害者福祉法第28条にいう「身体障害者社会参加支援施設」（旧：身体障害者更生援護施設）であり，同法第34条では「視聴覚障害者情報提供施設」と表現される。ちなみに視聴覚障害者情報提供施設には，点字図書館，点字出版施設，聴覚障害者情報提供施設の3種がある。

　点字図書館は厚生労働省の管轄下にあり，2003年公布の「身体障害者社会参加支援施設の設備及び運営に関する基準」とそれに伴う通知「身体障害者更生援護施設の設備及び運営に関する指針」第7章でその基準が定められている。それによると，点字図書館は，「点字刊行物及び視覚障害者用の録音物の貸出し及び閲覧事業を主たる業務とし，併せて点訳・朗読奉仕事業等の指導育成，図書の奨励及び相談事業を行う」もので，図書を7,000冊以上備え，点字図書館相互の協力で図書の貸借を行い，公共図書館等の協力を得て「視覚障害者の読書範囲の拡充を図るとともに，図書館資料の利用のための相談に応じ読書の指導及び奨励に努め」るとしている。

　点字図書館の特色を示すものとして，著作権法上の規定がある。2009年改正前の同法第37条第3項に，「公表された著作物について，専ら視覚障害者向けの貸出しの用若しくは自動公衆送信（送信可能化を含む。以下この項において同じ。）の用に供するために録音し，又は専ら視覚障害者の用に供するために，その録音物を用いて自動公衆送信を行うことができる」とあり，これにより点字図書館では著作権者の許諾を得なくても録音資料を製作し，また自動公衆送信することができた。これは2010年施行の改正著作権法が資料の無許可複製を大幅に広げるまでは，点字図書館のみに許されることであった。なお，点訳資料については同条第1項で，

点字図書館

著作権法

録音資料
自動公衆送信

35．その他の図書館　199

「公表された著作物は，点字により複製することができる」とあり，館種による制約は一切ない。さらに日本郵便株式会社の内国郵便約款第33条で，指定を受けた点字図書館が，視覚障害者に対する開封された点字図書，録音図書の郵送貸出を行う際の送料は往復とも無料と認められている。直接来館してもらっての利用が困難な点字図書館の特性を考慮した制度である。

> 内国郵便約款第33条

1935年に岩橋武夫が開設したライトハウス（現在の日本ライトハウス情報文化センター），1940年に本間一夫が始めた日本盲人図書館（現在の日本点字図書館）をはじめとして，『図書館年鑑』2014年版に掲載の点字図書館は全国に98館ある。どの県にも一つは必ずあるように整備されており，山口県点字図書館のように県立図書館と同一施設内にある公立の施設もあるが，社会福祉協議会等が受託して運営する民間のものが多い。資料の製作をもっぱらボランティアの好意に依存するなど，多くの人々の善意で支えられている図書館である。

今日では点字図書館での図書の製作は，点字図書，録音図書ともデジタル化をしており，特に録音図書はテープ図書からDAISY（Digital Accesible Information System）というデジタル録音図書の国際標準に基づく製作に移行している。点字図書館の全国組織である全国視覚障害者情報提供施設協会（全視情協）が運営する「サピエ図書館」（「ないーぶネット」などを統合し2010年から運用開始）では，点字図書・録音図書の蔵書目録（着手情報含む），点字データのダウンロードなど，公共図書館や大学図書館も交えたネットワークを整備してきている。

> DAISY

● ……… 病院患者図書館

> 病院患者図書館

医師や看護師など病院の医療スタッフを主たる対象に専門的な資料・情報を提供する病院図書館は，既述の専門図書館の一つであるが，ここでは入院患者を主たるサービス対象とし，慰安の読書や自分の病気・健康について知りたいという患者のニーズに応えるべく，一般的な資料を中心に提供する患者用図書館を取り上げる。ただし，患者用図書館といっても前者の病院図書館とまったく別個につくられるとは限らず，医療スタッフと共用する施設として設けられているケースもある。

> 病院図書館

この分野の活動を先駆的に研究してきた菊池佑（日本病院患者図書館協会代表）が『病院患者図書館』（出版ニュース社，2001）で紹介するように，欧米では患者が読書を通して生きる勇気を得ることを重視して，病院が患者のための図書館を設けたり，公立図書館が入院患者のために配本サービスを行う実践に相当の蓄積がある。しかし日本ではどちらもいまだ限られた事例にとどまる。医療法第22条が，地域医療支援病院について図書室の設置を義務づけているが，これは病院職員に対する病院図書館として受け取られており，患者用図書館についての明確な規定はない。日本病院図書館研究会（前記協会の前身）が1994年に実施した調査によると，

> 日本病院図書館研究会

アンケート対象1,200件に対する回答608件，うち患者サービスを行っている図書館が217館，回答中36％となっており，同研究会がほぼ10年ごとに行ってきた前2回の調査結果と比べると，サービス実施館は徐々に広がっている。1995年の全国図書館大会全体会議において，「患者への図書館サービスの推進拡充を求めるアピール」が採択され，この課題を図書館界全体のものとする上で一歩進めた。

2002年に静岡県立がんセンターに専任司書を置く患者図書館「あすなろ図書館」が誕生し，注目を集めた。その後2005年に島根大学医学部附属病院の患者図書室「ふらっと」，2006年には千葉県がんセンターにも司書が担当する患者図書館の設置が伝えられた。メディアにこれらの事実が報じられることで，社会の関心が広がり，新たな動きを刺激していることは重要である。島根大学の「ふらっと」の実際について，『みんなの図書館』2007年1月号の紹介記事で見てみよう（概要）。

> 正面玄関を入った総合ホールの先，自動ドアの奥にあり，面積約25㎡。利用対象は入院患者，外来患者，付き添い人で制限はなく，貸出は入院患者と付き添い人のみ病室へ持ち出せる。蔵書は約2,000冊，インターネットが使えるパソコン2台を備える。医療サービス課所属の司書1名で運営し，ボランティア1名が司書の不在時に補助する。出雲市立図書館から500冊程の団体貸出を受け，半数を月1回入れ替える。小説，ノンフィクション，絵本などの一般書がその対象。2005年度の利用状況は，1日平均38人，貸出21冊，インターネット利用6件。

病院患者図書館と患者への図書館サービスについての関心が近年高まりつつあるのは，医療現場においてインフォームドコンセントの重要性が認識されるようになってきた状況も反映している。患者自身が自らの病気や病状，治療について知り，考えることを好ましいと受け止める医療関係者の理解が欠かせない。図書室を設置するとなると，病院経営者の理解が不可欠であり，なお越えるべき課題が大きい。

さらに，患者が読書を楽しみ，患者としての知る権利を行使できるためには，公立図書館による協力貸出，訪問サービス等の援助・補完が必要である。まずは入院患者をサービス対象として意識し，患者の情報資源へのアクセスを保障する方法を病院と図書館が話し合い，可能なところから着手することが重要である。

●………刑務所図書館（行刑図書館）

刑務所，拘置所，少年院，少年鑑別所等の矯正施設に設けられ，入所者の利用に供する図書館を取り上げる。『刑務所図書館』（出版ニュース社，2010）の著者，中根憲一によると，「現在の多くの矯正施設には，少なくとも利用に供する場としての施設，すなわち図書館はない。戒護上比較的緩和された自由が認められている，たとえば市原刑務所等の準開放施設や小規模施設，また，矯正教育を処遇の中心としている少年院等の施設にその設置が見られるにとどまっている」という。1986年に

東京で開催された国際図書館連盟（IFLA）大会の分科会で「刑務所図書館に関するワーキンググループ」の活動が紹介され，いくらか関心がもたれるようになったが，わが国においては実態的にも，研究面でも目を向けられることが乏しい分野である。

日本の現行法上，行刑施設被収容者の「本と読書」に関する規定には，旧監獄法に代わって2005年に制定された新法「刑事収容施設及び被収容者等の処遇に関する法律」に第2編第2章第8節「書籍等の閲覧」がある。旧法では，「在監者文書，図画ノ閲読ヲ請フトキハ之ヲ許ス」（第31条）の規定にとどまっていた。

<small>刑事収容施設及び被収容者等の処遇に関する法律</small>

第8節は，「自弁の書籍等の閲覧」（第69, 70条），「新聞紙に関する制限」（第71条），「時事の報道に接する機会の付与等」（第72条）からなり，第69条で「被収容者が自弁の書籍等を閲覧することは……これを禁止し，又は制限してはならない」と権利性をひとまず認めた上で，それが制約される場合，いわば検閲基準を第70条に掲げる。これは明らかに「自弁の」ものを読む場合であって，被収容者の書籍への一般的なアクセスを承認するものではない。刑事施設の長に書籍等を備え付ける義務を課すことで，刑務所図書館につながる可能性を示したのが第72条で，

1　刑事施設の長は，被収容者に対し，日刊新聞紙の備え付け，報道番組の放送その他の方法により，できる限り，主要な時事の報道に接する機会を与えるように努めなければならない。

2　刑事施設の長は，第39条第2項［余暇活動の援助］の規定による援助の措置として，刑事施設に書籍等を備え付けるものとする。この場合において，備え付けた書籍等の閲覧の方法は，刑事施設の長が定める。

としている。これを積極的に具体化しようとすれば，「刑事施設に図書館を設置しなければならない」ともなるのであろうが，そこまでの規定ではない。

<small>恩恵としての読書</small>

自弁の書籍等の閲覧，時事の報道に接する機会の付与，余暇の読書援助のいずれに関しても，施設長の裁量にゆだねられるところが多く，「恩恵としての読書」という把握は否めない。そういう側面はあるが，かねて刑務所図書館の問題に強い関心を寄せてきた中根憲一は，国連の「被拘禁者処遇最低基準規則」や諸外国の立法例，これまでの刑務作業中心から教育重視への近年の受刑者処遇の方針転換（法務省矯正局教育課長通知）などを踏まえて，刑務所図書館の設置への期待を感じさせる変化を指摘している（「刑務所にも図書館を」『出版ニュース』2007年3月中旬号）。

公立図書館からの連携として，堺市立図書館による大阪刑務所へ，姫路市立図書館の姫路少年刑務所への団体貸出等の例がある。「権利としての読書」が刑務所図書館の変容への楔となることが期待される。

なお，少年院と少年鑑別所については，2014年6月に根拠法である少年院法が改正され，旧法にはなかった書籍等の閲覧に関する条文が新たに設けられた。これにより，少年院等における「読書」にも法的根拠が生まれたことになる。

UNIT 36 ●国立図書館の制度と機能
国立国会図書館法

●………国立国会図書館の誕生

　日本における唯一の国立図書館である国立国会図書館は，明治初期に設立の書籍館を源流とする帝国図書館と帝国議会両議院の図書館という二つの流れが合わさって，1948年に国立国会図書館法に基づき誕生したものである。この法は，その前年に両院の図書館運営委員会の要請で来日した米国図書館使節団による覚書を基にしており，アメリカ議会図書館を範として構想された。その名称からも明らかなように，「国会図書館」と「国立図書館」という二つの役割を併せもつ図書館である。

国立図書館

アメリカ議会図書館

●………真理がわれらを自由にする

　国立国会図書館法には，短いながら高い理想を盛り込んだ前文がついている。

国立国会図書館法前文

　　国立国会図書館は，真理がわれらを自由にするという確信に立つて，憲法の誓約する日本の民主化と世界平和とに寄与することを使命として，ここに設立される。

真理がわれらを自由にする

　「真理がわれらを自由にする」という文言の挿入は，参議院の図書館運営委員長であった歴史家の羽仁五郎によると伝えられている。同法のうち「日本人が書いたのはこの前文のみ」と第1回図研集会（1962年，図書館活動推進全国労働組合協議会が主催した図書館研究集会）の講演で羽仁自身が語っている。その講演で羽仁は，「国立国会図書館は野党のものだ」とも述べる。ここには強力な調査機能に支えられた立法府が国権の最高機関として力を発揮すること，とりわけ野党がしっかりした政策能力を備えることが，日本の民主主義にとって重要であり，それを支えることが国会図書館の役割だという高い理念がうかがえる。「図書館奉仕」という表現を最初に法に盛り込んだことと併せて，戦後の図書館について基本的な立脚点を示すものとなった。

羽仁五郎

国立国会図書館は野党のもの

図書館奉仕

●………法の概要——何を規定しているか

　国立国会図書館法は，図書館法，学校図書館法と続く一連の図書館関係の単独法

国立国会図書館法

36．国立国会図書館法　203

の先陣を担い，実質的にわが国における最初の図書館法となった。全文12章31条と附則からなる。

　この法は冒頭に「設立及び目的」を示した上で，館長，副館長，その他の職員について職責，待遇などを詳細に規定し，図書館運営の基本に関与する議員運営委員会と連絡調整委員会について規定する。図書館の部局の中ではとくに国会サービスを担う「調査及び立法考査局」についてのみ第6章で詳しく職務にふれている。さらに，この図書館が提供する奉仕も，国会サービス，行政及び司法へのサービス，そして図書館及び一般公衆へのサービス，という順で示されており，「国立」プラス「国会」という二つの側面のうち，「国会」にウエイトをもち，国会活動をサポートする図書館を主として構想しているのが特徴である。国立図書館としての役割，活動は第8章および納本制を規定している第11，12章で主要に扱われている。

　以下，この法の要点，特徴をいくつかの点で紹介する。

(1) この図書館の目的は，第2条で，「図書及びその他の図書館資料を蒐集し，国会議員の職務の遂行に資するとともに，行政及び司法の各部門に対し，更に日本国民に対し，この法律に規定する図書館奉仕を提供すること」と規定している。三つのサービス対象を並記し，「図書館奉仕」の提供がうたわれていることは重要である。しかし，第21条には「国立国会図書館の図書館奉仕は，……両議院，委員会及び議員並びに行政及び司法の各部門からの要求を妨げない限り，日本国民がこれを最大限に享受することができるようにしなければならない」とあり，この点からも国民へのサービスが相対的に劣位に置かれている印象は否めない。

図書館奉仕

(2) 館長，副館長の選任と待遇が厳密に規定されている。館長は，「両議院の議長が，両議院の議院運営委員会と協議の後，国会の承認を得て」任命され，当初の規定では，その待遇は「国務大臣と同等」とされた（第4条）。副館長は，「館長が両議院の議長の承認を得て」任命することになっており，待遇は「各省次官と同等」（第9条）と規定されていたが，2005年4月の法改正で待遇の条項は削除された。

　その他の職員は，国会職員法による国会職員である。

(3) 「図書館の経過に関する館長の報告，図書館の管理上館長の定める諸規程，図書館の予算及びその他の事務につき審査」し，その結果を院に報告する議院運営委員会，国会並びに行政及び司法の各部門に対する図書館奉仕の改善につき，議院運営委員会に勧告する連絡調整委員会を第4章で制度化している。連絡調整委員会委員は，両議院の議院運営委員長，最高裁判所長官が任命する最高裁判所裁判官1名，内閣総理大臣が任命する国務大臣1名の計4名で構成される（第11〜13条）。

調査及び立法考査局

(4) 国会サービスを集中的に扱う局として「調査及び立法考査局」を設置し，その

職務を規定している。国会の立法機能を補佐する働きである。補佐の範囲を，「委員会又は議員の要求ある場合に限って提供され，調査及び立法考査局職員はいかなる場合にも立法の発議又は督促をしてはならない」と規制している（第15条）。その他の部局については，単に「管理事務を効率化するに必要とする部局及びその他の単位を図書館に設ける」（第14条）というにとどめており，組織の詳細は国立国会図書館組織規程等にゆだねられている。「調査及び立法考査局」の突出ぶりがとりわけ目を引く規定である（第15〜16条）。

(5) 第8章で国立図書館としての役割，すなわち「一般公衆及び公立その他の図書館に対する奉仕」を規定している。前記のように，議員，行政及び司法部門からの要求を妨げない限り，という前提のもとに，「日本国民がこれを最大限に享受」できるようにしなければならないとして，閲覧，図書館間貸出，複写などのサービス提供，国内刊行物の総合目録や相互利用に必要な目録等の作成を館長の権能として掲げている。

　　　　　　　　　　　　　　　　　　　　　　　　　　　　　　　　　　　　国立図書館としての役割

(6) 納本制について規定している。国や地方公共団体等に関する第10章において，独立行政法人の制度が生まれた以後の現行法では，国の諸機関，国関係の法人，地方公共団体の諸機関，地方の法人，それぞれについてその刊行物を「公用又は外国政府出版物との交換その他の用」に供するため，所定の部数を国立国会図書館に納入しなければならない，と規定し，民間の出版物については第11章で，「発行の日から30日以内に，最良版の完全なもの1部」を納入しなければならない，としている。納入しなかったものには罰則を課すことも規定にある。

　　　　　　　　　　　　　　　　　　　　　　　　　　　　　　　　　　　　納本制

　納本の対象となる出版物は，図書，小冊子，逐次刊行物のほか，楽譜，地図，フィルム，レコードなど広範にわたるが，2000年4月の法改正により，「電子的方法，磁気的方法」等による記録物（いわゆるパッケージ系電子出版物）を加えた。そのほか2009年7月，2012年6月改正で国，地方公共団体，独立行政法人等，さらにその他の作成するオンライン資料も収集の対象となっている（第11章の2，3）。

(7) 組織の拡大により，関西館，国際子ども図書館の設置と館長についての規定を後に第16条の2，第22条につけ加えている。

● ········ **国立国会図書館の組織**

　以上のような法の規定に基づき編成される同館の組織は，次ページの図のようになっている。

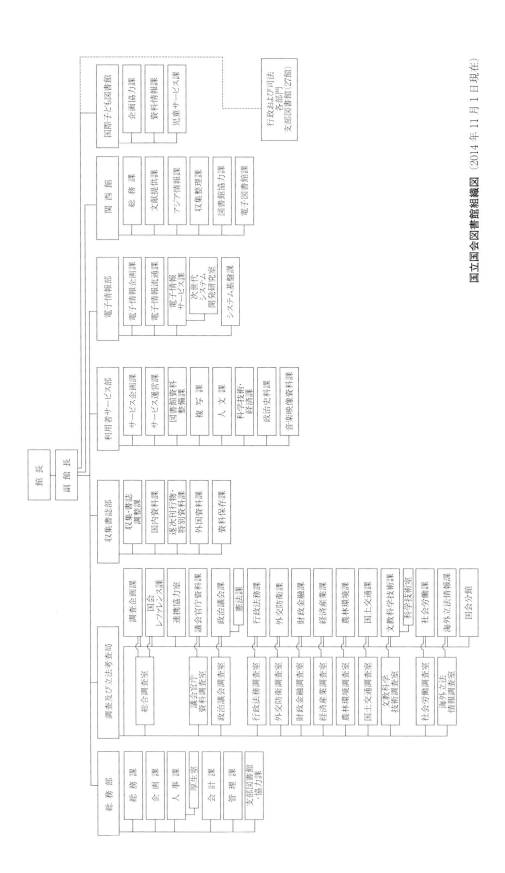

国立国会図書館組織図 (2014年11月1日現在)

UNIT 37 ●国立図書館の制度と機能
国立国会図書館の機能

● ……… **国立国会図書館の図書館奉仕**

　国立国会図書館法が規定する同館の図書館奉仕が，実際にどのように展開されているかを具体的に紹介する。法の構成に従って，国会図書館としての機能を先に取り上げるが，国立図書館としての働き（国民への直接サービス，図書館協力の事業）に重点を置いた紹介にする。

● ……… **国会に対する図書館サービス**

　180名の調査スタッフを擁する「調査及び立法考査局」を窓口に，国会議員をはじめ議員秘書，政党職員，衆・参両議院の事務局職員など，国会関係者に対してサービスを提供する。資料の閲覧，貸出，複写，レファレンスといった通常の図書館サービスを行うほか，立法調査サービスとしては，依頼調査と予測調査を行っている。予測調査とは，国会で将来論議の対象になることが予測される国政課題について調査し，その結果を各種媒体を通じて国会に提供するものである。

　この局の職務を定めた国立国会図書館法第15条は，「立法資料又はその関連資料」の「選択又は提出」が「党派的，官僚的偏見に捉われ」ないこと，立法の準備における補佐は，前述のように限定的でなければならないことを定めている。

　2013年度に国会議員，国会関係者（前・元議員，事務局，政党・会派）から寄せられた依頼調査は41,554件である。そこに見られるテーマは，国政課題を反映して，政治・行政・外交分野では，選挙制度改革，憲法改正，公務員制度改革，特定秘密保護法，歴史認識問題，集団的自衛権など，財政・経済・産業分野では，消費税，原子力発電，経済連携協定，防災・安全対策，公共放送，食品・農産物表示など，社会・労働・文教分野では，社会保障制度改革，労働規制緩和，放射性物質の除染，いじめ問題，教育委員会改革，靖国問題など，多岐にわたる（『国立国会図書館年報』平成25年度より）。

　調査の成果としては，2007年に公表されてマスコミからも注目を集めた『新編靖国問題資料集』の作成など，国立国会図書館ならではの貴重で精査な仕事もある。その成果は同館ホームページの「国会関連情報」に公開されており，『レファレンス』，『調査と情報』，『外国の立法』などの刊行物にもその一端が掲載されている。

> 調査及び立法考査局

> 立法調査サービス

国会議員の利用のため，館内に議員閲覧室，議員研究室を設け，さらに国会議事堂の中には国会分館を設置し，衆・参両院の本会議および委員会会議録，法令資料等を整備し，閲覧，貸出，複写，レファレンス，ホームページによる提供等を行っている。

●········行政・司法各部門への図書館サービス

　行政部門の各省庁や司法部門の最高裁判所にもそれぞれ図書館が付設されている。それらはそれぞれの部門の施策や業務に対して専門図書館として機能するが，同時に国立国会図書館の支部図書館という位置づけをもち，国会図書館と一体となっての活動もしている。「国の図書館資料を行政及び司法の各部門のいかなる職員にも利用できるようにする」（第17条第2号）活動である。支部図書館は，各省庁が刊行する出版物を国立国会図書館に納入する窓口の役割も担っている。

> 支部図書館

●········国立図書館としての機能

（1）　国民への直接サービス

　所蔵図書約1030万冊，職員890人を擁する国立国会図書館は，国内最大の図書館として，1日平均約2,411人（2013年度）の一般利用者を迎えている（東京本館，関西館，国際子ども図書館の3施設合計）。多くは他の図書館で得られないニーズをここで満たすべく，「最後の拠りどころ」として訪れる人たちである。直接サービスの利用者に対し，2012年から利用者登録を求めている。これらの来館者，非来館利用者に対して国立国会図書館は，閲覧，レファレンス，複写といった通常の図書館サービスを提供するが，個人への直接貸出は行わない。

> 最後の拠りどころ

（2）　図書館へのサービス

　全国各地に住む一般国民が，東京（および京都府精華町）にあるこの図書館を直接訪れて利用するのは容易ではない。そこでこの図書館が所蔵する資料を利用したいと思えば，各人がふだん利用している身近な図書館を介して，国立国会図書館から取り寄せてもらって利用することになる。全国の各種の図書館をバックアップする，いわば「図書館の図書館」ともいうべき機能が「図書館へのサービス」である。そのため，関西館の文献提供課に「複写貸出係」というこの業務を担当する窓口が設けられている。この係では，全国各地の図書館から寄せられる貸出，複写の要求を処理する窓口となっている。

> 図書館へのサービス

　国立国会図書館から資料を借り出すには，あらかじめ図書館間貸出制度に登録が必要である。その上で郵送または直接訪問して所要資料を借り出す。この制度の詳細は，同館の『図書館協力ハンドブック』に詳しい。

(3) 資料の網羅的収集と保存

　国立図書館としての重要な機能の一つが，国内刊行物の網羅的な収集・蓄積であり，そのための方法が納本制度である。国立国会図書館法では，国・地方公共団体等とその他の者（民間）に分けて納本の方式を規定している。

〔納本制度〕

　日本における国内刊行物についての納本制度は戦前にも存在し，国立国会図書館の前身である帝国図書館に明治以来の出版物が収集され，現在の国立国会図書館に蔵書として引き継がれている。もっとも戦前における納本制度は，現行の国民の創造した文化財を蓄積し国民共有の資源として保存するという趣旨のものではなく，出版物の統制という色彩の濃いものであった。

　現行法に基づいて納本の対象となるのは，①図書，②小冊子，③逐次刊行物，④楽譜，⑤地図，⑥映画フィルム，⑦前各号に掲げるもののほか，印刷その他の方法により複製した文書又は図画，⑧蓄音機用レコードに加えて，⑨電子出版物にまで広がっている。さらに2009年，2012年の法改正でオンライン資料も収集の対象に加わっている。

〔納本の対象〕

　納本の部数は，同法および同館の納入に関する規程に次のように定められている。

〔納本の部数〕

①国の機関の刊行物：5〜30部
②国関係の法人の刊行物：5部以下
③都道府県，政令指定都市の刊行物：5部
④その他の市及び特別区の刊行物：3部
⑤町村の刊行物：2部
⑥都道府県又は都道府県及び市町村関係の法人の出版物：4部
⑦市町村関係の法人の出版物：2部
⑧民間の刊行物：発行の日から30日以内に，最良版の完全なもの1部

　民間の出版物の納本に対しては，「当該出版物の出版及び納入に通常要すべき費用に相当する金額を，その代償金として交付する」（第25条第3項）ことになっており，実態としては請求に基づき定価の半額が支払われている。

　国立国会図書館の資料収集は，納本のほか，購入，交換，寄贈の方法で行われる。外国政府や国際機関の出版物は「国の交換機関」としての指定もあり，交換あるいは寄贈で収集することが多いが，その他の外国資料は購入しなければならない。さらに，国内出版物でも利用度の高い図書や雑誌については複本購入が必要となる。2014年度資料費予算は総額約23億3000万円（うち納入代償金3億9000万円）である。

　資料の収集とともに国立図書館として重要なのは，その保全である。1980年代になって深刻な問題として顕在化した，酸性紙を含む紙の劣化への対応には中心的な役割が期待される。

〔紙の劣化〕

(4) 書誌情報の編成と提供

　国民の協力を得ての資料収集に対する見返りに相当するのが，国立図書館ならではの書誌情報サービスの提供である。納本制度によって収集した国内出版物については，全国の標準となる書誌情報を作成し，提供することが法の第7条で義務づけられている。『日本全国書誌』週刊版がこれまで冊子体，のちにホームページで作成されてきたが2011年で終刊となり，その後NDL-OPACの「書誌情報提供サービス」画面で提供されている（2012年より「国立国会図書館サーチ」に統合）。その累積版が機械可読のJAPAN MARC，さらにJ-BISCと呼ばれるCD-ROM版でも頒布されている。

　そのほか豊富な資料を擁する国立国会図書館として，和図書目録，洋図書目録，国会会議録総索引，雑誌記事索引，逐次刊行物目録など，各種の目録・索引類の作成，それらをデータベース化してオンラインで提供する活動が行われている。これらは国立図書館として，全国の図書館組織とその機能を高める上で欠かせない働きである。

(5) 全国図書館ネットワークの要

　「あらゆる適切な方法により，図書館の組織及び図書館奉仕の改善につき，都道府県の議会その他の地方議会，公務員又は図書館人を援助する」（第21条第2号）とあるように，全国的な図書館組織と図書館サービスの拡充，発展のため，サービスの実践と研究協議，連絡調整に大きな責任を負っている。その具体的な一つに，県立・指定都市立図書館の参加を得て作成・公開している総合目録ネットワークがある（この事業は後述する「国立国会図書館サーチ」の始動によりそれに統合）。

　日本の国立図書館が立法府に属しており，他館種の図書館と設置主体の系列を異にしていることは，協力・連携を進める上で必ずしも有利な条件にあるとは言えないが，館種を越えた全国規模のネットワークの形成に占める同館の役割は大きい。

● 電子図書館サービス

　詳細は次のUNITに譲るが，情報環境の変化に対応して，情報通信ネットワークを介した電子図書館事業の開発，推進に力を注いでいる。明治期以降に刊行された図書・雑誌の画像情報を提供する「近代デジタルライブラリー」，インターネット資料収集保存事業，デジタルアーカイブシステムの開発，国会会議録フルテキスト・データベースや日本法令索引データベースなど貴重な各種データベースをホームページ上に公開して調査研究のニーズに応えている。

● 関西館

　設立以来長く東京本館で事業を進めてきた国立国会図書館に，関西館，国際子ど

も図書館が設置され，現在は3館が一体となっての事業・運営がなされている。組織上，関西館は東京本館とともに「中央の図書館」，国際子ども図書館は支部図書館として位置づけられている。

> 中央の図書館

急増する資料の収蔵と不測の事態に備えた分散保存，急速な情報通信技術の発展に対応した図書館サービスの拡張をめざして，第二国立国会図書館を関西に設置しようという動きが1980年代半ばに生まれ，紆余曲折の末，2002年10月開館にこぎつけた。施設は地上4階，地下4階，延床面積59,500㎡。収蔵能力600万冊。所在地は，関西文化学術都市内の京都府精華町にある。

関西館の主要な機能として，次のことがあげられる。

> 関西館の機能

①図書館サービス事業

　アジア関係資料に特徴をもつ館内サービス，遠隔利用サービスの窓口としての対応，電子図書館コンテンツ（国立国会図書館のデジタル化資料）の提供。

②図書館協力事業

　総合目録事業，レファレンス協同データベース事業，図書館および図書館情報学の調査研究，研修交流事業，障害者図書館協力事業など，図書館に対する協力事業の実施と文献提供サービスの窓口としての活動。

③電子図書館事業

　インターネット資料の収集，電子図書館システムの開発，運営，調査，電子図書館コンテンツの構築およびサービスの提供。

●……国際子ども図書館

2000年5月5日に支部上野図書館の施設を活用して部分開館し，2002年5月全面開館した。延床面積6,672㎡，収容能力40万冊。その基本的な役割は，子どもの読書環境・情報提供環境の整備に資するため，公立図書館など児童サービスを提供している図書館を支援すること，子どもの出版文化に関する広範な調査研究を支援するナショナルセンターとして構想され，資料のデジタル化，デジタルミュージアムなど電子図書館機能を駆使した活動に力を入れている。学校図書館に対するセット貸出や公共図書館等への図書館間貸出，レファレンスサービスを行う。

「子どものためのおはなし会」を毎週土・日曜日に開くなど，直接子どもを対象とする活動も実施している。

既存の書庫が既に満杯に近いことから，2011年に第二次基本計画を策定し，2015年度竣工を目指して新館の建設が進んでいる。

UNIT 38 ●国立図書館の制度と機能
国立国会図書館をめぐる諸問題

●……長尾ビジョンとその進展

　2008年に開設60周年を迎えた国立国会図書館は，同館が今後目指すべき中長期的な活動の指針として，7項目のビジョン（長尾真館長（当時）の名を冠したいわゆる「長尾ビジョン」）を策定し，その実現に向けて毎年いくつかの重点目標を設定して事業を展開している（option X 参照）。その進捗状況を点検する2010年度の活動実績評価報告によると，目標を上回って進捗した事業に，「電子情報の蓄積・保存・提供」，「資料のデジタル化とインターネットによる原文提供の範囲拡大」の二つがあがっている（『国立国会図書館月報』2011年7/8月号）。

　事実，近年の同館の活動は，コンピュータシステムを活用するサービスを基本に据え，蔵書のデジタル化とデジタル情報への対処に力を注ぎ，急激に変化する情報ネットワークの進展に大きな役割を果たしている。

<small>長尾ビジョン</small>

●……蔵書の大規模デジタル化

　中でも大きなトピックは，2009年度の国の補正予算で措置された蔵書の大規模なデジタル化である。それまでからも電子図書館サービスのため，蔵書のデジタル化は進められてきたが，資料の保存という同館の特性を考慮し，権利者の許諾を得ることなく原資料の複製ができるという著作権法の改正がなされたことを受け，127億円という破格の予算が計上された。これはそれまでのこの事業のための年間予算の100倍近い金額であり，それによって一気に資料のデジタル化が進行することとなった。作業は2011年7月に完了し，2010年5月現在，戦前期から1968年までに刊行された和図書約90万冊，明治から2000年までの和雑誌約112万冊がデジタル化され，そのうち著作権保護期間が過ぎたものはインターネットで公開されており，期間内のものは館内で限定公開されている（原資料は保全のため原則として閲覧停止）。

　デジタル化によってアクセスの便が高まった資料も，視覚障害者等が利用可能とするためには画像データから全文テキストデータに変換することが必要となる。2009年の著作権法改正が，図書館等における視覚障害者等のための著作物の複製，自動公衆送信を権利者の許諾なしに可能にしたことに照らして，全文テキスト化へ

<small>蔵書のデジタル化</small>

とさらなる事業の展開が望まれる。

● デジタル資料の提供とデジタルアーカイブ

　国立国会図書館では国民の協力により納本され，蓄積した膨大な資料を保存・提供する方法の一つとして，従前から蔵書をデジタル化し，インターネットに公開する電子図書館事業に取り組んできた。それが前述の大型補正予算により大規模に進行し，「国立国会図書館デジタル化資料」として順次利用に供され，インターネットにも公開されている。さらに 2012 年 6 月の著作権法改正により，絶版等の理由で入手が困難な資料を公共図書館や大学図書館等に送信し，利用者に提供できることになり，2014 年 1 月 21 日から「図書館送信」サービスが開始された。同年 8 月現在の利用状況は，インターネットに公開されていないデジタル資料 131 万点が提供の対象で，279 館が閲覧・複写，24 館が閲覧のみの利用で参加している。このサービスを受ける図書館は事前に承認申請が必要である。

`国立国会図書館デジタル化資料`

`図書館向けデジタル化資料送信サービス`

　明治期以降の刊行図書・雑誌の画像情報からなる「近代デジタルライブラリー」，所蔵の貴重書等をカラー画像で電子化し 874 タイトル，約 4 万 1000 コマを提供している「貴重書画像データベース」，江戸期以前の和古書・清代以前の漢籍などを収めた古典籍資料，1900 年初頭から 1950 年前後の国内で製造された SP 盤などの歴史的音源，博士論文などが「デジタル化資料」に組み込まれている。

　2000 年に開設された国際子ども図書館では，当初から電子図書館機能の積極的な導入が企図されていたが，館所蔵の児童書（1955 年以前の刊行物）をデジタル画像で閲覧できる「児童書デジタル・ライブラリー」（「近代デジタルライブラリー」に統合），内外の歴史的な価値のある絵本を紹介する電子展示会「絵本ギャラリー」などが提供されている。

`国際子ども図書館`

　新たに着手したインターネット情報についても，その効率的収集，長期保存を実現するデジタルアーカイブシステムを構築することを重点目標に掲げている。

`デジタルアーカイブシステム`

● 国立国会図書館サーチ

　こうした資料のデジタル化が大きく進展する中で，資料へのアクセスの便を高めるための方法の開発に努め，2012 年 1 月から新たな検索システムを本格稼働した。「国立国会図書館サーチ」である。これによって国立国会図書館だけでなく都道府県立，政令指定都市立の図書館，公文書館，学術研究機関など外部の機関が提供する蔵書やデジタルコンテンツを一度に検索が可能となった。これまでの総合目録データベース，「近代デジタルライブラリー」など既存のデータベースを統合検索できるようになり，利便性が高まった。

● ……… 利用と保存の両立

　長尾ビジョンの2項が「日本の知的活動の所産を網羅的に収集し，国民の共有資源として保存」することを掲げるように，国立国会図書館は多様化し爆発的に増え続ける情報資源に対して，それを収集する方途の徹底とそれに必要な資金，収容スペースの確保に努める重責を負う。同時にそれを「国民の共有資源」として有効に活用できる提供サービスの実施が求められる。保存と利用の両立は，「最後の拠りどころ」を期待される国立図書館の重い課題であり，蔵書のデジタル化の進展はそれに新たな課題を提起している。

三省懇報告　総務省，経済産業省，文部科学省が設置した「デジタル・ネットワーク社会における出版物の利活用の推進に関する懇談会」（三省懇）が 2010 年 6 月にまとめた報告を受け，文化庁の「電子書籍の流通と活用の円滑化に関する検討会議」が 2011 年 9 月に「デジタル・ネットワーク社会における図書館と公共サービスの在り方に関する事項」をまとめた。そこでは図書館，とくにデジタル化に大きなウエイトをもつ国立国会図書館の担うべき役割が主要に取り上げられ，送信サービスの実施，範囲，対象などが検討されている。権利者の利益を不当に害さないよう留意した上で，「可能な範囲から早急にサービスを実施する」ことに合意を得たとしており，具体化が期待される。

● ……… 納本率の向上と電子情報の収集

　2013 年度に国立国会図書館が新たに受け入れた資料は，図書 241,357 冊，逐次刊行物 560,289 点，非図書資料 86,963 点など，合わせて 888,609 点という膨大な数に達する。この基礎になっているのが法に定める納本制度である。同館ではこの制度の 60 周年にあたる 2008 年，5 月 25 日を「納本制度の日」と定め，納入率のアップをめざしている。現在の納入実績は，2007 年 10 〜 12 月に同館が行った調査によると，民間出版物（図書―流通系）が 88％であるのに対し，一般に灰色文献になりがちな官公庁刊行物では，国の機関―流通系 90％，非流通系 46％，自治体刊行物（県，政令市）42％となっている（『国立国会図書館月報』2008 年 5 月号）。営利・非営利を問わず，国内のすべての刊行物が収集され，備わっていることは，この図書館の使命達成にとっての最も基礎的な要件である。そのためには，この制度へのより広範な認識，理解を得ることと，全国の各種図書館等からの協力を得ることが欠かせない。

　この納本制度に新しく加わった課題が，電子情報の収集である。これまで印刷媒体で刊行されてきたものが，電子媒体やネット上に公開される形に変わるというケースも増えており，納本制度審議会の議を経て法改正がなされ，パッケージ系電子出版物にもその対象が広がった。さらに 2010 年 4 月から国内の公的機関が一般

に公開しているインターネット情報を許諾なしに収集できることになり，2012年の法改正では民間のインターネット情報のうちオンライン資料の収集も可能となった（施行は2013年7月）。電子出版物については，保存耐用性，再現できる仕組みの確保など従来の資料とは異なる新たな検討事項もあり，これらの資料・情報を同館がどの範囲まで収集し，どのように蓄積，利用に供するかが大きな課題となっている。

● ……… 協力事業の推進

全国的な図書館協力事業において，国立国会図書館は「最後の拠りどころ」と言われることがよくある。そのことを同館のサイドから言えば「協力事業の推進」という課題である。

納本制度による網羅的収集とその見返りとしての書誌サービスを基盤に，国立国会図書館は，全国の各種図書館が自館に寄せられた資料要求で応えきれないものについて，貸出あるいは複写物の提供という形で補完する。これが最も一般的，日常的な協力活動であり，その実績は次表のとおりである。

表　2010年度図書館へのサービス実績

	公共	大学	専門	海外	点字	学校	合計
利用者登録	2,107	1,338	2,256	278	339	38	6,355
館外貸出受理	10,582	2,390	745	457	394	223	17,791
遠隔複写申込	16,844	32,275	44,915	1,643	—	125	95,802
文書Ref.受理	3,464	1,490	246	146	0	3	5,349

（2012.6.16公共図書館長との懇談会資料から作成）

同館の協力事業は，関西館を窓口とする資料に基づく直接サービスのほか，全国的な図書館ネットワークの要として重要な総合目録ネットワーク事業，「点字図書・録音図書全国総合目録」の作成等による視覚障害者サービス支援の事業，図書館情報学に関する調査研究活動，図書館員の資質向上や知識・技術習得に資する研修事業，図書館関係団体との連携・協力など多岐にわたる。このうち総合目録ネットワーク事業は，国立情報学研究所（NII）を軸とする学術領域の学術情報ネットワークと並ぶわが国最大の図書館ネットワークであり，2013年3月現在，全国の公立図書館1,121館の参加を得（データ提供は66館），蓄積された和図書書誌データは4000万余件に達する。

さらに海外の国立図書館，図書館団体とも連携交流を図り，定例的な会合や研修生の相互交流などにも努めている。

> 総合目録ネットワーク事業

● ── option W

国立国会図書館法（抄）

［昭和23年2月9日　法律第5号］
［最近改正　平成26年5月21日　法律第40号］

　国立国会図書館は，真理がわれらを自由にするという確信に立つて，憲法の誓約する日本の民主化と世界平和とに寄与することを使命として，ここに設立される。

第1章　設立及び目的

第1条　この法律により国立国会図書館を設立し，この法律を国立国会図書館法と称する。

第2条　国立国会図書館は，図書及びその他の図書館資料を蒐集し，国会議員の職務の遂行に資するとともに，行政及び司法の各部門に対し，更に日本国民に対し，この法律に規定する図書館奉仕を提供することを目的とする。

第3条　国立国会図書館は，中央の図書館並びにこの法律に規定されている支部図書館及び今後設立される支部図書館で構成する。

第2章　館長

第4条　国立国会図書館の館長は，1人とする。館長は，両議院の議長が，両議院の議院運営委員会と協議の後，国会の承認を得て，これを任命する。

第7条　館長は，1年を超えない期間ごとに，前期間中に日本国内で刊行された出版物の目録又は索引を作成し，国民が利用しやすい方法により提供するものとする。

第8条　館長は，出版に適する様式で日本の法律の索引を作るものとする。

第6章　調査及び立法考査局

第15条　館長は，国立国会図書館内に調査及び立法考査局と名附ける一局を置く。この局の職務は，左の通りである。

　一　要求に応じ，両議院の委員会に懸案中の法案又は内閣から国会に送付せられた案件を，分析又は評価して，両議院の委員会に進言し補佐するとともに，妥当な決定のための根拠を提供して援助すること。

　二　要求に応じ，又は要求を予測して自発的に，立法資料又はその関連資料の蒐集，分類，分析，飜訳，索引，摘録，編集，報告及びその他の準備をし，その資料の選択又は提出には党派的，官僚的偏見に捉われることなく，両議院，委員会及び議員に役立ち得る資料を提供すること。

　三　立法の準備に際し，両議院，委員会及び議員を補佐して，議案起草の奉仕を提供すること。但し，この補佐は委員会又は議員の要求ある場合に限つて提供され，調査及立法考査局職員はいかなる場合にも立法の発議又は督促をしてはならない。

　四　両議院，委員会及び議員の必要が妨げられない範囲において行政及び司法の各部門又は一般公衆に蒐集資料を提供して利用させること。

第6章の2　関西館

第16条の2　中央の図書館に，関西館を置く。

第8章　一般公衆及び公立その他の図書館に対する奉仕

第21条　国立国会図書館の図書館奉仕は，直接に又は公立その他の図書館を経由して，両議院，委員会及び議員並びに行政及び司法の各部門からの要求を妨げない限り，日本国民がこれを最大限に享受することができるようにしなければならない。この目的のために，館長は次の権能を有する。

一　館長の定めるところにより，国立国会図書館の収集資料及びインターネットその他の高度情報通信ネットワークを通じて閲覧の提供を受けた図書館資料と同等の内容を有する情報を，国立国会図書館の建物内で若しくは図書館相互間の貸出しで，又は複写若しくは展示によつて，一般公衆の使用及び研究の用に供する。かつ，時宜に応じて図書館奉仕の改善上必要と認めるその他の奉仕を提供する。

四　日本の図書館資料資源に関する総合目録並びに全国の図書館資料資源の連係ある使用を実現するために必要な他の目録及び一覧表の作成のために，あらゆる方策を講ずる。

第22条　おおむね18歳以下の者が主たる利用者として想定される図書及びその他の図書館資料に関する図書館奉仕を国際的な連携の下に行う支部図書館として，国際子ども図書館を置く。

②　国際子ども図書館に国際子ども図書館長1人を置き，国立国会図書館の職員のうちから，館長がこれを任命する。

③　国際子ども図書館長は，館長の命を受けて，国際子ども図書館の事務を掌理する。

第10章　国，地方公共団体，独立行政法人等による出版物の納入

第24条　国の諸機関により又は国の諸機関のため，次の各号のいずれかに該当する出版物（機密扱いのもの及び書式，ひな形その他簡易なものを除く。以下同じ。）が発行されたときは，当該機関は，公用又は外国政府出版物との交換その他の国際的交換の用に供するために，館長の定めるところにより，30部以下の部数を，直ちに国立国会図書館に納入しなければならない。

一　図書
二　小冊子
三　逐次刊行物
四　楽譜
五　地図
六　映画フィルム
七　前各号に掲げるもののほか，印刷その他の方法により複製した文書又は図画
八　蓄音機用レコード
九　電子的方法，磁気的方法その他の人の知覚によつては認識することができな

い方法により文字，映像，音又はプログラムを記録した物

③　前二項の規定は，前二項に規定する出版物の再版についてもこれを適用する。ただし，その再版の内容が初版又は前版の内容に比し増減又は変更がなく，かつ，その初版又は前版がこの法律の規定により前に納入されている場合においては，この限りでない。

第24条の2　地方公共団体の諸機関により又は地方公共団体の諸機関のため，前条第1項に規定する出版物が発行されたときは，当該機関は，同項に規定する目的のため，館長の定めるところにより，都道府県又は市（特別区を含む。以下同じ。）（これらに準ずる特別地方公共団体を含む。以下同じ。）の機関にあつては5部以下の部数を，町村（これに準ずる特別地方公共団体を含む。以下同じ。）の機関にあつては3部以下の部数を，直ちに国立国会図書館に納入するものとする。

第11章　その他の者による出版物の納入

第25条　前二条に規定する者以外の者は，第24条第1項に規定する出版物を発行したときは，前二条の規定に該当する場合を除いて，文化財の蓄積及びその利用に資するため，発行の日から30日以内に，最良版の完全なもの1部を国立国会図書館に納入しなければならない。但し，発行者がその出版物を国立国会図書館に寄贈若しくは遺贈したとき，又は館長が特別の事由があると認めたときは，この限りでない。

②　第24条第3項の規定は，前項の場合に準用する。この場合において，同条第3項中「納入」とあるのは「納入又は寄贈若しくは遺贈」と読み替えるものとする。

③　第1項の規定により出版物を納入した者に対しては，館長は，その定めるところにより，当該出版物の出版及び納入に通常要すべき費用に相当する金額を，その代償金として交付する。

第25条の2　発行者が正当の理由がなくて前条第1項の規定による出版物の納入をしなかつたときは，その出版物の小売価額（小売価額のないときはこれに相当する金額）の5倍に相当する金額以下の過料に処する。

②　発行者が法人であるときは，前項の過料は，その代表者に対し科する。

第11章の2　国，地方公共団体，独立行政法人等のインターネット資料の記録

第25条の3　館長は，公用に供するため，第24条及び第24条の2に規定する者が公衆に利用可能とし，又は当該者がインターネットを通じて提供する役務により公衆に利用可能とされたインターネット資料（電子的方法，磁気的方法その他の人の知覚によつては認識することができない方法により記録された文字，映像，音又はプログラムであつて，インターネットを通じて公衆に利用可能とされたものをいう。以下同じ。）を国立国会図書館の使用に係る記録媒体に記録することにより収集することができる。

②　第24条及び第24条の2に規定する者は，自らが公衆に利用可能とし，又は自らがインターネットを通じて提供する役務により公衆に利用可能とされているインターネット資料（その性質及び公衆に利用可能とされた目的にかんがみ，前項

の目的の達成に支障がないと認められるものとして館長の定めるものを除く。次項において同じ。）について，館長の定めるところにより，館長が前項の記録を適切に行うために必要な手段を講じなければならない。

③ 館長は，第24条及び第24条の2に規定する者に対し，当該者が公衆に利用可能とし，又は当該者がインターネットを通じて提供する役務により公衆に利用可能とされたインターネット資料のうち，第1項の目的を達成するため特に必要があるものとして館長が定めるものに該当するものについて，国立国会図書館に提供するよう求めることができる。この場合において，当該者は，正当な理由がある場合を除き，その求めに応じなければならない。

第11章の3　オンライン資料の記録

第25条の4　第24条及び第24条の2に規定する者以外の者は，オンライン資料（電子的方法，磁気的方法その他の人の知覚によつては認識することができない方法により記録された文字，映像，音又はプログラムであつて，インターネットその他の送信手段により公衆に利用可能とされ，又は送信されるもののうち，図書又は逐次刊行物（機密扱いのもの及び書式，ひな形その他簡易なものを除く。）に相当するものとして館長が定めるものをいう。以下同じ。）を公衆に利用可能とし，又は送信したときは，前条の規定に該当する場合を除いて，文化財の蓄積及びその利用に資するため，館長の定めるところにより，当該オンライン資料を国立国会図書館に提供しなければならない。

② 前項の規定は，次の各号に掲げる場合には，適用しない。

　一　館長が，第24条及び第24条の2に規定する者以外の者から，当該者が公衆に利用可能とし，又は送信したオンライン資料を，前項の規定による提供を経ずに，館長が国立国会図書館の使用に係る記録媒体に記録することを求める旨の申出を受け，かつ，これを承認した場合

　二　オンライン資料の内容がこの条の規定により前に収集されたオンライン資料の内容に比し増減又は変更がない場合

　三　オンライン資料の性質及び公衆に利用可能とされ，又は送信された目的に鑑み前項の目的の達成に支障がないと館長が認めた場合

　四　その他館長が特別の事由があると認めた場合

③ 館長は，第1項の規定による提供又は前項第1号の承認に係るオンライン資料を国立国会図書館の使用に係る記録媒体に記録することにより収集することができる。

④ 第1項の規定によりオンライン資料を提供した者（以下この項において「提供者」という。）に対しては，館長は，その定めるところにより，同項の規定による提供に関し通常要すべき費用に相当する金額を交付する。ただし，提供者からその交付を要しない旨の意思の表明があつた場合は，この限りでない。

option X

国立国会図書館 60 周年を迎えるにあたってのビジョン（長尾ビジョン）と平成 22 年度重点目標（抄）

ビジョン 1　国会に対するサービスをより高度なものにし，立法補佐機能をさらに強化します。
　重点目標 1-(1)，(2)　[略]
ビジョン 2　日本の知的活動の所産を網羅的に収集し，国民の共有資源として保存します。
　重点目標 2-(1)　納本制度の周知・普及活動を強化し，国内出版物の納入率の向上を図ります。
　重点目標 2-(2)　収集した資料を適切に保存し，永続的なアクセスを保証します。
　重点目標 2-(3)　インターネット情報をはじめ，電子情報の蓄積・保存・提供を推進します。
ビジョン 3　利用者が求める情報への迅速で的確なアクセスまたは案内をできるようにします。
　重点目標 3-(1)　図書館業務を効率化し，サービスの利便性と利用者満足度を向上させます。
　重点目標 3-(2)　館内外の情報資源を適切に整備し，効果的に提供します。
ビジョン 4　利用者がどこにいても，来館者と同様のサービスが受けられるように努めます。
　重点目標 4-(1)　資料のデジタル化を進め，インターネットによる原文提供の範囲を拡大します。
　重点目標 4-(2)　[略]
ビジョン 5　社会に多様で魅力的なサービスを提供し，国立国会図書館の認知度を高めます。
　重点目標 5　[略]
ビジョン 6　公共図書館をはじめとする国内の各種図書館とより密接な連携・協力を進めます。
　重点目標 6　日本国内の各種図書館をバックアップするとともに，連携・協力を強化します。
ビジョン 7　海外の図書館との密接な連携を行い，情報の共有・交換に努めます。
　重点目標 7　デジタルアーカイブを中心に，海外の図書館等との連携・協力を深めます。

（『国立国会図書館月報』604/605 号，2011 年 7/8 月）

UNIT 39 ●図書館の歴史的展開
図書館には歴史がある

　これまでの，そしてこのあとの UNIT で扱う主題の折々に，関連する歴史的記述を込めてきた。あらためて図書館の歴史的展開を扱うこの限られた紙数で，図書館の流れを全面的・通史的に述べることはとてもできないことである。それは「図書館史」において本格的に学ぶことなので，UNIT 39～41においては，図書館が歴史の中で形成されてきたこと，図書館自体が歴史をもっていること，その歴史を学ぶことの意義などを中心に概説する。

● ……… 歴史への視座

　人はなぜ歴史に目を向けるのか。我々は歴史から何を学ぶのか。そういう問いかけですぐに想起するのは，元ドイツ連邦共和国大統領リヒャルト・フォン・ヴァイツゼッカーが，ドイツの敗戦40周年にあたる1985年5月8日，連邦議会で行った演説「荒れ野の40年」（岩波ブックレット，No.55, 1986）の中の警句である。

ヴァイツゼッカー

　　罪の有無，老幼いずれを問わず，われわれ全員が過去を引き受けねばなりません。全員が過去からの帰結に関り合っており，過去に対する責任を負わされているのであります。
　　問題は過去を克服することではありません。さようなことができるわけはありません。後になって過去を変えたり，起こらなかったことにするわけにはまいりません。しかし過去に目を閉ざす者は結局のところ現在にも盲目になります。非人間的な行為を心に刻もうとしない者は，またそうした危険に陥りやすいのです。

　ヴァイツゼッカーは，歴史を直視し，自らが直接にかかわったわけではない過去を心に刻むことが，現在をよりよく生きるために必要であり，そこからのみ新たな歴史がつくられることを指摘している。歴史はその起源にさかのぼり，成り立ちと変化を跡づけることで，現在を考え，明日を見通すためにこそ学ぶのである。

● ……… 図書館には歴史がある

　「図書館ってすごい歴史があるんですね！」，これは図書館学を学びはじめた学生

の一人がレポートの出だしに書いた感嘆の一節である。1990年以降に生まれた大方のいまの学生にしてみれば，街の図書館は初めて見たときから，書店に近い方式で自由に出入りし，並んでいる本や雑誌を手にし，借りて帰ろうと思えばさほど面倒ではない手続きでその日に借りることができる，というのはごく当たり前のことであろう。それがすべて無料であることも，その意味を深く解してとは言えないとしても，ごく常識の内に属するにちがいない。たかだか半世紀をさかのぼるだけで，その逐一がそうではなかったというのは想像を越えるようである。

『格子なき図書館』

例えば，図書館概論なり図書館サービス論の授業で，『格子なき図書館』の映画を教材にし，パチンコ式の書架（金網やガラス戸の透き間に指を入れて欲しい本の背を押して職員に伝え，窓口から出してもらう排架法）の写真を見せて，当時の利用法を説明すると，それはそれでかなりの興味を示すが，その次に出てくる反応は，「なんでそんなことをしてたんですか？」「そんなことまでして図書館を使う人がいたんですか？」ということになる。これは素朴な疑問であるとともに，大事な質問である（どの受講生もがそういう受け止めをしてくれるわけではないが）。

写真　パチンコ式配架の事例

実は，そこまでして図書館を使おうとした人は，決定的に少なかったのである。そのことに疑問を抱いた図書館員も多くなかった。だからその時代がけっこう長く続いたのである。図書館はこれでいいのか，と疑問を抱いた図書館員たちが，その改変を議論しはじめたのは，いまの学生が生まれるかなり前の時期である。図書館が本の貸出をするかどうか，貸すとすればどの範囲のものを，どれくらいの期間，何冊まで，に結論を出すのに数カ月の議論が職場で必要だったことを，私自身も経験している。それが図書館の，ごく近い歴史である。その過程を話すと，「へぇー，図書館の人も頑張ってたんですね」ということになる。

そのことは，彼（女）らがいまの図書館と図書館員に，そこまでの働きと力を実感していないことを意味する。そういう力が図書館の日々を動かしていると実感できない図書館の現実がある。それをごく普通の利用者が表面的な日常において感じられないのは不思議ではない。たいていのことではそれが普通であって，あえて歴史をさかのぼってみなくては，と思うことは必ずしも多くはない。しかし，歴史に照らしてみてはじめて理解できること，何でもないことのような一つひとつに実は歴史があるのである。図書館に限ったことではないが，図書館のさまざまな局面に

そうした歴史の襞があるし，図書館は非常に長い歴史の中を生きてきた。

●………図書館史の諸側面

さまざまな資料を収集，整理し，保存して人の利用に供するという図書館固有の働きに限ってみても，そこには幾多の歴史がある。さらにその周辺に，その時代の図書館を規定してきた多くの要素があり，それがまたそれぞれの歴史を負っている。

次の二つのUNITで図書館の成立を公教育との関連で制度面から考察するが，ここではまず，図書館史にはいろいろな側面があることの概略をおさえておきたい。

(1) 本の歴史

図書館が収集・整備の対象とする書物（本）には，人間の歴史とほとんど同じくらい長い歴史がある。本の歴史といってもそこには書写の方法，素材，造本など物理的な面もあれば，禁書の歴史のようにその内容に深くかかわった歴史もある。人が他に何かを伝えようとして，できるだけ簡便で保存性に富み，読みやすくて持ち運びのできる手段を懸命に工夫した結果が現在の本である。しかもそれは電子書籍に象徴されるように，これからも大きく変貌するだろう。

(2) 資料の収集――選択・評価の歴史

図書館資料を収集するための選択・評価には，資料それ自体の価値に重きを置く価値論と，利用者のニーズを重視する要求論の拮抗する歴史がある。もちろんそれは公開性を備えた比較的新しい図書館に限ってのことである。その背後には，社会制度としての図書館の役割をどのようなものとして認識するかの思想がある。価値と要求を二律背反として見るか，両者を統合したところに本当の価値を見い出すか，においても見解は分かれる。

蔵書の構成に「略奪された文化」の歴史があることにも目をそらしてはならない。

(3) 排架の歴史

先に本の排架法に歴史があることを述べた。管理中心の発想からは，利用者が自由に本に触れ，閲覧席にもっていくことなど思いもよらない方式となる。書物が貴重品であった時代には本が鎖で書架に結ばれてもいた（chained book）。書架への排列には，固定式排列法から可動式排列法への流れが一般に発展の跡として認められるが，資料の現物にふれずに，しかも確実に所要の資料を識別してアクセスできる方式が技術的に可能となれば（電動式の書庫にそれは見られる），現物はむしろ固定して排列することが書架スペースの面からも有効となる。それぞれの時期の方式には，それとしての意味があったことを教えられる。

(4) 貸出方式の歴史

公共図書館の日常活動の中で最も多くの人手と時間を要するのは貸出である。それだけに，貸出方式にはこれまで多くの人たちが非常な工夫をこらしてきた。誰が，

いつ，どんな資料を借り出したかを正確に，しかもできる限り簡便な方法で記録するための方式を見い出すために，さまざまな研究と実践が重ねられてきた。台帳に帯出者の氏名と書名を記入するというのが最初にとられた方式であるのはうなずける。しかし数の増加がその限界を感ぜしめ，カードを使ったニューアーク式，手数のかからないブラウン式を生み，技術の進歩が貸出にコンピュータを導入した。そうした方式の背後には，利用者の読書事実を返却後に記録として残すことは好ましくないというプライバシー保護，人権思想の進展もある。機械による自動貸出となるとその是非には新たな論議が加わる。

(5) 図書館員の歴史

図書館員の歴史

図書館のさまざまな歴史の中でも，図書館員の歴史は最もドラマチックな歴史であろう。それは図書館総体の歴史そのものでもある。古くは，主人の貴重な蔵書を

本の番人

忠実に保護する番人としての図書館員がいた。蔵書を構成するとなると，生半可な知識では不可能であり，司書は文字どおり「書物を司る」一流の学者であることを要件とされた時代もある。学者や文士を夢みる人，その夢が破れた人が図書館のカウンターに座った時代もそれほど昔ではない。いずれも図書館には素晴らしい本，蔵書が手近にあることが，彼らをそこに引き寄せたのであろう。

1908 年にアメリカ図書館協会の会長に就任したボストウィックが，図書館員に

検閲者

「検閲者」としての役割を期待したことは，先に UNIT 10 で紹介した。分別の乏しい利用者を，氾濫する「悪書」の影響から守ることに図書館の使命を思っての発言

オルテガ

である。哲学者のオルテガは，1935 年の講演で，「将来の図書館司書は，書物の原始林の中で，専門的でない読者を導き，彼らの読書の医者であり衛生管理者でなければなるまい」「わたしは未来の図書館司書を，書物の奔流と人間の間に置かれた濾過器のように想像する」と語っている（『オルテガ著作集』8 巻，白水社，1970）。近年よく言われる「司書＝ナビゲーター」論にも通じる期待であろう。

奉仕者

現代の図書館員には，利用者への徹底した奉仕者であることが求められている。利用者を指導したり，教化する役割を否定し，利用者の求める資料や情報を的確・迅速に提供する役割であり，人がいい本と出会い，心豊かな経験を味わうことをわが喜びとする献身を信条とする専門家である。あるいは利用者が自己の望むところの資料と必ず出会えるように，あらゆる思想・表現を平等に扱う寛容性を至上とする仕事である。そうした図書館員のあり方は，過去のある時期において，部分的であったかもしれないが重視されたことでもあったし，また，真っ向から否定されることでもあった。歴史は直線的にのみ進むとは限らない。

そうした図書館員に求められる役割，資質の養成には，図書館員養成教育の歴史がかかわってくる。徒弟制度的な養成から正規の教育機関による養成，さらに大学院レベルの教育まで含めて図書館員養成の場，方法にもまた歴史がある。

UNIT 40 ●図書館の歴史的展開
近代公立図書館の制度化

●………公教育と公立図書館

公教育において学校と図書館（学校教育と社会教育）は「車の両輪」であるとしばしば表現されてきた。事実，法的根拠のもとに，公費で設置・運営され，すべての住民に無償で公開される公立図書館は，公費でまかなわれる義務教育学校の制度化と深い関連をもち，学校教育を継承し補完するものと考えられてきた。アメリカでは公立学校制度が先行し，イギリスでは図書館法が一足先に成立している。欧米の事実に学んだ後発国の日本では，公立学校と図書館はほぼ時を同じくして近代国家としての要件を備えるために必要な機関として成立する。

この UNIT では，公立図書館の制度化を公立学校制度の成立と対比しながら，そこに込められた意図，社会的な期待について考察してみよう。

> 学校と図書館
> 公立図書館

●………公教育の父＝ホレース・マン

18世紀前半にベンジャミン・フランクリン（Benjamin Franklin）の提唱したフィラデルフィア図書館会社などの会員制図書館が輩出したアメリカで，公費による図書館の端緒が生まれるのは1830年代であり，その構想を打ち出した人に「アメリカ公教育の父」と評されるマサチューセッツ州の初代教育長ホレース・マン（Horace Mann）がいる。

> ホレース・マン

ニューイングランドの中でもとりわけ教育に熱心であったマサチューセッツ州議会は，1647年に一般学校法を成立させ，アメリカ公立学校制度の礎石を築いた。そこでは「百家族ないし百戸以上に達した町は学校を設置すべき」ことを定め，そのための費用は一般租税で調達してよいが，その判断は町にゆだねた。町立学校は必ずしも順調に発展したとはいえないが，公教育の思想を実践に移した貢献は大きい。

1837年，マンはそのマサチューセッツ州上院議長の職を辞し，初代の州教育長に就任した。以後1848年までの12年間，マンはこの職を務め，公教育の重要性を州の人々に知らしめ，貴賤貧富の区別なく州のすべての子どもが就学できるコモンスクールづくりに献身した。

> 公教育

公立学校制度の改革に意欲を燃やしたマンが，あわせて重視したのが図書館の整備である。それは人々がせっかく公立学校で読書習慣を得ても，学校を終えたあと

の学習はどうなるのか，読む力は読むべきものが身近になければ役に立たないし，衰退してしまうという危惧に根差していた。マンは，学校後の教育の場として図書館を格好のものと考え，学校を維持する単位である「学校区」(school district) を図書館設置の単位とし，学校に図書館を併設することを推進した。

学校区図書館

この図書館（school district library）によって，「この州に生まれたすべての子どもが，いつでも，無償で，どこに住んでいようと歩いて 30 分以内にすぐれた図書のコレクションを利用できる」ことになるが，図書館はさらに，成人に対しても彼らを啓発する影響を及ぼすことをマンは次のように説いている。

> ［図書館を備えることで］学校は人々の知的な交流の場となる。学校は，もはや初歩的なことを普及させる機関，知識の媒介物ではなく，知識そのものの十分な普及の機関となる。人は生徒としてその学校に通うことを終えた後も，学校との関係を保ち続けることとなろう。人は，たとえ教室で教科書をすべて習得し終えたとしても，図書館の書物をすべてマスターしないうちは，学校に入り切らないくらい大きくはなっていないのである（Mann：*On District-School Library*）。

マンが図書館に大きな期待を寄せたのは，自ら読書しようとする人の生き方への称賛とともに，当時の州における書物の現状が，若い人たちへの影響などを思うと放置できないものだとの認識があった。よい本が身近にあること，そのこと自体が十分意義のあることだと考えた。

> 最も無知な者は，最もうぬぼれ屋である。もし人が，自分の知らねばならないことがほかにいろいろあることを知らなければ，彼は自分がすべてを知っているかのように思い込んでしまう。……無知で浅はかな人は，困難を見極めるだけ十分にはよく見ないものだ。しかし彼に，彼が無知であり，知るべきことがいろいろあることを知らしめるならば，普遍的な知識の範囲を広げることになる。私たちの知らないことがいかに多くあるかを知ることは，私たちの進歩にとって重要なことである。そうした知識は，謙虚さへの戒めとも努力への刺激ともなる。
> 図書館は，たとえ読まれる以前であっても，人々にもっと知るべき何かがあることを教えることになろう。

マサチューセッツ州議会は 1842 年に新しい学校区図書館法を採択し，学校区が 15 ドル以上を用意して図書館設置を願い出れば，州が学校基金から 15 ドルを拠出することになった。図書館の設置は進んだが，マンの懸命の努力にもかかわらず，この構想は十分な成果を上げるには至らなかった。学校区があまりに小さく，図書館を

維持する課税単位として無理があったこともその一因である。そうした限界はあったものの、アメリカに公費で運用され、誰もに開かれた「公立図書館」の原型を形にして見せた意義は大きい。その土壌の上に、ボストンの大輪が花開くことになる。

●........ボストン公共図書館

　1851年のマサチュセッツ州図書館法に基づき設立され、1854年に開館したボストン公共図書館は、アメリカ最初の大規模公共図書館として、無料、公費による運営、すべての人への公開、という近代公共図書館の理念を初めて具現化した。この図書館の準備段階および開館後の運営において、エドワード・エヴァレット（Edward Everett）、ジョージ・ティクナー（George Ticknor）という二人の知性と見識が果たした功績はよく知られている（川崎良孝『図書館の歴史：アメリカ編』増訂版、日本図書館協会、1995）。

　二人の図書館観はかなり違っていた。図書館は道徳的、知的向上に役立つ通俗書の複本を備え、貸し出すべきで、読者は通俗書を踏み台にして幅広い健全な読書に向かうとティクナーは期待した。

> ティクナー

　無償教育と同じ原則に基づき、また公共政策ないし義務として、健全で滋養に富む図書を、すべての人に供すべき必要がある。……できるだけ多くの人に広く情報伝達の手段がいきわたっていることで、多数の人が読書に向かい、社会秩序の根底に立ち入る問題を理解することが肝要である。

　それに対してエヴァレットは、「自分を向上させようと真面目に望んでいる男女の静かな学びの場」である図書館の基本的役割は、公教育の完成にあり、貧しい子弟も公立学校を終えたあと、良書に接することが欠かせないと考えた。彼は通俗書や貸出には関心を向けなかった。

> エヴァレット

　1852年に設置された図書館理事会は、審議の上、図書館の目的とそれを実現する方法に関する報告をまとめた。エヴァレットとティクナーが分担して執筆した。

　学校教育を終えた青年男女は、公共図書館があれば、そこで広く文化に関する著書、実用的な知識のどの分野であれ、その探究に必要な図書を利用できる。この豊かで進歩的なボストン市が、立派な公共図書館の設立と維持に適度な援助をしてはいけないということがあろうか。

　「公立図書館の真の信条を最初に表明した文書」（J.H. シェラ）として評価の高いこの報告書を基調に準備が進められ、1854年3月から閲覧を開始した。

●……イギリスの図書館法

公共図書館法

エドワード・エドワーズ

ウィリアム・ユアート

　1850年7月30日，深夜のイギリス下院は公共図書館法案を可決承認し，8月14日，女王の裁可を得てイギリス最初の公共図書館法が成立した。世界的にも最も早い時期の図書館法制定である。この法案に大きな役割を果たしたのは，大英博物館員のエドワード・エドワーズ（Edward Edwards）で，1848年にロンドン統計学会で欧米の公共図書館の現状を取り上げた発表を行い，後に「ヨーロッパ及びアメリカ合衆国の主要公共図書館に関する統計的考察」として学会誌に発表した。この論文に注目した国会議員のウィリアム・ユアート（William Ewart）がエドワーズと連絡を取りあい，法の成立に力を注ぐことになった。ユアートの提案で1849年に下院に「公共図書館の設置を促進する方策に関する特別委員会」が設置された。ユアートが委員長に選出され，3カ月にわたり内外の関係者32名から国内と欧米諸国の図書館に関する証言を聴取した。エドワーズも当然その一人であった。委員会は「図書館の創設と維持のために，少額の地方税を課する権限を市議会に与える」立法措置を認める勧告を行った。委員会の報告を基に国会で公共図書館法案が審議され，そこで図書館像がさまざまに論議された。そこでユアートは次のように述べている。

　　教育には，学校で授けられるものと，自分自身で獲得するものと，二通りがある。人が自らに課す教育は，教師から与えられる教育よりもはるかに重要である。公共図書館においては自己教育の機会が与えられる。アメリカ人はこの点でわれわれよりずっと進んでいる。

　法案に対する反対意見も強かった。「書物がいかにすばらしい心の糧であろうと，いま国民に最も必要なものは，心ではなく体の糧である」「この法案は，臣民に増税を押しつけようとする試み以外の何物でもない」。賛同者の立論も多様な根拠を主張した。ユアートと共同提案者となったブラザートンは，「この法案は最も安上がりの警察を用意することになる。人びとが自分では買えない有益な本に接し得るようにしなければ，人びとに教育を授けることにどれだけの意味があろうか」と主張した。「あらゆる階級の人びとに大量の情報を伝え，公開の討論をさかんにすること以上に，秩序の維持に役立つものはない」という支持もあった。読書（教育）による秩序の維持という社会政策的な意味に重きを置く論議が特徴的である。これは公立学校の制度化にも通じる関心である。1840年代の議会の調査で，教育を受けたサクソン系労働者の方が文盲のイングランド人労働者よりはるかに多様な仕事ができるという結果も出た。初等教育の普遍化を図った教育法は1870年に制定をみるが，その提案理由にはイギリス産業の競争力向上を公然とうたっている（R.P.ドーア『学歴社会：新しい文明病』岩波書店，1990）。

UNIT 41 ●図書館の歴史的展開
日本の公立図書館 100 年

● ········ 日本の公立図書館

　地方自治体が設置・運営し，住民の利用に供する図書館＝公立図書館は，2013年4月現在で全国に3,228館，町村の図書館設置率は54.2％にとどまる。いまなお図書館をもたない自治体に住む住民は，自治体合併で大幅に減ったとはいえ390万人を超える。人口が少なく，過疎に悩む地域に未設置自治体が多いことは明らかで，何らかの支援が国や県によって講じられることが大きな課題であるが，過密の都市部においても全域にサービスが行きわたる状況にはほど遠く，1970年の『市民の図書館』が提起した全域サービスの体制整備は，なお今後に課されている。

　さらにその内実でみると，委託運営や指定管理者にゆだねる方式など，「公立」である意味が問われる状況も強まっている（UNIT 26）。「公立」か「公共」か，の論議もそこにかかってくる（option Q）。この UNIT では，明治初期の書籍館の誕生以降の日本の公立図書館の展開を素描する。

「公立」か「公共」か

● ········ 学制と書籍館

　公立学校の制度化が一歩先行し，学校を補完する役割で図書館の重要性を認知し，そのための法的根拠づくりに進んだアメリカ，逆に公立学校の制度化に先立ち図書館法を生み出したイギリス——これらを西洋の進んだ文化として受け入れ，近代国家の形成にとっての意義を見い出した明治政府は，1872（明治5）年，全国をおおう壮大な学校制度の構想「学制」を発布する一方，わが国における近代図書館の起点とされる「書籍館」を設置した。福沢諭吉の『西洋事情』などの欧米見聞に学び，近代国家の形成に不可欠なものと考えての始動である。学校と図書館をほぼ同時発足させたところに，先進国に追いつくことを命題とした後発国日本の特徴がある。

書籍館

学校と図書館

　書籍館は官立であり，東京湯島に1カ所つくられたにすぎず，厳密には「公立図書館」の始動というのは当たらない。しかし公的に人々が本に接する機会を開くことの意義を認め，そこに学校の整備と重なり合う期待を寄せての出発であった。

　1872（明治5）年4月に設立，8月から一般の閲覧を開始した書籍館は，「方今人才教育文化進歩ノ為メ，従来府庫収蔵ノ和漢洋ノ群籍ハ申ニ及バズ，其他遺漏スル所ノ書ハ追々之ヲ館内ニ蒐集シ，普ク衆人ノ此處ニ来テ望ム所ノ書ヲ看読スルヲ差

許ス條，各其意ヲ體シ有志ノ輩ハ無憚借覧願出可申事」(『文部省第一年報』）とされた。それは教育・文化のための施設であり，広く衆人に開放され，利用が奨励された。しかし，借覧規則に「借覧人ハ貴賤ヲ論ゼズ」とうたいながら，「但半袂濶袖等ノ見苦敷風躰之者ハ不許入館候事」と服装で制限をし，その他利用にあたっても種々の制約があった。設立当初，その所管が文部省（博物局，博覧会事務局），東京府と一定せず，日本における近代図書館の祖は，「邑二不学ノ戸ナク家二不学ノ人ナカラシメン」ことを期して，全国を大学区，中学区，小学区に分け，8大学校，256中学校，5万3760小学校を設けるという壮大な「学制」構想（そのとおり具体化されたわけではないが）と比べるとあまりにも些細な発足であった。

　全国でわずかに1館，しかもその設置主体は国であり，公立図書館と呼べるものではなかったこの図書館が，その後の日本の公立図書館のモデルとなったことは，少なからぬ問題をあとに残すことにもなる。

●………「公立書籍館ノ設置ヲ要ス」

田中不二麻呂

　アメリカの図書館を視察してきた文部大輔田中不二麻呂が1877（明治10）年12月，地方に向けて標記の呼びかけを発した。明治初期の積極的・開明的な図書館整備の政策と言ってよい。

　　公立学校ノ設置ト公立書籍館ノ設置トハ固ヨリ主伴ノ関係ヲ有シ，互ニ相離ルヘキニ非ス。今ヤ公立学校ノ設置稍多キヲ加フルノ秋ニ際シ，独リ公立書籍館ノ設置甚タ少ナキハ，教育上ノ欠憾ト謂ハサルヲ得ス。吾儕ハ切ニ望ム，各地方教育者ノ公立書籍館ノ特ニ有益ナル理由ヲ認知シ，都鄙各其便宜ヲ計リ，逐次設置ヲ図ルノ佳挙ニ注意アランコトヲ。……公立書籍館ノ設置踵ヲ各地方ニ接シ，漸ク著効ヲ見ルヘキノ日ニ及ヒテハ，政府モ亦其費額ノ幾分ヲ補給スルハ敢テ不当ニ非サルヲ信ス（『文部省第四年報』）。

　学校の設置も基本的には地方に依存した当時の情勢から，公立書籍（図書）館の設置を地方に期待したのは当然だが，国としても応分の負担をすることに言及している点が注目される。この呼びかけ文書の見出しの「公立書籍館」には「パブリックライブラリー」とルビがあり，「何人ニテモ代料ヲ拂ハスシテ縦覧スルコトヲ得ル書籍館ナリ」と付記している。欧米のパブリックライブラリーの要件を「公立」の書籍館に求めた文書である。

九鬼隆一

　田中の呼びかけから5年後の1882（明治15）年，府県の学務課長，学校長を招集した席で文部卿代理九鬼隆一が，図書館についての訓示を行った。「書籍ハ人ノ思想ヲ伝播スル」重要な媒介であるが，その効力はその書籍の善悪邪正によって異

なる。「善良ノ書籍ハ乃チ善良ノ思想ヲ伝播シ，不良ノ書籍ハ不良ノ思想ヲ伝播ス
レハ則チ其不良ナルモノヲ排棄シ，而シテ其善良ナルモノヲ採用スルヲ要スルナ
リ」「不良ノ書ハ読者ノ心情ヲ撹擾シ，之ヲシテ邪径ニ誘陥シ，遂ニ小ニシテハ身
家ノ滅亡ヲ誘致シ，大ニシテハ邦国ノ安寧ヲ妨害シ，風俗ヲ紊乱スル如キ，其流弊
タル実ニ至大ナリ」と公立書籍館に置かれる蔵書の内容に留意を喚起した。図書館
に思想善導の役割を求めるこの提起は，その後の政府による教育機関としての図書 　思想善導
館のあり方を示す政策の基調となり，戦前期を通して一貫することになる。

● ……… 通俗図書館の普及

　下の表に明らかなように，明治期末から大正期，昭和初期にかけて，図書館が激
増している。私立のものも多かったが，公立図書館も町村に普及する。日露戦争後
の国内経営を重視した政府の地方改良運動，さらには大逆事件を経ての思想善導策
に図書館が有効だと判断された結果である。政府が1917（大正6）年に設置した臨 　臨時教育会議
時教育会議が，「通俗教育ニ関シ改善ヲ施スヘキモノナキカ，若シ之アリトセハ其
ノ要旨及方法如何」の諮問に対し，「善良ナル読物等ノ供給ヲ豊ニスル為積極的施
設ヲ為シ，併セテ出版物ノ取締ニ関シ一層ノ注意ヲ加フルコト」「通俗図書館博物 　通俗図書館
館等ノ発達ヲ促シ之ニ備付クヘキ図書及陳列品ニ関シ必要ナル注意ヲ怠ラサルコ
ト」をまとめた。善良な書物を読むことで，善良な国民を育成することが期待され，
国民によい本を読ませ，指導する図書館のイメージが強まる。

表　公共図書館の普及

	1880（明13）	1890	1900	1910	1920（大9）	1930（昭5）	1940	1950（昭25）	1960	1970	1980	1990
公立	19	10	16	129	1065	3235	—	—	738	847	1290	1892
私立	2	10	27	245	605	1374	—	—	42	34	30	30
総数	21	20	45	374	1670	4609	4753	1548	780	881	1320	1928

　ただし，この時期の通俗図書館の大半は，「経費僅少，内容貧弱，設備不完全，
整理不確実，運用不十分」で「殆ド有名無実デ中ニハ厄介視サレテヰルモノモナイ
デハナイ」（伊藤新一）と評される状態で，さほどの魅力もない図書館がどれだけ
その「期待」に応え得たかは疑問であり，県や大都市の調査研究的図書館とはっき
り二分された貧しい図書館像を広げるにとどまったと言って過言でなかろう。

● ……… 中央図書館制度

　1933（昭和8）年に改正された図書館令（1899（明治32）年発布）は，図書館制 　図書館令
度にいくつもの改変をもたらす大幅な改定であった。第1条に書き込まれた「図書

館ハ社会教育ニ関シ附帯施設ヲ為スコトヲ得」が，図書館の教育機能をめぐって論議を招いたし（附帯施設論争），制度的には，地方長官が文部大臣の認可を得て公立図書館中の一館を中央図書館に指定する制度を導入し，「中央図書館ノ館長ハ兼ネテ其ノ道府県内ニ於ケル図書館ノ事務ヲ視察ス」と定めた（公立図書館職員令）。戦時体制下の教化・指導体制を強める施策であり，中央図書館（おおむね県立図書館）による県内市町村図書館への監督，指導の関係が制度として確立された。中小図書館に対して大図書館が上に立つという認識が一層強化されたことは否めない。

●………「中小図書館こそ図書館のすべて」

大図書館（長）による中小図書館への指導，という関係は，戦後1950年に図書館法が制定され，「地方自治の本旨」が自治体行政の基本に据えられても，感覚的にはなお続いた。それを払拭する提言が1963年の『中小都市における公共図書館の運営』（いわゆる『中小レポート』）である。「中小公共図書館こそ公共図書館の全て」であり，「大図書館は，中小図書館の後盾として必要」という認識が，これまでの大図書館中心の図書館経営観を大きく転回させた。住民の身近な中小図書館（市町村の図書館）こそが住民の日常生活で意識し，利用できる図書館であり，住民にとっては身近な図書館が図書館のすべてだと言って過言でない。しかも，中小図書館がそのサービス活動を強めていけば，必ずそのもてる限界を意識せざるを得ない状況が生まれるだろう。そのとき，大図書館（都道府県立図書館など）のバックアップの働きが必要となる，という関係の把握であり，これが現在に至る県立図書館と市町村立図書館の関係の基本的な把握につながる。

大図書館をモデルに出発し，大図書館の運営や技術を小さい図書館も精一杯模倣するという明治以来の慣習がようやく払拭され，中小図書館こそ図書館である，という認識が1960年代半ば以降，次第に定着をみる（本来，県立に代表される大図書館が優位に立つという制度上の根拠は日本国憲法の公布ですでに消滅している）。図書館法に基づく無料公開の原則，「開架制と貸出しは公共図書館のマグナカルタである」（ボストウィック）と言われる図書館奉仕の重視など，近代公共図書館に欠かせない諸要件を備えた図書館が，1960～70年代を通じてようやく日本にも根を下ろすことになった。

21世紀を迎えたいま，日本の公立図書館は設置者の管理・運営上の責任，経営形態，進展する情報環境の変化を活かしたサービスの追求，厳しい財政基盤，実態の薄い専門職制度など，近代公立図書館の原点に照らして大きな課題に直面している。公立図書館100年の歴史をかみしめ，誰もが必要な資料・情報に自由に，どこまでもアクセスできる，知的自由の原則にそった図書館の整備・充実に向け，未来に活かすことが重要である。

UNIT 42 ●外国の図書館
アメリカの図書館

●………図書館と法財政制度

　アメリカでは州ごとに図書館事情が異なる。公共図書館の設置・運営にかかわる法律は州によって異なっており，州憲法の一部として，あるいは州法として規定されている。それぞれの土地の事情や地方自治の仕組みを反映し，その内容は多様である。したがって，アメリカの図書館を法財政制度面から論じる場合には，州ごとに大きく異なることを前提とすることが必要となってくる。

　州憲法で公共図書館に関する規定を設けているのはミシガン州とミズーリ州である。多くの州では州法の図書館や教育といった条文の中で規定している。おおむねは地方自治体への公共図書館設置権限の移譲や図書館税課税権の賦与，委員会や理事会による図書館管理運営などが規定されている。また補助金や地域図書館ネットワーク，プライバシー保護，図書館職員（司書）などについて規定している州法もある。

　全米を網羅する連邦レベルとしての図書館の設置運営にかかわる法律は存在しない。これは合衆国憲法に文化・教育にかかわる明文規定がなく，修正第10条で州に権限が留保されていることによる。しかし1956年に「図書館サービス法」（LSA：Library Services Act）が成立し，住民1万人以下の農村地域での図書館振興を助成する事業を発展させて以降，州政府権限を越えて連邦政策としての図書館振興を推進する方向に転換し，連邦政府資金の州への投入をはかるようになっている。

> 図書館サービス法（LSA）

　1964年にはこの農村地域から都市地域に拡大した「図書館サービス・建設法」（LSCA：Library Services and Construction Act）に，さらに1996年には情報化支援を主とする「図書館サービス・科学技術法」（LSTA：Library Services and Technology Act）による助成事業を実施している。さらに生涯学習情報を扱う同種の機関として図書館と博物館への補助金を一括管理するために，LSTAと「博物館サービス法」（Museum Service Act）をあわせ，図書館と博物館が合同で補助金申請できるように「博物館・図書館サービス法」（MLSA：Museum and Library Services Act）を制定している。図書館に関する部分は第2章になる。この法律は2002会計年度で終了し，内容の見直しなどが行われ，「博物館・図書館サービス法2003」（Museum and Library Services Act of 2003）となり，2009会計年度までの予算化が決定し

> 図書館サービス・建設法（LSCA）

> 図書館サービス・科学技術法（LSTA）

> 博物館・図書館サービス法（MLSA）

た。期限立法のため2009会計年度以降は再び見直しが行われた。担当部局は図書館・博物館サービス局（IMLS：Institute of Museum and Library Services）であるが，2011年現在，米国全体の財政困難な状況を背景として，予算が2010年と比べLSTA補助金は11.47％削減となっている。

　LSTAは主として州に対する補助金を定めているものである。州図書館行政機関（州立図書館あるいは州図書館委員会や州図書館理事会）を通じて交付される。図書館の館種や組織にかかわらず州図書館行政機関経由で申請し，IMLSで定めた目的に合致した事業に対して支出されるものである。目的は大きく二つあり，図書館間や教育関連機関との電子ネットワーク化推進と図書館サービスが及ばない人々，例えば17歳以下の貧困家庭の子どもたちへの図書館サービスの提供などである。またLSTAは各州の州図書館行政機関に5カ年計画の提出を求めており，計画の終了時までには内容の評価を実施しIMLSに報告が義務付けられていたが，その達成度は不十分といわれている。

　2009年2月13日に「アメリカ復興・再投資法」（ARRA：American Recovery & Reinvestment Act 101）が通過し，農業省から地方の活性化のためブロードバンド普及や地域にコンピュータ設置などの補助金が確保できるようになった。商務省からは全米テレコミュニケーション情報管理プログラムから直接，地域がブロードバンド設置のための資金を確保できるようになった。公共図書館等はこれらの資金を活用してネットアクセスに対する不公平を是正しようとしている。

● ……… 公共図書館の設置・運営

　公共図書館の設置は州法により規定されていることが多い。地方自治体において議会の決定や行政命令により設置が決定できるとされているが，多くは有権者あるいは住民による投票によって設置の是非や，図書館税額や図書館サービス地域境界決定・変更など管理運営内容を問う制度を導入している。

　アメリカ図書館協会（ALA：American Library Association）によれば，2010年現在，全米で約121,785の図書館がある。そのうち，運営単位でみると公共図書館は9,225館あり，建物数では中央館・地域館あわせて16,698館ある。過去にアメリカの図書館界が力を入れていた都市圏と農村部との公共図書館の建物としての配置のアンバランスの問題よりも，現在はネットでのアクセス可能地域の拡大・是正に重点をおき，いつでもどこでも図書館からの情報アクセスの保障を課題としている。

図書館の財源
図書館税

　公共図書館財政歳入源は，図書館サービス地域内での財産（不動産等）に課税（図書館税）した財源や，州政府など地方自治体の売上税（消費税）などの歳入からの充当，州および連邦政府の補助金の交付，さらに民間からの寄付金などが主なものである。ほかに，寄付金や会費などを主な財源とする図書館財団（library foundation）

が運営する「私立」公共図書館もある。近年は「公立」公共図書館でも，図書館友の会などが図書館財団を設立し，図書館集会行事などの運営費用をこの財団から支出することが多くなってきている。図書館財団に寄付すると免税対象になるので，民間からの寄付金などを獲得しやすくするため，この図書館財団を併設する大都市圏の公共図書館は増加している。

> 図書館財団

　直接税である図書館税の税率決定プロセスは，住民の決定に委ねている場合と，財産評価上限を1ドルにつき1ミル（1,000分の1ドル）あるいは100ドルにつき何セントと決めている場合，地方議会開催ごとに議員が決定する場合，外部から雇用した地方自治体経営責任者が決定する場合など多様である。図書館管理運営に関する意思決定機関としては，その多くは図書館委員会（library boards）であったが，最近は地方自治体の財政状況の変化により，図書館財団と合体化して，図書館財団が図書館運営の財政責任団体となっているところが大都市を中心として増加している。図書館委員会のメンバーに関する人数や選任条件（公選であることが多い）などは州によって，あるいは図書館サービス地域などによっても異なる。

● ……… 公共図書館以外の図書館

(1) 国立図書館

　議会図書館（LC：Library of Congress）が国立図書館として中心的な役割を果たしている。そのほか農業図書館や医学図書館など連邦政府が直轄運営している図書館数は，全米で1,098館である。

> 議会図書館（LC）

　LCは著作権登録制度をともなう納本制度により，印刷物・非印刷物にかかわらず網羅的に収集すると同時に，出版者の版権保護を行っている。また収集した資料の書誌コントロールを行うことにより，図書館資料の多様化・拡大化を推進する一翼を担っている。最近は書誌情報作成のアウトソーシングも進んでいる。

(2) 学術図書館・専門図書館

　大学や短大，研究所などに付属する図書館は学術図書館（academic library）と呼ばれ，学生や研究者だけでなく一般市民にも開放しているのが普通である。専門性の強い資料群を有することが多く，調査研究に積極的に利用されている。最近の傾向として学習相談に対応する学部学生のための学習スペース（インフォメーションコモンズあるいはラーニングコモンズ）を設ける大学図書館が増えている。2010年現在，大学図書館は全米で3,689館あり，うち4年制以上の大学図書館は2,363館，2年あるいは3年制の大学図書館は1,326館ある。

　美術館や博物館などに付属するものなど，アメリカの専門図書館（special library）には一般に公開されているものが多い。専門図書館協会が把握している数は8,313館である。

(3) 学校（区）図書館

学校図書館は学習メディアセンターとして位置づけられるようになってきており、図書や雑誌のみならずインターネットを活用した情報提供の場として活用されている。教員資格をもつ学校図書館司書（司書教諭）はメディアスペシャリストと呼ばれることが多く、広範囲にわたる情報資源の提供や情報リテラシーを教えることのできる専門担当者が配置されることが多い。その配置は財政状況に左右されることが多く、課題を抱えている。全米の学校図書館数は2010年では、公立学校で81,920館、私立学校で17,100館、ネイティブアメリカン局直轄学校で160館となっている。公立学校での司書教諭配置率は低い。テネシー州など識字教育に力点を置いている州では配置率は高いが、財政状況の悪いカリフォルニア州ではかなり低くなるなど、州によって配置率が大きく異なる。また、司書教諭資格取得のための教育・養成も州によって大きく異なっている。

※ 司書教諭

2001年の初等中等教育改正法（NCLB法：No Child Left Behind Act）により、全米で学習到達度評価が実施されるようになった。とくに読み（識字）と算数・数学の学習効果を評価するものである。識字力向上に学校図書館活動が影響を与えているとの調査結果が報告される州も出てきている。しかし、一方で「学校図書館を利用する識字力改善」（ILSL：Improving Literacy Through School Libraries）プロジェクトが連邦議員の賛成を得たにもかかわらず財源が確保できず、2011年5月にはゼロ査定され宙に浮くことにもなっている。

● ……… 図書館のネットワーク

1970年代以降、設立されたOCLCなど学術図書館が発展あるいは複数の学術図書館がネットワークを組み、図書館資源情報の共有化を行ってきた。その書誌ユーティリティがインターネットの拡大にともない、その活動内容を多様化するとともに民間のGoogleと競争するような形でグローバルな活動に発展している。全米のみならず図書館ネットワークの国際化が急速に進んでいる。その動きは学術図書館の枠を越え、公共図書館にも広がっている。図書館ネットワーク化は書誌データの共有・公開から、財政負担や物流面で充足化・拡大化が急速に進行している一方、財政困難な状況におちいる州ではネットワークの再編が行われている。

● ……… 司書職の養成と社会での位置

図書館司書は専門職としてアメリカ社会での位置づけは強い。ALA認定の図書館情報学大学院で修士号を取得することが図書館司書としての基礎資格とされ、図書館での勤務経験を積むことにより、さらにその専門職としての評価は高くなっている。図書館のみならず、情報を扱う資料センターやインターネット関連の職場で

の就職でも図書館司書の評価は高い。学術図書館ではさらに情報系など複数の修士号や図書館内での管理職につくためには博士号を求められることが多く，これは大規模公共図書館にも広がる傾向にある。近年では，特に図書館経営管理担当者としての知識技能を求められる傾向が強い。

● ········ 図書館をめぐる課題
(1) FBIと図書館
「9/11」以降成立した「愛国者法」(PATRIOT Act) は，FBIによる図書館での個人読書記録調査を認めるものであり，かつ調査を受けた図書館側に公表権が認められないなど図書館における知的自由に対抗するものである。2007年以降，若干修正が加えられ，図書館側からの反論が認められるようになったものの，依然として図書館への調査は継続している。関連してプライバシーの侵害事例が続き，ALAでは図書館員自身の利用者のプライバシー保護についての意識改革を求めている。

(2) フィルターソフトと図書館
児童インターネット保護法（CIPA）と近隣児童インターネット保護法（NCIPA: Neighborhood Children's Internet Protection Act）により，2001年4月から学校や図書館でインターネットに割安で接続できる教育用レート（E-rate）が導入された。これは学校図書館や公共図書館でのインターネット接続を拡大する原動力になったが，条件として子どもが利用する端末にフィルターソフトを導入することになっており，未成年者の情報への自由なアクセスを阻害するものと懸念されている。1996年の情報品位法（CDA：Communication Decency Act）や1998年の児童オンライン保護法（COPA：Child Online Protection Act）と類似の目的をもつ。これらの法律は違憲だと提訴され，連邦政府が敗訴したのに対し，CIPAとNCIPAは2003年に最高裁で合憲と判断されている。

> 児童インターネット保護法

(3) 図書館専門職の教育
図書館情報学大学院のカリキュラムが多様化し，情報学分野に重点を置く学校が増加する一方，ALAでは公共図書館専門職研修を開始し資格授与を開始した。また，図書館司書補（paraprofessional librarian, library assistant）の養成教育カリキュラムのガイドラインを定め，学部レベルでの教育の方向性を公表している。

(4) 電子書籍の利用
2010年現在，公共図書館の66％以上，大学図書館では86％以上で電子書籍を所蔵している。サービスや資料管理面からメリットがある一方，利用者の利用教育や著作権の問題など多様な課題をかかえている。

UNIT 43 ●外国の図書館

イギリスの図書館

● ……… 公共図書館制度

　英国（イギリス）は，イングランド，ウェールズ，スコットランドという三つの国と，アイルランドの北部地域を主要な領土とする連合王国（UK：United Kingdom）である。英国の社会機構では，連合王国内のこうした国と地域において，それぞれ異なる制度が用いられていることが少なくない。公共図書館に関する法制度や組織もそうである。結果として，公共図書館サービスの目的やあり方そのものを変えるほどの相違ではないが，活動の細部に至っては，異なる体制となっている。例えば，1964年に成立したPublic Libraries and Museums Actは，イングランドとウェールズに適用されるものであり，北アイルランドに適用されているLibraries Act (Northern Ireland) 2008とは異なっている。スコットランドに関しては，地方自治体制度のもとで，これらに類した公共図書館体制を整えている。

　公共図書館は地方政府（地方自治体）が設置するが，すべての地方政府というわけではない。法律上，公共図書館の設置権限（public library authority）を有するところが限定されているのである。日本のように，第一層自治体（first tier authorityまたはlower tier authority）である市町村および特別区（東京23区）と，第二層自治体（second tier authorityまたはupper tier authority）である都道府県が，いずれも設置権限を有しているのとは事情が異なる。イングランドを例にすると，ロンドンでは第一層自治体の市と区（London Borough）が，その他の地域では第二層自治体の県（county）が，図書館の設置権限を有している。ただし，1990年代後半からの地方自治体制度の改革に伴い，人口が集中している市や地域に関しては，上層自治体を持たない組織が再編成された。unitary authoritiesとよばれる市とmetropolitan districtsと呼ばれる大都市圏の区がそれに相当し，それまで第一層自治体と第二層自治体に分けられていた権限すべてを有している。したがって，公共図書館の運営も，それらの自治体で行われている。

　公共図書館の設置権限を有する地方自治体の数は，イングランド151，ウェールズ22，スコットランド32である（2011年度現在）。ただし，地方自治体の制度変革は，現在も続けられていることから，この数の推移が激しいことに留意する必要がある。また，北アイルランドでは，2008年度までは，五つの地域の教育・図書

（欄外）公共図書館の設置権限

館委員会（education and library board）が活動権限を有していた。しかし，上述の法制度に基づき，2009年度からは単一のNorthern Ireland Library Authorityとなり，北アイルランド全域に公共図書館サービスを提供するようになっている。

●………サービスの特徴

　英国の図書館サービスの特質のうち，日本の事情と大きく異なるところの第一は，学校図書館との関係である。日本の地方自治体では，教育委員会のもとに学校教育部門と社会教育部門がまず組織され，社会教育部門の施設として公共図書館が位置付けられ，学校図書館とは切り離されている。この点，英国では，図書館部門が行政機構としてまず置かれ，図書館サービスすべてを所管している。すなわち，学校教育に対する図書館サービス（school library service あるいは library service for education）と公共図書館サービスが，同一の組織によって運営されている。

　第二の特徴は，機能分担に基づいて，一つの自治体の図書館システム内に，異なるタイプの図書館（部門）が設置されていることである。読み物を中心とした資料を所蔵し，貸出サービスに代表される資料提供を行う図書館と，調べ物のための各種の情報源を所蔵し，閲覧サービスとレファレンスサービスを展開して情報提供を行う図書館である。前者は貸出図書館（lending library），後者はレファレンス図書館（reference library）と呼ばれる。それぞれが，異なる建物に分けられていることもあれば，同一建物の中でフロアや部屋を分けていることもあるので，日本語としては，貸出部門とレファレンス部門と認識したほうが便利であろう。なお，分館や移動図書館（mobile library）は，基本的に貸出図書館である。

　ただし，貸出図書館においても，当然ながら利用者からの資料に関する質問が寄せられ，それに対する情報提供が専従の担当者によって行われている。すなわち実態として，貸出図書館においてもレファレンスサービスが実施されているのである。このサービスは，readers' advisory service と示され，レファレンス図書館におけるサービスと区別することがある。readers' advisory service は，内容的にも資料提供と強く結びついており，専門的な情報の検索ではなく，資料に関する案内が中心になっているからでもある。したがって，日本における「読書案内」に相当するサービスと考えるのが妥当である。

　第三の特徴は，公共図書館のサービスの一部が有料によって提供されていることである。Public Libraries and Museums Act では，無料で提供するサービスを限定的に定めており，それ以外のサービスは有料で提供することができる。無料の範囲とされているのは，図書館所蔵の印刷資料の貸出と，基本的な（すなわち，印刷形態の）図書館資料を典拠としたレファレンスサービスである。したがって，図書館で所蔵されていない資料をリクエストして取り寄せてリザーブ（取り置き）する

［図書館部門］

［貸出図書館］
［レファレンス図書館］

［有料制のサービス］

場合や，音楽CDやDVDのような非印刷資料の貸出に対しては，料金を課すことが可能となっている。また，一定時間以上のインターネット利用やオンラインデータベースを利用した情報サービスも，有料となることが少なくない。複写サービスも有料である。こうした有料サービスのほかに，延滞や汚損に対する反則金や，貸出カードやPC利用のパスワードの再発行手数料なども定められている。

● ……… 国の政策

文化・メディア・スポーツ省

英国政府では，文化・メディア・スポーツ省（DCMS：Department for Culture, Media and Sport）が図書館を所管しており，関連組織とともにさまざまな施策を公表ならびに実行している。過去十数年間の取り組みとしては，ネットワークによる図書館サービスの充実を志向したPeople's Network Projectの推進（英国図書館情報委員会情報技術ワーキング・グループ『新しい図書館：市民のネットワーク』永田治樹ほか共訳，日本図書館協会，2001参照），公共図書館政策のビジョンとしてのFramework for the Futureの表明（英国文化・メディア・スポーツ省編『将来に向けての基本的な考え方：今後10年の図書館・学習・情報』永田治樹ほか共訳，日本図書館協会，2005参照）などがある。また，サービス基準の整備も重要な活動の一つであり，2001年に導入され，その後改訂がなされた「公共図書館サービス基準」（2011年現在のものは，Public Library Service Standards, 3rd revised ed., 2008）に着目する必要がある。

さらに，DCMSは，公共貸与権（Public Lending Right）ならびに法定納本制度に関する監督官庁でもある。したがって，前者に関しては，著作者の利益と図書館の貸出サービスとの調整を支える活動を遂行している。また，後者に関しては，英国図書館（The British Library）をはじめとする英国とアイルランド共和国にある6図書館に対して，国内出版物が円滑に納本されるよう，基盤整備を行なっている。

なお，Public Libraries and Museums Actでは，「地域のニーズに基づいて，包括的かつ効果的な図書館サービスを提供すること」を，地方自治体の責務として定めている。しかし，長期にわたる英国経済の不況の影響もあって，財政的な圧迫のもと，図書館を閉鎖したり活動を縮小したりする地方自治体が現れている。こうした動きに対し，DCMSでは，責務に反するかどうかを調査し，必要ならば警告ならびに介入することとしている。

● ……… 専門職制度

図書館・情報専門家協会（CILIP）

図書館員（librarian）は，英国においてプロフェッショナルの資格を有した図書館職員を指すことばである。この資格の認定は，図書館・情報専門家協会（CILIP：Chartered Institute of Library and Information Professionals）が行なっている。

CILIPは，2002年4月に，英国図書館協会（LA：The Library Association）と，英国情報専門家協会（IIS：The Institute of Information Scientists）の統合によって成立した専門職団体である。したがって，現在では，図書館員を含む情報専門職の資格認定を行う団体となっている。

この団体の正規会員（MCILIP：Member of CILIP）として所属が認められれば，図書館情報専門職となったことになる。前身のLAは，1898年に国王の勅許により，図書館員の専門職団体として認められていた。国王より認められたということは，国家が認めたことに等しく，社会的に公式のものとなったことを意味する。現在では，CILIPがこれを引き継ぐものとなっており，「勅許で認められた」を意味するCharteredを団体名に冠しているのは，こうした経緯による。それゆえ，MCILIPとなることはChartershipとも呼ばれ，英国社会において，図書館情報専門職としての資格を有するものと認められたことになるのである。

現在の資格認定制度は，英国職業資格（NVQ：National Vocational Qualification, スコットランドはS/NVQ）制度の整備に基づいて見直され，2005年以降運用がなされているものである。認定そのものは，准専門職（para-professional）としての能力を認定するcertification（ACLIPの認定），専門職の資格としてのChartership（MCLIPの認定），著しい貢献をしたMCLIPに与えられる上級資格してのFellowship（FCLIPの認定）の三つがある。また，MCLIPとFCLIPに関しては，3年ごとの再認定（revalidation）が求められている。

> 資格認定制度

Chartershipの場合を記すと，資格認定の基本的な道筋には二つのものがある。一つは，CILIPが認定した図書館情報学教育を行う大学の課程を修了し，フルタイム相当の専門的業務に1年以上従事し，所定の書類審査を通過するというものである。もう一つは，ACLIPであることに加えて，フルタイム相当の専門的業務に2年以上従事し，所定の書類審査を通過するというものである。この書類審査には，ポートフォリオ方式（portfolio approach）が導入されており，申請者は，資格に関係する能力を有していることの証拠となる文書（履歴書，勤務実績の証明書，発表業績，専門職としての行動計画など）を蓄積することが求められている。

なお，資格に関係する能力については，Body of Professional Knowledgeとして示されている。また，CILIPが認定する図書館情報学教育を行う課程を有する大学は，イングランド11，ウェールズ1，スコットランド3，北アイルランド1となっており，これに加えてドイツのCologne Universityの課程が認定されている（2011年現在）。一つの大学で複数の専攻課程が認定されており，学部教育および大学院教育すべてを合計すると56課程に及ぶ。多くは通学課程であるが，遠隔教育を行なっている大学も三つある。ただし各課程は，3年ごとに再認定の対象となり，また，各大学での課程がしばしば変更されることから，数値の動きは激しい。

UNIT 44 ●外国の図書館
北欧の図書館

●………概況

　北欧における生涯学習機関としての図書館の歴史は長く，すべての住民が情報にアクセスし自ら学ぶための場としてコミュニティの中で重要な役割を果たしてきた。北欧では図書館サービスは，居住区，文化的背景，経済的状況の違いによらず，住民が公平に享受するものとしてとらえられており，そうした意識が社会全体に浸透している。　図書館はコミュニティにおいて住民に最もなじみのある文化施設であり，北欧社会の根幹を形成する民主主義を支える機関として，日常生活に深く根づいている。近年は特定のニーズをもつ利用者のための情報センターとして，あるいは生涯学習のための情報の提供と助言を行う場としての機能も果たすようになった。

電子メディアとインターネットの導入

　この20年間で北欧の図書館は電子メディアとインターネットの導入を積極的に進めてきた。伝統的な資料に加えてCD-ROM，DVD-ROM，データベース等の新たな電子メディアを活用すると同時に，各国に全国レベルの目録ネットワークが整備され，インターネットを利用した相互貸借や資料の予約が可能になっている。また各国ともオンラインレファレンスシステムを構築し，インターネットを介して専門的な情報サービスを受けることができる。こうしたシステムは地域格差のない図書館サービスの提供という面で，大いに効果をあげている。

多言語サービス

　北欧には多様な民族的，言語的，文化的背景をもつ移民や難民が多く住んでおり，マイノリティ住民を対象とする図書館サービスに早くから取り組んできた。図書館はさまざまなメディアによる多言語資料の提供を通して，マイノリティ住民へのサービスを積極的に展開している。その一例としてスウェーデンでは，多言語（スウェーデン語，英語，フィンランド語，ポーランド語，スペイン語，フランス語，ロシア語，ペルシャ語，アラビア語）でオンラインレファレンスサービスを提供している。北欧諸国には全国レベルで多言語資料を収集・組織化・提供し，図書館職員への多文化図書館サービスの支援を専門に行う多言語図書館センターが設置され，文化的に多様な利用者をサポートしている。

　公共図書館では図書館の財政難やそれに伴う人員の削減，研究図書館では学術雑誌を中心とする資料の高騰や電子雑誌の提供のあり方が課題となっている。学校図書館では開館時間や職員の教育レベル等の学校間の差が問題視されるとともに，学

校教育における図書館の位置づけやメディアの活用にかかわる議論が行われている。1970年代に設立されたNORDBOKは北欧諸言語の書籍の翻訳事業を中心に，セミナーや会議を通じて北欧諸国の著者や翻訳者や図書館を支援し，北欧諸国の文化的結びつきを支援してきた。NORDBOKは2006年に終了し，北欧文化の伝達を担う新たな組織Kulturkontakt Nordが2007年に設立された。

北欧全体の学術情報へのアクセスの向上を目指して2006年に構築された情報基盤プログラムNordbibは，2014年12月現在，北欧とバルト諸国における学術情報のオープンアクセスに向けて，ScieCom info（Nordic-Baltic Forum for Scientific Communication）プログラムを2年間の時限付きプロジェクトとして助成している。研究教育については，図書館情報学における研究教育分野での協力と博士課程の教育の質の向上を目的に構築されたNORSLISと呼ばれる大学のネットワークが設立されている。北欧諸国の図書館は実践・研究の両面で密接なネットワークを築く一方で，国によって図書館制度・政策は異なる面も多い。以下，北欧各国の図書館の概要と特徴をみていく。

Nordbib

● ………スウェーデン

スウェーデンではスウェーデン王立図書館（Kungliga biblioteket）が図書館政策の中心的役割を果たしている。図書館法は1997年1月に制定され2005年，2014年に改正された。同法では図書館活動が行政における政策レベルの課題として規定されている。各コミューンに必ず一つは公共図書館が設けられねばならず，無料で文学と情報を提供することが同法によって義務づけられている。また児童・青少年の読書振興，少数民族や移民など言語的マイノリティへのサービス，館種横断的な図書館協力が明示されている。

法定納本図書館はスウェーデン王立図書館である。公共図書館はすべての自治体に設置されており，中央館が282館，分館が886館ある。分館は減少傾向となっている。また公共図書館の41%は学校図書館の併設館である。その他コミューンの公共図書館を支援する地域図書館（Lans-/regionbibliotek）が20館，国が運営する保存図書館・図書相互貸借センターがウーメオ市に1館，多言語図書専門の貸借センターがストックホルム市立図書館内の国際図書館に1館設けられている。

関係団体として，全館種を含む図書館職員のコミュニケーションと図書館振興を目的として政府機関への働きかけも行っているスウェーデン図書館協会（Svensk Biblioteksforening）と社会における図書館協会（BiS：Bibliotek i Samhälle）がある。後者は図書館職員や他の図書館に関心がある人のための協会で，民主主義を守り発展させる図書館の使命に基づき活動を進めている。また図書館センター（BTJ：Bibliotekstjanst）は全国の公共図書館用のサービス会社で図書館向け製本，

書誌検索システムの開発,目録作成管理,書評カタログの作成等を進めている。情報関係の領域で働く専門職のための協会でもあり,労働組合でもあるドキュメンテーション情報文化協会（DIK：Dokumentation, Information, Kultur）は,この分野に関する情報交換,研究,発展等に努めている。

　王立図書館が運営する学術図書館を中心とする書誌検索システム LIBRIS は,2010 年に公共図書館の協力を得て国内の全図書館を網羅する書誌検索システムへと拡大化する方向性を打ち出した。2014 年現在,400 図書館の提供する 700 万タイトルが検索可能となっている。今後はより多くの公共図書館の参加が予定されている。

●……デンマーク

　デンマークは国内の広域にわたる図書館協力システムが,早くから整備されてきた国として知られ,生涯学習の理念に基づき図書館が市民の学びの中心的機関として位置づけられている。図書館は文化省（Kulturministeriet）の下で,公共図書館,研究図書館を統括する運営,助言機関である文化局（Kulturstyrelsen）が全体的な政策を主導している。図書館振興団体として北欧諸国で最も古い歴史を持つデンマーク図書館協会（Danmarks Biblioteksforening）とデンマーク研究図書館協会（Danmarks Forskningsbiblioteksforening）がある。

　法定納本図書館はデンマーク王立図書館（Det Kongelige Bibliotek）である。同館はデジタルコンテンツポータルサイト KulturPerler を運営し,手稿を含む歴史的文化的資料を提供している。その他に国立保存図書館,多言語資料貸借および支援に関する統合図書館センター（BiblioteksCenter for Integration）,読むことに困難がある人びとのための国立図書館（Nationalbibliotek for mennesker med lasevanskeligheder：Nota）がある。公共図書館はすべての自治体に設置されており,中央図書館,分館,ブックモービルによる移動図書館などのサービスポイントの総計は 539 カ所となっている。2000 年に採択された図書館サービス法には,高額データベースによる情報提供など特定のサービスへの課金についての記述が含まれている。学校図書館はすべての義務教育機関に設置されており,司書教諭の指導の下に学校教育において積極的に活用されている。

　デンマークの全国書誌である DanBib はデンマーク書誌センター（DBC：Dansk BiblioteksCenter）によって作成・運営されているネットワーク bibliotek.dk を中心に図書館システムが形成されている。このネットワークを利用して,デンマーク全土の図書館間で資料の相互貸借が可能である。

　学術図書館を中心としたネットワークとしては,DEFF（Danmarks Elektroniske Fag-og Forskningsbibliotek）がある。DEFF は科学技術省,文化省,教育省が共同で

出資し1996年に設立された電子図書館システムである。利用者はシンプルなインタフェースからネットワーク情報資源にアクセスし，研究に利用することが可能である。このシステムは電子ジャーナルの共同ライセンスの取得，e-learning，電子出版なども含まれた学術情報の総合的なインタフェースを提供することで，デンマークの学術情報システムの中心的な役割を果たしている。利用者はポータルサイトdeff.dkから各種の学術情報にアクセスすることができる。

● ········ノルウェー

ノルウェー国立図書館（Nasjonalbiblioteket）の下部組織である開発部門（Bibliotekutvikling）が，ノルウェー国内図書館の最高責任機関として全館種を対象にさまざまな図書館サービス振興のための事業を展開している。ノルウェー国立図書館は法定納本図書館であり全国書誌検索サービスを提供するほか，国立図書館の所蔵資料を電子化したデータとデータを閲覧するためのウェブサイトBokhylla.noを通じて，ノルウェーの公共図書館と学術図書館に電子的資料の提供を行っている。図書館関係の団体としては，図書館および情報活動の振興と発展を目指す全国規模の団体であるノルウェー図書館協会（Norsk Bibliotekforening）と専門図書館のための団体（Norsk fagbibliotekforening）がある。

保存図書館である国立図書館ラナ部門（Nasjonalbibliotek, avdeling Rana），多言語図書館（Det. erspraklige bibliotek）は，全国規模でサービスを提供している。公共図書館は全国に715館あり2005年から「全国共通図書館貸出カード」で全国の図書館どこからでも資料を借りられるシステムを導入した。また多様な自然環境からなるノルウェーではブックボート（図書館船）も重要なサービス拠点となっている。公共図書館法は2013年に改正され，公共図書館が公の議論のための場所として位置づけられた。すべての初等教育機関に学校図書館が設置されているが，学校図書館における専門職の配置には地域差が見られる。ノルウェーの学術情報システムBIBSYSは，大学図書館，専門大学図書館，国立図書館，専門図書館を結ぶネットワークである。NORA（Norwegian Open Research Archives）はオープンアクセスジャーナルと国内の機関リポジトリの情報を横断的に検索するためのポータルサイトとなっている。さらに学術論文や研究者情報を検索するためのサイトCristin（Current research information system in Norway）がある。

● ········フィンランド

公共図書館は教育・文化省（Opetus- ja kulttuuriministeriö）の文化スポーツ青年政策局に，学術図書館，国立図書館，科学技術系図書館，保存図書館は，教育科学政策局の下に置かれている。図書館にかかわる団体としては，公共図書館職員を中心メ

ンバーとするフィンランド図書館協会（Suomen kirjastoseura）と研究図書館協会（Suomen Tieteellinen Kirjastoseura）がある。法定納本図書館はヘルシンキ大学図書館・フィンランド国立図書館（Kansalliskirjasto）であり，その他に国立の保存図書館が設置されている。すべての自治体に公共図書館が設置されており，一部の図書館は学校図書館の機能ももつ。中央図書館は291館，分館は487館，病院図書館は37館，ブックモービルによる移動図書館が147台，ブックボートが1台，それ以外のサービスポイントが407カ所ある。フィンランドの図書館サービスはネットワークによって効率的に構築されており，約80％の国民が図書館を日常的に利用している。

<small>ブックボート</small>

　ヘルシンキ大学図書館が提供するFinELibは，教育研究の支援を目的とする電子図書館システムで，大学，研究機関，公共図書館との連携の下に運営されている。フィンランド国立図書館が運営するポータルサイトJuuliではフィンランドの学術研究資料の情報を検索することができる。また同館は2013年にフィンランドの文書館，図書館，博物館のデータを横断的に検索できるデジタルコンテンツポータルサイトFinnaを開設した。

　フィンランドは国土の割に人口が少ない国であり，国際競争力をつけるためにとりわけ教育を重視している。フィンランドの学校図書館は地域によって差があり，場所によっては学校図書館はあまり整備されていない。そのため公共図書館が学校教育を補完する重要な役割を担っている。公共図書館は学校と連携して児童の読書や学習を支援している。こうした両機関の協力体制は，OECDの学習到達度調査（PISA）におけるフィンランドの児童の読解力の好成績にも反映している。

● ……… アイスランド

　人口の少ないアイスランドでは情報社会の発展に向けた行動計画を国家戦略として掲げ，国全体で図書館政策に積極的に取り組んできた。法定納本図書館はアイスランド大学図書館・アイスランド国立図書館（Landsbókasafn Íslands - Háskólabókasafn）で，アイスランドで出版された全資料の収集と保存，目録作成を担当している。同館はフェロー諸島，グリーンランド，アイスランドの新聞・雑誌に掲載された文化遺産を対象としたデジタルアーカイブTimarit.isの運用も行っている。すべての義務教育課程の学校には学校図書館が設置されている。

　全国書誌Gegnirはアイスランド図書館コンソーシアムによって運営されている。またアイスランド国立大学図書館が運営する電子情報資源へのアクセスのためのネットワークhvar.isを通じて，全国民が家庭・図書館・学校・職場から電子ジャーナルの全文テキスト，データベース，電子書籍にアクセスすることができる。

UNIT 45 ●外国の図書館
中国の図書館

● ……… **概況**

　中華人民共和国の成立後，中国図書館事業の発展は新しい段階を迎えた。特に1980年代の「改革開放」以後，発展は顕著である。国家図書館，上海図書館，多くの省と市クラスの図書館新館の相次ぐ開館は，図書館事業全体の発展を促進する大きな役割を果たした。新世紀に入って中国の総合的な国力が強まるにつれて，図書館は質的な発展をはかり，公共文化サービス体系の整備の中で，重要な貢献をしている。大部分の省や市立の図書館では館舎の新築，増築が完成し，近代化水準を高め，サービスの能力を高めている。公共図書館の基本的なサービスはほとんどが無料化された。2009年末現在，県クラス以上の公共図書館は2,850館に達した。

　香港，マカオ，台湾地区の図書館事業は発展が速やかである。2001年5月に開放した香港中央図書館は香港地区の図書館事業が近代化した新しい段階に入ったと表明した。現在，香港公共図書館システムは，合計66館と10の流動図書館がある。マカオには合計257カ所の各種図書館および閲覧室がある。マカオ中央図書館は，マカオ特別行政区政府文化司署が管轄し，分館7カ所がある。2009年の統計によれば，台湾地区に図書館が5,291あり，そのうち636カ所の公共図書館，167カ所の大学および独立学院図書館がある。2000年の末に台湾で図書館法が通過した。

<!-- 側注: 香港 / マカオ / 台湾 -->

● ……… **館種別系統と現況**

　中国の各種の図書館は，従属関係でいくつかの系統をなしており，それぞれの部門によって指導し，管理される。公共図書館は文化部および各地の文化行政部門に，大学（学院）図書館は国家教育部および各省（市）教育庁（局）に，専門図書館は各部（委員会）および各地の関係部門に，組合図書館は中華全国総工会およびその所属の各級労働組合に，中小学校図書館は各地の教育局にそれぞれ従属する。

(1) 国立図書館

　中国国家図書館の前身は清代の京師図書館であり，1928年に国立北平図書館，1951年に北京図書館，1998年に国家図書館と名称が変わってきた。

　国家図書館は，総合的な研究図書館であり，全国書目センター，図書館情報ネットワークセンターである。知識情報の収集，加工，保存，研究利用，普及の機能を

<!-- 側注: 中国国家図書館 -->

果たす。中央政府の機関，重点科学研究，教育，一般民衆へのサービス提供という責任も負っている。全国の図書館業務を指導し，図書館学の研究も行っている。

1987年と2008年に第一期新館と第二期新館が落成した。一期館，二期館と古籍館における蔵書やサービスは新たな段階に入ったといえる。近年，国家図書館は全国的な業務項目を積極的に推進し，「中華再造善本工事」，「中華古籍保護計画」および「中国デジタル図書館工事」などを主導する役割を果たしている。2007年末現在，中国国家図書館の所蔵文献は2631万冊（件）に達し，毎年60〜70万冊（件）のペースで伸びている。中国図書館学会の本部は国家図書館内にある。

(2) 公共図書館

中国では公共図書館は各級の地方文化部門に属する。市立図書館は市文化局に，区立図書館は区文化局に属し，市立と区立の間に行政的な従属関係はない。日本の市立中央図書館に相当するものはないが，各図書館はその下の図書館に業務上の指導や援助を与える輔導部（組）を設けている。近年，各省や市は中央／分館制を試行し，区や県の図書館を区域図書館の統一体制に納める傾向があるが，その実はコンソーシアムという資源共有の協力組織で，行政上の従属関係は変わっていない。

2009年に全国で県以上の公共図書館は2,850あり，閲覧座席は60万，総蔵書は5.85億冊（件），1人平均0.44冊（件）である。図書の貸出は2.59億冊あり，PCは12.6万台，1館平均44.3台。全国の公共図書館の従業員は52,688人いる。基本的に"すべての県に図書館，文化館がある"という目標を達した。

県の下に図書館をもつ郷や鎮，市内の街道がある。大きい都市には住宅地区（Residential area）や村に図書館（室）を設ける。例えば，北京市には街道（郷鎮）図書館が286，住宅地区や村に2,607の図書室がある。子ども対象の少年児童図書館は独立して設ける傾向にあり，全国で県以上の少年児童図書館は91館ある。

(3) 学術図書館

中国では大学や学院は高等学校（高校）と称する。全国の高校図書館を管理・指導する部門は，全国高校図書館工作委員会であり，その事務局は国家教育部にある。各省・市・自治区はそれに相応する部門を設けている。蔵書100万冊以上を擁する高校図書館は全国で35カ所あり，北京大学図書館の蔵書数は800万冊である。1949年，全国に高校図書館は132カ所あり，蔵書は794万冊，1館平均6万冊だった。それが2009年の統計で全国の高校図書館（分館を含む）は2,689館あり，そのうち大学図書館が1,090館，専門学校（短大）図書館が1,215館である。

専門図書館として中国科学院と中国社会科学院系統図書館の発展が著しい。中国科学院図書館は1950年に成立した。2006年3月に四つの院レベルの文献情報部門は統合して国家科学図書館となった。本部は中国科学図書館にあり，蘭州，成都，武漢に法人制の分館，またいくつかの研究所に特別分館を設ける。2007年の時点で，

国家科学図書館の本部は573万冊の蔵書を有する。中国社会科学図書館（文献情報センター）は蔵書数240万冊である。そのほかに中国農業科学院図書館，中国医学図書館などがあり，全国に科学技術分野の図書館は約9,000カ所ある。

(4) 学校図書館

中国で学校図書館といえば大学，中小学校図書館の総称で，初等・中等教育の図書館は普通，中小学（校）図書館という。蔵書規模は5万冊前後である。高級中学校（日本の高校にあたる）は専門職を3～5人置くが，小学校は1人か2人で兼任する場合もある。2004年の統計で全国に中学校（初級，高級）図書館は57,810カ所ある。館蔵は13.68億冊，高級中学生1人当たり21.9冊，初級中学生1人当たり13.1冊。全国で177,015の小学校が図書館（室）を設け，蔵書は12.74億冊，学生1人当たり12.6冊である。

各系統の図書館間の協力と連携は，1957年6月に国務院が批准した「全国図書協調方案」に従って，国家科学技術部所属の図書組が担当してきたが，1987年以降は国家科学技術部，文化部，国家教育部，中国科学院など九つの部，会，局が協同組織した部際図書情報工作協調委員会が責任を負うことになった。この委員会の主な任務は，全国における図書館・情報事業の発展計画や政策を研究し，政府の関係部門にこれに関する意見を出すこと，全国の図書館・情報系統におけるコンピュータネットワークやデータベースの構築を研究・統合することなどである。全国の図書館事業を管理する政府部門は文化部社会文化図書館司である。

● ……… 制度と法制

1910年に清政府が公示した京師図書館及び各省図書館通行章程は中国で最初の図書館法であった。1915年10月と11月，民国政府はそれぞれ通俗図書館規定，図書館規定を公示した。1916年に出版法が作られ，教育部はこの法によって内務部に，全国に京師図書館へ図書を納本せよと要求を出した。納本制度の発足である。

1950年代に文化部は「公共図書館を強め，改まり進むことに関する指示」を，教育部は「中華人民共和国高等学校図書館工作試行条例」を発表した。1978年11月，国家文物事業管理局は「省，市，自治区図書館工作試行条例」を発表した。その後，文化部図書館事業管理局はこの条例を修正し，1982年12月に正式に「省（自治区，市）図書館工作条例」を公示した。

1981年10月，教育部は正式に「中華人民共和国高等学校図書館工作条例」を公示し，大学図書館は学校の図書資料（情報）センターであり，教育や研究のための学術的な機構であることを明らかにし，職員制度と基準，図書館費の学校教育事業費に占めるべき比率，館舎面積などを具体的に定めた。1987年，国家教育委員会

はこれを修正し,「普通高等学校図書館規定」として公示した。この間,中国科学院や中国人民解放軍総参謀部などは各自の専門的な図書館条例を発表した。中国はいまだ「図書館法」というものができていないので,国内の出版社から北京図書館へ3冊納本すべきだという行政的な規定はあっても法的な規則に欠けるため履行しない出版社も少なくない。2008年,文化部は「公共図書館建設標準」と「公共図書館建設標準用地指標」を施行した。さらに,同2008年に文化部は正式に「公共図書館法」の立法作業に着手した。深圳市,内モンゴル自治区,湖北省,北京市は地方レベルの図書館法規を策定したが,上海市,広西自治区,河南省,浙江省,山東省,ウルムチ市などは図書管理に関する政府の規章を公示した。

● ……… 図書館学教育

1920年3月,湖北省武昌で成立した文華大学図書科は中国における正規の図書館学教育の発端である。1949年に図書館学校は,北京大学図書館学専修科と私立武昌文華図書館学専科学校の二つしかなかった。1953年文華図書館学専科学校は武漢大学に併入して,図書館専修科になった。1956年に北京大学,武漢大学の図書館学専修科は本格的な大学になり,図書館学部になった。

図書館学校は1980年代に入って多く開設され,2006年12月現在48の総合大学,単科大学図書館において図書館学専門教育が展開されている。2001年から2006年の間に本科教育は28カ所,修士院生教育は40カ所,博士院生教育は9カ所に増加し,一級学科博士学位授与権を得た機関は5カ所となった。そのほかに,全国で,図書館学専修科と職業高等学校は50カ所を超え,図書館学短期養成教育点(場所)は33カ所,大学,専修科,中等専門学校で通信教育点(場所)は14カ所ある。

1980年代以来,中国で図書館学校が名前を変える動きが2回あった。1回目は1980年代で,図書館学部は図書情報学部になり,1984年に武漢大学は図書情報学院に名を変えた。2回目は1990年代で,図書情報学部を情報管理学部,情報資源管理学部,文献情報管理学部,知識情報管理学部,情報産業学部などに変えた。21世紀になりデジタル時代となるに伴いデジタル化管理専門が増設された。北京大学情報管理学部は"情報資源管理：デジタル図書館"専門,武漢大学情報管理学院図書館学部は"デジタル図書館とネットワーク資源管理"専攻を設けた。

● ……… デジタル時代へ

1990年代に入って,中国の図書館ネットワークには実質的な発展がみられる。1996年5月中国国家図書館(旧・北京図書館)では試験的なデジタル図書館項目(プロジェクト)が開始され,1997年に国家の重点科学技術プロジェクトとして立てられた。国家図書館をはじめとして,上海図書館,深圳図書館,中山図書館(広

東省立図書館），遼寧図書館，南京図書館などが参加した。このプロジェクトはデジタル情報資源データベースの設計，専用ソフト，検索標準など大きな成果を遂げ，中国デジタル図書館工事の実施のための基礎をつくりあげた。

　2000年3月に，文化部の指導の下に，21の部門が参加する「中国デジタル図書館工事建設連席会議」を組んだ。この目的は，超大規模の優れた中国語情報資料データベースを建設し，国の高速ワイルドバンドネット（インターネット）を通じて，全国また全世界にサービスを提供して，世界で総合的な中国語デジタル資源基地やサービスセンターになることである。

　2002年4月に中国文化部と財政部は文化情報源共用工事を始めた。このプロジェクトは「中国デジタル図書館」の蓄積してきた各資源を基礎として，全国各地の地方文化，科学技術情報を統合して，インターネットや衛星やミラサイトを通じて，国家センターから農村や都市のコミュニティへ伝送する。2010年の末まで，共用工事の総資源量は108TBになり，各級レベルのサービスポイントは25,864あった。また，文化部と財政部が推進する「国家デジタル図書館推広（押し広め）工事」は2010年12月から，「公共電子閲覧室建設計画」は2011年6月から始まった。2015年までに国全体をカバーするデジタル図書館を構築し，また，公共図書館に電子閲覧室を普及させ，住宅地区や村に5台以上のインターネットにつながるPCを配置するように計画している。

　中国高等教育文献保障系統（CALIS）は国務院が認可した中国高等教育「211工事」における二つの公共サービスシステムの中の一つである。このプロジェクトは1998年から開始され，四つの全国文献情報センター（文理科，エンジニア，農学，医学）を立てた。また，華北，東北，華南，華中，華東北，華東南，西南，西北の八つの地域センターを設けた。2004年から二期，2010年から三期プロジェクトが続けられた。CALISのメンバーは1,000以上ある。2002年から"中文英文図書デジタル国際合作計画（CADAL）"が始まった。2004年この二つのプロジェクトの上に"中国高等教育デジタル図書館（CADLIS）"を建てた。

　国家科技図書文献センターは2000年に発足した仮設的な科学技術文献情報サービス機構である。中国科学院国家科学図書館，工程技術図書館（中国科学技術情報研究所，機械工業情報研究所，冶金工業情報標準研究院，中国化学工業情報センター），中国農業科学院図書館，中国医学科学院図書館からなる。センターは2000年12月に対外サービスを開始した。センターのネットワーク管理部門は各メンバー館との間に1000Mbpsのワイルドバンドの光ファイバーを開通し，国家図書館，中国教育ネットワーク（CERNET），中国科学技術ネットワーク（CSTNET）との間に100Mbpsの連接を結んだ。このセンターは文献検索，文献提供，オンライン目録，コンテンツサービス，専門家レファレンスなどのサービスを提供している。

国家科技図書文献センター

UNIT 46 ●外国の図書館
韓国の図書館

●┄┄┄┄韓国の図書館の現況

　韓国では印刷技術が早くから発達し,現存する木版印刷物として「無垢浄光経」(8世紀初制作),「八万大蔵経」(1237年,世界文化遺産),金属活字本として「直指心経」(1377年,世界文化遺産)などがある。このように知識情報を重視する文化は,韓国の図書館の歴史と現在にも反映されている。

　韓国には,2009年12月末現在,総計17,787の図書館があり,国立図書館(3),公共図書館(703),小さな図書館(文庫)(3,324),障害者図書館(37),兵営図書館(1,502),刑務所図書館(46),大学図書館(651),学校図書館(10,937),専門図書館(584)である(韓国図書館年鑑2010)。公共図書館は全体の4%に過ぎないが,年間利用者は延べ1億6千万人以上で,大学図書館の約2倍,学校図書館の約1.3倍と最も高い利用率である。公共図書館は,2002年の462館から2009年には703館へと8年間に241館が増加,年平均約30館の増加を示している。

●┄┄┄┄図書館関連の法規と行政体系

　図書館情報資源に関連する法律としては2007年に全面改正・施行された図書館法(従来の図書館及び読書振興法を分けて規定したもの)を中心に,科学技術振興法(1972年),学術振興法(1979年),個人情報保護法(1994年),情報化促進基本法(1995年),情報公開法(1996年),記録物管理法(1999年),平生教育法(生涯学習法)(1999年),知識情報資源管理法(2000年)などがある。

図書館法　　　韓国における最初の図書館法(1963年)はすべての館種を網羅した総合法で,図書館発展の基盤および図書館に関する政策意思を表明した。2007年施行の図書館法は,図書館に関する基本法としての性格を明確にし,国民の知る権利と情報アクセス権を保障する目的のための図書館の社会的責任と役割を明示している。

●┄┄┄┄図書館政策および行政体系

　図書館の行政体系は,国家代表図書館である国立中央図書館が文化体育観光部所属,大学および学校図書館は教育科学技術部の管轄である。公共図書館は行政安全部と教育科学技術部の管轄で,執行機関は地方自治団体と市・道の教育庁である。

図書館政策で特筆すべきは，2007年施行の図書館法による大統領所属の「図書館情報政策委員会」新設である。図書館情報政策委員会は，図書館発展総合計画の樹立，図書館関連制度の改善，国と地方の図書館の運営体系，図書館・資料へのアクセス，利用格差の解消，図書館の専門職養成など，図書館政策に関する主要事項を樹立・審議・調整する。委員会の構成は27名（委嘱職17名，指定職10名）で，委員長は大統領任命の委嘱職である。

＊図書館情報政策委員会

　全国規模の図書館情報システムとして，知識情報ポータル(KKP：Korea Knowledge Portal)と呼ばれる「国家知識情報統合検索システム(Korea Knowledge and Information Search System)」がある（http://www.knowledge.go.kr）。これは科学技術，教育学術，文化，歴史，情報通信など分野別の総合情報センターを指定し，分野別ポータルを相互連携し知識情報を総合的に提供している。多数の連携機関が各分野の総合情報センターとの協調のもとで所管の知識情報資源を収集・蓄積・管理する役割を遂行している。

＊国家知識情報統合検索システム

　国家知識情報統合検索システムを中心に1,000以上の機関が保有する原文データベースを連係し，one-stopサービス及び原文を国家知識情報統合検索システムを通じてサービスしている。国民はいつでもどこからでも知識情報資源に容易にアクセスできるようになっている。

●……館種ごとの現況

(1)　国立図書館

　国立中央図書館（1945年設立）は，図書館法に基づく国家代表図書館で文化体育観光部に属し，傘下に国立児童青少年図書館（2006年），図書館研究所（2007年），デジタル図書館（2009年），国立障害者図書館支援センター（2006年）がある。

＊国立中央図書館

　図書館法に基づいて司書研修教育課程を設置・運営し，1983年より司書職公務員および各種図書館職員を対象に多様な専門教育課程を実施している。また，司書職公務員の基礎教育「新任司書実務課」を開設・運営し，インターネットを利用する「サイバー教育課程」も拡大運営している。

　国立児童青少年図書館は，全国の公共図書館および子ども図書館のサービスおよび読書振興のために読書プログラムを開発・普及し，担当司書の専門性強化のための教育，国内外の図書館との協力，図書館活性化の研究・支援を推進している。

　デジタル図書館は開館時からオンラインサービス空間で「デブラリーポータル」によってデジタルコンテンツを自由に利用できるサービスを開始している。国立中央図書館が購入・購読・収集するデジタルコンテンツおよび国内外の1,250余の機関と連携し1億件以上のデジタル知識情報の統合検索システムを提供している。ポータルの利用現況は1日平均訪問者数3,608人，ページビューは8,111件である。

デジタル情報広場（デジタルコンテンツ閲覧空間）の利用は，1日平均983人，開館以来延べ約17万人が訪問しており，利用者の図書館利用およびデジタル情報活用能力向上のための利用者教育プログラムを定期的に実施している。

　2008年障害者差別禁止法の施行に伴い，障害者に対する図書館サービス活動が「国立障害者図書館支援センター」を中心に積極的に推進され，「図書館の障害者サービス基準」および「障害者サービスマニュアル」が公共図書館の障害者サービスのガイドラインとして示された。公共図書館では疎外されている階層の情報格差解消のために，障害者への無料宅配貸出サービスや障害者対象の読書プログラムも活発に実施している。また，病院・兵営・刑務所図書館の活性化のために巡回文庫，読書治療プログラム運営など公共図書館との協力事業を展開している。

国会図書館　　　国会図書館（1952年設立）は国会図書館法に基づく立法府図書館である。所蔵は約292万冊，電子ファイル図書84万冊，逐次刊行物22,515種，デジタルコンテンツ124万件などである。立法知識データベースなど立法関連データベースの構築，電子図書館などを推進している。障害者サービスとして，2004年に視覚障害者用のホームページを開始し，所蔵資料の音声サービスを開始している。

法院図書館　　　法院（最高裁判所）図書館（1989年）は司法府図書館であり，傘下に高等・地方裁判所，分院図書館を合わせて69の図書館がある。所蔵資料は約31万冊，全国の法院図書館の総合目録データベース作成，電子図書館システムを構築している。

(2) 公共図書館

　全国の公共図書館を運営主体別で区分すると，地方自治体所属が457館（65％），教育庁所属が229館（32.6％），私立17館（2.4％）である。人口70,789人当たり1館，資料は1館当たり平均88,992冊，国民1人当たり1.26冊となっている。地域別には京畿道に143館，ソウルに94館で，34％が首都圏に集中している。

　全国の公共図書館の職員数は6,785人，うち司書職員数は3,052人である。1館当たり平均職員数は10人で，そのうち司書職は4人である。図書館法によれば館長は司書職で補するとなっているが，現在の司書職館長は約44％に留まっている。生涯学習振興法（平生教育法）に基づく公共図書館の名称変更の動きがあり，「平生学習館」，「平生教育情報館」，「文化情報センター」など名称が多様化している。2007年施行の図書館法により特殊図書館（障害者，病院，兵営，刑務所，文庫など）が公共図書館に含まれるようになった。

小さな図書館　　① 小さな図書館（Small Library）：1960年代マウル文庫運動として展開した地域社会の運動は，子ども図書館と「奇跡の図書館」（Miracle Library）運動に発展し，読書空間だけでなく，国民の生活・文化の複合空間としての機能にも拡大されている。近年では民・官の協力モデルに発展し，2004年から国の課題として推進され，政府支援の小さな図書館は285館である。所蔵資料は，9,000冊以上

が35％，6,000冊以上が29％，3,000冊以上が29％である。施設規模は，適正規模である165㎡をみたすのは54％，図書館法が推奨する264㎡をみたすのは41館である。途上国に対し小さな図書館を支援している。アフリカの3カ国（ガーナ6館，モザンビーク5館，タンザニア4館）に15館を助成し，子どもや女性に教育機会を提供している。

② 障害者図書館：2007年施行の図書館法は知識情報の疎外階層に対するサービスを強調し，国立中央図書館に「国立障害者図書館支援センター」を新設して，その名称を障害者図書館とした。2009年度調査では，視覚障害者対象の図書館38，聴覚障害者対象の図書館5である。

③ 病院図書館：病院図書館は図書館法に「医療機関に入院中の患者および保護者などに図書館サービスを提供することを主目的とする図書館」と定義され，医学図書館とは区別されている。

④ 兵営図書館：1960年代から新聞社，民間団体，個人が軍部隊に「本を送る運動」を展開していたが，2007年施行の図書館法では公共図書館の範疇に属することになった。2009年末現在，兵営図書館は陸軍に1,205，海軍に176，空軍に100，国防部直轄部隊に21など1,502館が運営されている。

⑤ 刑務所図書館：国連の「すべての形態の抑留・拘禁下にある人々を保護するための原則」（第28項）に沿って，刑務所内の図書館を運営している。2009年全国の刑務所図書館は47館で，所蔵資料の平均は7,432冊である。

⑥ 子ども図書館：2009年末現在，全国に62館あり，運営主体別に区分すると，市・道所属が57，教育庁所属が1，私立が4で，運営方式は直営が45，委託が17である。1館当たり平均所蔵数は40,688冊，1人当たり蔵書数は0.3冊である。1館当たり平均職員数は5人，そのうち司書数は3人である。

(3) 大学図書館

大学図書館は国・公立が87，私立が356，専門大学（2年制）206，各種学校が2で，計651館（分館を含む）あり，40％以上が首都圏に集中している。

所蔵資料は1館当たり平均図書が約19万冊，非図書9,100点，逐次刊行物390種，電子資料10,287種である。職員数は2,648人で，司書職は80％，その他が20％である。学術情報資源の拡充，学術情報流通ネットワークの構築，大学図書館の活性化のために，教育科学技術部，韓国教育学術情報院（KERIS），各大学，韓国研究財団等が協力している。韓国教育学術情報院の主管で，全国大学図書館総合目録データベース構築，学術雑誌の共同利用，相互貸借，学位論文原文共同利用，分担主題情報サービスの実施など協力体制が整備されている。

(4) 学校図書館

学校図書館は小学校5,718，中学校3,005，高校2,214，総計10,937館である。全

国の学校数は11,572校で，学校図書館設置率は95%となっており，小学校の図書館設置率は92%，中学校は97%，高校は99.5%である。1館当たりの平均蔵書数10,505冊，平均利用冊数14,861冊，平均利用者数は11,500人である。こうした高い利用率の背景には，学校図書館独自のプログラムによる努力がある。学校図書館の職員数は5,238人，そのうち司書教諭数は682人である。

(5) 専門図書館

専門図書館は584館で，主に研究機関，大学の付設研究所，金融機関，言論機関，企業に設置され，情報資料室，情報センター等の名称で運営されている。ソウルに278館，京畿道に100館，大田市に46館で，この3地域に全体の73%が集中する。

●………司書養成の教育および資格制度

韓国で初めて図書館情報学の教育が行われたのは，1957年延世大学に図書館学科および修士課程が開設されてからである。最初の博士課程は1974年に成均館大学大学院に開設された。正規の専門教育機関は，現在38大学（4年制）に図書館情報学科（文献情報学科）があり，修士課程は28大学，博士課程は16大学にある。また，2年制専門大学（文献情報科）(6)，司書教育院(3)，教育大学院(14)などがある。

司書資格

図書館法による司書資格は3つに区分されており，その資格要件は以下の通り。1級正司書は，(1) 図書館情報学の博士学位を持つ者，(2) 2級正司書の資格を所持し図書館情報学以外の博士学位または情報処理技術士の資格を持つ者，(3) 2級正司書の資格を所持し図書館等勤務経歴が6年以上で修士学位を持つ者である。2級正司書は，(1) 大学の図書館情報学科を卒業した者，(2) 図書館情報学の修士学位を持つ者，図書館情報学以外の修士学位を持つ者で所定の教育課程を履修した者，(3) 准司書資格を所持し，修士学位を持つ者である。准司書は，(1) 大学を卒業した者で，在学中に図書館情報学を副専攻した者，(2) 専門大学の図書館科を卒業した者である。

司書資格証の発給・再交付は1998年から韓国図書館協会（文化体育観光部の委託）が行っている。韓国図書館協会によると2009年度の司書資格取得者は，1級正司書128人，2級正司書1,545人，司書准司書747人，総計2,420人である。そのうち，4年制大学の図書館情報学教育機関出身の司書資格取得者は，1級正司書111人，2級正司書1,405人，准司書29人で1,545人である。専門大学（2年制）出身の准司書資格取得者は144人，司書教育院出身は2級正司書89人，准司書274人となっている。

option Y

各国公共図書館の設置密度と規模

区分	公共図書館数（館）	100km²当り図書館数	人口10万人当り図書館数	職員数（人）	1館当り職員数	蔵書冊数（冊）	1館当り蔵書冊数	備考※ 面積（千km²）	備考※ 人口（百万人）
イタリア	6,000 注1	2.0	10.5	23,840	4.0	56,959,914	9,493	301	57.4
フランス	2,893 注2	0.5	4.8	15,000	5.2	96,170,520 注10	37,684	552	59.7
UK	4,170	1.7	7.0	25,724	6.2	116,073,634	27,835	243	59.7
ドイツ	10,584 注3	3.0	12.9	10,372 注8	1.8	84,301,717 注8	14,565	357	82.0
アメリカ	9,266 注4	0.1	3.2	183,455 注9	14.6	767,055,000 注9	84,024	9,629	288.5
カナダ	921 注5	0.01	2.9	14,000	15.2	90,300,000	98,046	9,971	31.3
ロシア	48,767 注6	0.3	33.9	176,166	3.6	946,666,470	19,412	17,075	143.8
中国	2,769	0.03	0.2	48,792	17.6	396,390,000	142,792	9,597	1,294.4
韓国	462	0.5	1.0	5,368	11.6	30,970,151	67,035	99	47.4
日本	2,735 注7	0.7	2.1	27,826	10.2	319,776,000	116,640	378	127.5

※世界の国一覧表2003（財団法人世界の動き社）より
注1：概数
注2：県立98含む
注3：教会立4,796含む
注4：州立137含む
注5：州立・準州立11含む
注6：連邦・構成主体立1,027含む
注7：私立を含まず
注8：行政府立5,788館で
注9：州立を除く9,129館で
注10：市町村立2,552館で

（平成16年度文部科学省委託事業『諸外国の公共図書館に関する調査報告書』より）

UNIT 47

●図書館関係団体と学習の手引き

国際機関と全国規模の図書館協会

●………図書館の職能団体

<small>アメリカ図書館協会</small>

1876年10月4日から6日までフィラデルフィアに100人以上の図書館員が参集し、最終日にアメリカ図書館協会（ALA：American Library Association）の結成が決議された。全国的な規模で図書館員の結集を図った世界で最初の狼火である。

専門職員が自らの携わっている事業の発展と自分たちの活動への社会的認知を求めて組織をもち、業務上の経験・実践の交流、研鑽の足場とすることは一般的にみられることである。図書館員の場合、そうした意図から結成される職能団体が図書館協会である。全国規模の協会としては、上述のALAが最初の旗揚げであり、翌

<small>イギリス図書館協会</small>

1877年イギリス図書館協会（LA：Library Association）が結成された。文字どおり専門職員のみで組織するか、その仕事に従事する人すべてを包含するかで、組織の性格には違いもあるが、その事業がもつ公共性、社会への貢献を成文化した綱領的な文書をもち、実践を通して広く社会にアピールすることが共通した営みである。

<small>図書館協会の役割</small>

宮部頼子はこうした各国の図書館協会に共通する役割として、次のような内容を挙げている（『図書館ハンドブック』第6版補訂版、日本図書館協会、2010）。

1　図書館振興のための法的整備その他、必要に応じて政府に対して請願を行う。
2　専門職としての資格基準を維持するため、試験制度の確立と実施、図書館員養成機関の認可、学位の認定などを行う。
3　（現職）図書館員の継続教育、新入職員の講習会の開催、図書館員養成機関の設立促進を行う。
4　新知識や新技術の普及、経験や情報交換を目的として図書館大会、研究会、研修会などの主催・後援を行う。
5　図書館政策や技術などのさまざまな問題に関して調査・研究を行う。
6　図書館相互間の協力・調整を助ける。
7　図書館サービス、図書館資料、図書館施設・設備に関する基準作成を行う。
8　会誌・会報その他、図書館関連資料の編集・出版を行う。
9　図書館員の社会的地位、労働条件、賃金の向上のための運動を行う。

● ········国際図書館連盟（IFLA）

　このような事業をそれぞれの国の状況に応じて行っている図書館協会の国際的な組織が1927年のイギリス図書館協会50周年記念大会に参加した人たちによって結成された国際図書館連盟（IFLA：International Federation of Library Associations and Institutions）である。発足時は文字どおり「国際図書館協会連盟」であったが，その後，各国の国立図書館，大規模図書館，図書館学校などの参加や協力が増え，現在は図書館協会だけの連携組織ではなく，1976年に名称も「国際図書館連盟」と改められた。現在の会員数は151カ国から1,500を超え，日本からは協会会員として日本図書館協会など8団体，機関会員として国立国会図書館など8館が加盟している。毎年世界各地で大会を開催しており，日本も1986年に第52回大会を東京で開いた。機関誌として *IFLA Journal* がある。

国際図書館連盟

● ········アメリカ図書館協会（ALA）

　世界で最初に結成された全国規模の図書館協会であるALAは，施設・個人合わせて6万以上の会員を擁する世界最大の図書館協会である。下部組織として公共図書館部会，学校図書館部会，児童サービス部会など11の部会をもち，さらに知的自由，国際交流など20のラウンドテーブルを備えて活動している。毎年夏に全国大会，冬に総会と冬季集会を開催する。ALAの事業で注目されるのは，専門職員の養成教育・資質向上のため，大学院レベルの図書館学校（library school）の認定を行っていること，知的自由の領域で半世紀以上にわたって先進的な活動を重ね，国際的にも影響力が大きいこと，活発な出版活動などがある。国際交流にも力を注いでおり，IFLAでの発言力も大きい。機関誌は月刊の *American Libraries*。

● ········イギリス図書館・情報専門家協会（CILIP）

　イギリスの図書館協会（LA）は，ALAの結成に刺激を受け1877年にロンドンで結成，1898年にヴィクトリア女王から勅許（Royal Charter）を得て図書館員の専門職団体として認められ，100年の歴史を重ねてきた。ところが21世紀の情報社会における新たな専門職の確立という課題に向けて，イギリス情報専門家協会と統合し，新組織をつくることになり，2002年に「図書館・情報専門家協会」（CILIP：Chartered Institute of Library and Information Professionals）となった。会員数約3万名。これまでの図書館協会の事業をおおむね引き継ぎ，新機関誌として *Library and Information Update*（月刊）などを刊行している。

● ········世界で3番目の結成──日本図書館協会（JLA）

　1892（明治25）年3月26日，東京図書館長田中稲城の呼びかけに応じて参集し

日本文庫協会　　　た三十有余名の図書館人によって，日本文庫協会の結成第1回例会がもたれた。これが現在の日本図書館協会の前身であり，その後120年の歴史を重ねることになる。一国の図書館協会の旗揚げとしてはアメリカ，イギリスに次ぐ世界で3番目の壮挙であった。

　当初は，各文庫（図書館）が直面している実務上の課題──和漢書目録編纂規則や図書管理法の検討などを主に取り上げたが，1906（明治39）年に第1回の全国図書館大会を開催，翌年には機関誌『図書館雑誌』を創刊し，全国組織としての内実をつくりだしていく。1908年に現在の「日本図書館協会」に改称し，各地における公共図書館増設の運動などを推進した。昭和10年代には翼賛体制の中で国民思想善導に協力・奔走した時期もあるが，第二次世界大戦の末期には機関誌も休刊せざるを得ない事態となった。

第一次米国教育使節団報告　　　敗戦後の占領下，日本の民主的変革を進めようとしたアメリカは，戦後教育の指針となる第一次米国教育使節団報告において，民主主義社会における図書館の重要性を指摘し，図書館員自身が自らの組織において討論し，立案し，行動すること，その組織が政策を策定し，政府をしてサポートさせる図書館行政の在り方を示唆した。こうした時代背景のもとで，日本図書館協会の再建が図られ，1947年に社団法人として再発足する。その後，図書館法の制定など戦後の図書館運動において図書館界のナショナルセンターとしての基盤と実質を培い，現在に至る。

　2014年1月24日，懸案であった内閣府による「公益社団法人」としての認定を受け，新たなスタートをきっている。

(1) 目的および事業

　公益社団法人日本図書館協会（日図協，JLA：Japan Library Association）の定款第2章は，その「目的及び事業」について次のように定めている。

第3条（目的）
　この法人は，公共図書館，大学図書館，学校図書館，専門図書館，公民館図書室，国立国会図書館，その他の読書施設並びに情報提供施設（以下「図書館」という。）の進歩発展を図る事業を行うことにより，人々の読書や情報資料の利用を支援し，もって文化及び学術並びに科学の振興に寄与することを目的とする。

第4条（事業）
　この法人は，前条の目的を達成するため，次に掲げる事業を行う。
（1）　図書館職員の育成及び研修・講習
（2）　図書館運営に関する相談及び支援並びに政策提言
（3）　図書館の管理，運用・サービス及び技術等（以下「図書館運営」という。）

に関する調査・研究及び資料収集
　(4)　図書館運営ツール・選書ツールの作成及びその普及
　(5)　機関誌及び研究・調査成果等の刊行
　(6)　図書館の進歩を促進するためのキャンペーン及び進歩促進に貢献した者の表彰
　(7)　国内外図書館団体等との連携及び協力・支援
　(8)　その他この法人の目的を達成するために必要な事業
2　前項の事業は本邦及び海外において行うものとする。
第5条（その他の事業）
　この法人は，その公益目的事業の推進に資するため，必要に応じて次に掲げる事業を行うことができる。
　(1)　施設の貸与
　(2)　その他前条各号に掲げる事業に関する事業

(2)　組織と構成

　運営にあたる役員は原則として会員の選挙によって選出される。会員は，正会員（個人会員，施設等会員），準会員，賛助会員からなり，2014年3月現在，個人3,946名，施設会員2,291機関である。準会員は，図書館について学ぶ学生が機関誌を購読する制度である。

　会の審議・決定機関は代議員総会，理事会で，役員として理事，監事を置く。理事の中から選ばれる代表理事，専務理事，常務理事によって日常の常務が処理される。事務局長の指揮下に事務局が置かれ，専任職員14名を擁する。事務局の組織は，総務部，企画調査部，出版部，資料室からなる。

　日図協の事業を進める主力は，活動部会と委員会である。部会は，館種ごとに公共，大学，学校，専門，短期大学・高専図書館および図書館情報学教育の6部会からなり，会員は本人の意思で所属を選択できる。協会の事業を具体化していく上での必要から設置されるのが委員会で現在約30の委員会が活動している。さらに必要に応じて臨時の委員会やワーキンググループが置かれることもある。そのほか，県域の図書館協会やその他の図書館・読書関係者の団体と各地における図書館運動や職員研修事業等で協力関係を結んでいる。

（欄外：部会／委員会）

UNIT
48

●図書館関係団体と学習の手引き

日本図書館協会の図書館政策

●………図書館振興の成果

図書館法の制定

　日本図書館協会(日図協)が戦後いちはやく取り上げた図書館振興のための課題は，図書館に対する強力な国の支援，すなわち図書館法の制定であった。1950年に「社会教育法の精神」に立脚し，「図書館奉仕」の追求を基調とする図書館法を得たがその理念の高さに比べて，図書館の整備・振興への法的な規制力は乏しく，その具現化には相当の時日を要した。

『中小都市における公共図書館の運営』

　1960年代になって日本の公共図書館は確かな発展の方向を見いだし，急速に変貌を遂げていく。そのよりどころ，指針になったのが，日図協の策定した二つの公共図書館振興方策＝『中小都市における公共図書館の運営』および『市民の図書館』である。「暗く貧しい」と評された1950年代末の状況を脱却するための方策を，全国各地の中小図書館についての徹底した調査と分析に求めた前者は，一般に『中小レポート』(1963年)の名で知られるが，図書館の資料提供機能を重視し，住民の身近な「中小図書館こそ図書館のすべてである」というテーゼを打ち出し，大図書館中心の図書館経営の考え方からの転換を提起した。その考え方を実践的に検証した日野市立図書館などの活動を日本の公共図書館全体のものに広げるための当面の方策を示したのが『市民の図書館』(1970年)であり，貸出・児童サービス・全域サービスに力を注ごうと提案した。この二つの指針により，日本の公共図書館界は図書館法が掲げた高い理念を具現化する道筋を共有することになった。

『市民の図書館』

　この二つの文書をつくりだす過程における実地調査を通しての現状把握，データに基づく徹底した討論，普及のための研究集会，という方法は，その後の日図協の政策提言の基本スタイルとなっている。

●………「公立図書館の任務と目標」策定

　1970年代以降の日本の公共図書館の実践は，基本的に『市民の図書館』の提起にそって展開されてきた。図書館の整備・振興には強力な国の支援(端的には法的根拠)が必要だという考え方は，戦後初期の図書館法制定運動の中でも強かったし，その後も折にふれ主張されている。それはもちろん必要なことではあるが，もっぱら国の施策を待望するのと，国をしてしかるべき振興方策を用意させる土壌を図書

館界自身がどうつくり出すかに主眼を置くのとには大きなスタンスの違いがある。1970年代以降の日図協は基本的に後者の道筋を探ってきた。

　1978年に超党派の国会議員により，図書館を支援しようという図書議員連盟が発足した。それを好機として，全館種にわたる図書館振興を促進する図書館事業基本法を制定しようという動きが館界の一部に生まれるが，それには異論もあり，結果的には実を結ばなかった。日図協も図書館政策特別委員会をつくってこれへの対応を探ろうとしたが，全館種を包みこんだ図書館振興の方策というのはもともと無理があったのと，上記のような日図協としての政策へのスタンスにそぐわないとの批判もあり，委員会の活動もさしたる展開をし得なかった。そこで1983年に委員会を全面的に改組し，新たに日図協としての図書館政策を策定することになった。

　文部省がなかなか手をつけない「望ましい基準」に代わるものを民間団体である日図協がつくり，図書館づくりを進めるための目安にしようと考え，数年の討議を重ねて1987年に策定したのが「公立図書館の任務と目標」である。県立図書館の役割を市町村の図書館支援として明示するとともに，市町村図書館の振興に果たす県の責任にも言及した点に特徴がある。2004年に刊行した解説冊子『公立図書館の任務と目標　解説』（改訂版増補，2009年）が，現在のところ，日図協としての公立図書館づくりについての考え方，振興政策を集約したものとなっている。

● ……… 町村図書館づくり推進方策

　いま現にある図書館，これからつくる図書館を一つでも多く，図書館らしい図書館に，というのが「任務と目標」の狙いであるが，日図協として進めている図書館づくりのもう一つの大きな課題が，図書館未設置町村の解消である。市区のレベルでは限りなく100%に近づいた図書館設置率も，町村，とりわけ人口1万人前後以下の町村では未設置が圧倒的に多い。その状況を変えていく方策を，町村図書館活動推進委員会を中心に進めた。町村図書館づくりセミナーの開催，資料の作成・頒布，未設置町村の首長等を訪ねての啓蒙などがその主たる活動である。1997, 1998年度には文部省の「町村図書館設置促進のための調査研究」の委嘱を受け，実地調査や利用者調査などを行い，「Lプラン21」として政策提言している。

● ……… 文字・活字の政策提言

　2005年7月に議員立法で成立した文字・活字文化振興法の理念を支持し，それを具現化する課題を図書館に引き寄せ，図書館からの政策提言「豊かな文字・活字文化の享受と環境整備」を2006年10月に公表している（2012年3月に改訂）。提言は，公立・学校・大学図書館の整備・充実，出版文化の振興，図書館の連携協力，管理運営と図書館員にわたって35項目を具体的な資料，データを付して示してい

る（option Z 参照）。これまでの日図協の主張を，文字・活字文化の「恵沢を享受できる環境の整備」という法の理念にそって再構成したものであり，現在の日図協の活動の基調を示している。

● 指定管理者制度の適用について

2003年6月の地方自治法改正により指定管理者制度が創設され，公の施設の管理運営が民間企業にも開放されることになり，しかもその導入が政策的に推奨されることで，公立図書館へのこの制度の導入が各地で検討，一部で実施されるようになっている（UNIT 26）。1980年の京都市図書館の財団委託以来，公立図書館の管理運営は設置者である地方自治体が自ら行うべきであるという主張を日図協は堅持しており，この制度の導入についても同様である。しかし，各自治体での対応が，初めに導入ありき，という感じで進んでいる事態を憂慮し，2004年8月に「公立図書館の指定管理者制度と今後の取り組みについて」においてこの制度への疑問を提起した。さらにその後の事例検討等を重ね，2005年8月，2008年12月，2010年3月に「公立図書館の指定管理者制度について」を公表し，この制度導入の是非を検討するための視点，判断基準を提示し，それぞれの自治体で主体的な検討を丁寧に行うことを呼びかけた。

この文書の中で，現時点における評価として，公立図書館への適用は「公立図書館の目的達成に有効とは言えず，基本的にはなじまない」ことを論拠を挙げて指摘し，特に民間企業を指定管理者とすることは，避けるべきである，と述べている。

● 公契約基準の提起

公共サービスが「官製ワーキングプア」を大量に生み出している貧しい現代日本の経済・雇用政策に対し，千葉県野田市をはじめいくつかの自治体において公契約条例を制定し，その是正を図る動きが盛んになっている。中でも司書の仕事がワーキングプアの典型としてマスコミにも報じられる状況に鑑み，2010年9月，日図協は「図書館における公契約基準」案を提起し，仕事を託する契約者，受託者双方が共有できる条件づくりを呼びかけ，その普及を図っている。

図書館における公契約基準

● デジタル情報，著作権関係

電子出版・デジタル情報の広がり，国立国会図書館における大規模な蔵書のデジタル化の進行，その成果が広く国民のアクセス可能なものとなるための方策，そこで課題となる出版社・権利者との利害の調整，といった新たな状況に対して文部科学省など国の機関も加わった検討の場が増えている。日図協は求めに応じて文化庁文化審議会著作権分科会等のそうした協議の場に代表者を派遣し，論議に参加する

とともに，当事者間の協議を積極的に主導し，ときにガイドラインづくりなどで合意の確認と，それを図書館サービスの現場に反映させるべく，伝達・普及に努めたりしている。

● ········ 当面する諸課題をめぐって

こうした大きな政策課題のほか，折々の動きに対してそのつど日図協としての態度・見解を常務理事会，あるいは関係する常置委員会の検討を経て表明してきた。それらは単独の刊行物や機関誌上で公表し，毎年の『図書館年鑑』に資料として収録している。そのいくつかを紹介する。

(1) 司書の養成・制度の改善と確立，研修

公立図書館における司書職制度の確立に向けて必要な要件を，1984年に図書館員の問題調査研究委員会が6項目にまとめて提起した（UNIT 4参照）。さらに，司書の養成教育（講習）カリキュラムの改定に向けて，図書館学教育部会が中心になって意見を提起し，2009年の「大学における図書館に関する科目」を定める省令の改正に一定の役割を果たした。

図書館事業の持続的発展のためには，キャリアを重ねた専門職員の蓄積と相互交流，現場における後進へのリーダーシップが不可欠である。司書職制度が不備な現状において日図協は，やや長期にわたる「中堅職員のためのステップアップ研修」を実施している。さらにそうしたキャリアの成果を基に，真に専門職と呼び得る司書を「日本図書館協会認定司書」として申請を受けて審査，認定する事業を2010年から発足させている。

> 日本図書館協会認定司書

(2) 子どもの読書活動推進法の制定にあたって

子どもの読書や子どもの本にかかわる団体，個人などの要請を受け，国会議員有志が子どもの読書を推進する法の制定を図る動きがある中で，日図協は他の図書館団体とともに，法の主眼が自由な読書のための環境の整備であるべきだという意見を寄せ，法案の重要な手直しに関与した。

(3) 学校図書館プロジェクト

長年の懸案課題である学校図書館法改正が国会で取り上げられる情勢が生まれる一方，学校図書館のあり方，とりわけ「人」の問題で関係者の合意が得にくい状況を打開するため，プロジェクトチームを1995年末に設置し，1999年3月，「学校図書館専門職員の整備・充実に向けて」の報告をまとめた。2014年法改正に際しては，学校司書の資格，養成方法等への取組みを課題として提起している。

●── option Z

豊かな文字・活字文化の享受と環境整備―図書館からの政策提言

〔2006 年 10 月作成, 2012 年 3 月一部改訂〕

1 公立図書館の整備

1 市町村の図書館は, おおむね中学校区を単位とした住民の生活圏域に整備すること。
2 地域の図書館は 800㎡以上の施設面積でつくり, 5 万冊以上の蔵書をもち, 3 人以上の専任職員を配置すること。
3 市町村立図書館の運営経費（人件費を含む図書館年間総経費）は, 市町村の普通会計歳出総額の 1％以上を措置し, 資料費はその 20％（普通会計歳出総額の 0.2％）を充てること。
4 地方交付税の積算内容を, 図書館サービスの進展に即して改善すること。当面コンピュータシステム, 資料の相互貸借の経費のほか, 市町村の図書館長の給与費, 図書館協議会委員の報酬を加えること。
5 公立図書館に専任の司書を配置すること。
6 公立図書館に司書資格を備えた専任の図書館長を配置すること。
7 図書館法第 20 条による補助金の復活, および地方債, 補助金は公立図書館整備に活用しやすい仕組みにすること。
8 政府刊行物や地方公共団体の刊行物を公立図書館に無償で提供すること。

2 学校図書館の整備

1 政府は, 学校図書館整備の地方交付税措置を充実すること。あわせてその対象を小中学校の図書館に限定せず高等学校の図書館にも拡大すること。
2 地方公共団体は地方交付税として算定された額を確実に予算化すること。
3 11 学級以下の学校にも司書教諭を発令すること。また司書教諭が学校図書館の職務に従事できるよう授業時間数等の軽減措置を行うこと。
4 学校司書の配置を促進すること。
5 教員養成課程（教職課程）において図書館活用の教育を行うこと。

3 大学図書館の充実

1 紙, 電子媒体を問わず高度な専門資料を購入維持していくための予算を確保すること。
2 貴重書等を保存するための施設, 設備の充実, およびその多様な活用を図るための電子媒体変換を可能とする方策を実施すること。
3 学生用資料の確保など教育機能を充実すること。

4 国立大学法人,公立大学法人の運営費交付金を充実させること。
5 資料に精通した専門職員の確保と職務に専念できる環境を整備すること。
6 大学経営の変化に対応した附属図書館の管理運営を担う館長などの人事を重視すること。

4 出版文化の振興
1 日本の出版物市場における公共,大学,学校を合わせた図書館のシェアが10%以上となる資料費を確保すること。
2 図書館資料費を増額し,多くの学術書や専門書を購入できるようにすること。
3 地方出版の振興を図ること。
4 出版物の再販売価格維持制度を守ること。

5 活字文化からの疎外をなくす
1 文字・活字文化に直接,接することが困難な障害者の権利を保障するための施策の充実を図ること。
2 さまざまな障害者が使える多様なDAISY資料の刊行促進,普及をするとともに,その製作施設への支援を図ること。
3 すべての出版物を障害者が利用できるように障害者用資料作成に対する国の支援を実施すること。
4 在日外国人,在外日本人がその母語などの文字・活字文化を享受できる環境を保障すること。

6 図書館の連携協力
1 館種を越えた図書館の連携協力の基盤を整備すること。
2 図書館資料の相互貸借の合理的な仕組み,経費負担の制度をつくること。

7 図書館の管理運営,図書館員の専門性
1 図書館の管理運営は,図書館の設立母体が自ら実施行うことを基本とする。
2 業務の委託については,委託する側,受託する側双方が遵守すべき基準がある。
3 図書館員の専門性の蓄積を図ることのできる人事管理を。

8 東日本大震災の被災図書館の復旧,復興
1 被災した図書館の復旧,復興のために必要な施策を実施する。
2 全面的な調査研究を行う。
3 震災関係資料の収集,保存

[注] 2012年改訂版は全文16ページの小冊子。各項目には解説と参考資料等を付す。

UNIT 49 ●図書館関係団体と学習の手引き
図書館関係団体

●………**図書館関係団体**

わが国において図書館の発展に向けて活動しているさまざまな団体が、先に取り上げた日本図書館協会のほかにも全国的な規模で、あるいは地域ごと、館種ごとに多数存在する。図書館という施設を単位とする団体もあれば、図書館に関心を抱く個人(図書館員、利用者、一般)が集まった組織や運動体もある。これらを広く「図書館関係団体」としてとらえ、全国的な規模で活動している主要なものについて、その組織と活動の概要を紹介する。研究団体(学会・研究会)については次のUNIT 50において扱う。

図書館関係団体の詳細な一覧(名簿)は、毎年の『図書館年鑑』(日本図書館協会)の名簿編に収録されているので参照するとよい。ちなみに『図書館年鑑』2014年版に掲載の全国的な機関・団体(協会、協議会、学会、研究会、連絡会など)は81件を数える。

●………**館種別全国協(議)会**

図書館は館種を異にすると当面する課題、研究テーマなどもよほど違ってくる。そこで館種に即した共通する課題に取り組むために、館種ごとの連絡、研究協議の組織を地域ごとに、あるいはその積み上げで全国的な組織としてもつことになる。そうした全国的な館種別協(議)会として、次のようなものがある。

☆**全国公共図書館協議会**(略称「全公図」、1970年創立)

全国の公共図書館により構成され、「全国の公共図書館相互の連絡を密にし、図書館に関する調査研究を行い、図書館の発展を図ること」を目的とする。公共図書館の行財政および事業の調査研究、情報交換、文部科学省等関係機関への陳情等を主な事業としている。前身は1967年発足の全国公共図書館長協議会。会長と事務局は東京都立中央図書館が担当している。

☆**国立大学図書館協会**(1954年創立、2004年4月に「協議会」を改称)
☆**公立大学協会図書館協議会**(1956年創立)
☆**私立大学図書館協会**(1938年創立)

東西2地区部会で構成。東地区269校，西地区264校（2012年8月現在）。部会ごとに研究会をもつほか，毎年全体での研究大会を開催している。
　　機関誌：『私立大学図書館協会会報』（年2回）

☆**国公私立大学図書館協力委員会**（1979年創立）
　　大学図書館間の設置者の別を越えた協力・連携を推進するため設置された組織。編集委員会により『大学図書館研究』を作成し，学術文献普及会から年3回刊行。機関誌『大学図書館協力ニュース』（年6回）により，学術情報システムをはじめ大学図書館の協力に関する全国各地の情報を伝え，活動の進展に寄与している。

☆**（NPO）日本医学図書館協会**（1927年創立）
　　日本で最も長い歴史と実績をもつ館種別協会。この分野における図書館協力・ネットワークの推進に先駆的実績をもつ。
　　機関誌：『医学図書館』（季刊）

☆**（公社）全国学校図書館協議会**（略称「全国SLA」，1950年創立）
　　文部省が1949年に開いた『学校図書館の手引』伝達講習会に集まった人たちが，学校図書館整備の法的根拠の確立，学校図書館研究の推進をめざして結成。隔年に全国大会，ブロック別研究大会を開催するほか，研修会，出版活動などを行う。
　　機関誌：『学校図書館』（月刊）

☆**（一社）日本国際児童図書評議会**（略称「JBBY」，1974年創立）
　　機関誌：『JBBY』（季刊）

☆**専門図書館協議会**（略称「専図協」，1952年創立）
　　7地区の協議会を擁し，全国研究集会，地区研究集会，講演会などを開催。3年ごとに専門図書館の全国調査を行い，その結果を基に『専門情報機関総覧』を刊行。
　　機関誌：『専門図書館』（年5回）

☆**（NPO）全国視覚障害者情報提供施設協会**（略称「全視情協」，1981年創立）

☆**（一社）情報科学技術協会**（1950年創立，1986年改称）
　　前身は国際十進分類法協会（1954年），日本ドクメンテーション協会（1958年）。情報検索基礎能力試験，データベース検索技術者認定試験を実施している。
　　機関誌：『情報の科学と技術』（月刊）

● ……… **地方協会**

　　上記の館種別団体の下部組織として，あるいは独立の団体として，館種にわたる地域の図書館協会，特定館種のみの図書館団体が存在する。代表的なものは県域をカバーする図書館協会で，奈良県のようにあらゆる館種を網羅する奈良県図書館協会といった組織もあれば，北海道のように館種ごとの北海道図書館振興協議会，北

海道地区大学図書館協議会，北海道学校図書館協会，専門図書館北海道地区協議会などが参加する場合もある。いずれも加盟各図書館の分担金を主に運営されているものが多いが，山口県のように個人会員を認めている地方協会もある（ただし，2012年8月に廃止）。前者の場合には，それぞれ組織の内部に公共図書館部会，大学図書館部会といった館種ごとの部会をもつのが普通で，合同の図書館大会，研究集会，研修会を開催している。後者の場合は，それぞれ別個に研究大会や研修会を企画したり，調査研究を行っている。

各県の学校図書館協議会（SLA）は，さらにその下部に市域の組織を備えたり，教育委員会傘下の図書館教育研究会と二枚看板になっていることも少なくない。

県域よりも大きい単位としては，近畿公共図書館協議会のようにブロックを単位とするものもある。そのすべてが日常的な活動をしているわけではなく，年ごとの定例的な研究集会を開催するための実行組織という性格のものもある。

● ……… 図書館関係者も加わる運動団体

☆**親子読書地域文庫全国連絡会**（略称「親地連」，1970年創立）

1970年4月，「すべての子どもに読書の喜びを」という願いを掲げて結成された団体で，子どもの本・読書などをめぐって全国的に運動を展開している。主な活動は，全国交流集会・地域連絡会交流会の開催，機関誌『子どもと読書』の出版，各種講座の開催などである。近年は学校図書館の整備・充実（とりわけ人の配備）にも積極的に関与している。

☆**むすびめの会**（図書館と在住外国人をむすぶ会，略称「LINCS」，1991年創立）

在住外国人をはじめとする文化的・民族的背景をもつ人々に対する図書館サービスを考えるために発足した団体。各種図書館員，研究者，学生，書店員，外国人支援をしている人々が参加している。ニュースレター『むすびめ2000』を発行。

☆**公共図書館で働く視覚障害職員の会（なごや会）**（1989年創立）

機関誌として会報を年2回発行。

☆**図書館九条の会**（2004年創立）

会員通信『図書館九条の会』発行。

☆**矯正と図書館サービス連絡会**（2010年創立）

矯正施設と図書館との連携，矯正施設内の読書環境整備を目的に発足。

● ……… 図書館支援団体

図書館の整備・充実を外部から支援しようという目的で組織された団体もある。その代表的なものが「図書議員連盟」である。図書館に関心をもつ国会議員が超党派的に集まった組織で，1978年に結成された。その当初に図書館事業基本法の制

図書議員連盟

定を議員立法で制定しようとしたこともある。国の図書館政策に向けて発言したり、予算の確保に協力したりする活動を折々に行っている。事務局は国立国会図書館内に置かれている。活字文化議員連盟、子どもの未来を考える議員連盟、学校図書館議員連盟もある。

　学習社会、高齢化・余暇の時代を迎え、地域にはわがまちの図書館を育てよう、何かお手伝いをしたい、という気持ちをもった住民が、「○○図書館友の会」といったボランティア組織をつくり、日常的に図書館支援の活動や図書館業務の一部を手伝ったり、独自の学習活動を行ったりしている。こうした活動が生まれるのは、図書館サービスが相当程度に充実し、住民の図書館への期待や思いが強くなっていることが不可欠で、図書館側からの一方的な働きかけでのみ成り立つものではない。

　2004年に各地のこうした団体をつなぐ組織として「図書館友の会全国連絡会」が結成され、指定管理者制度の問題などで国会や文部科学省に働きかける活動などを重ねている。option Nに収めた「私たちの図書館宣言」は、この連絡会の活動のなかで共通理解された図書館像を示している。

図書館友の会全国連絡会

「私たちの図書館宣言」

●………**住民運動団体**

　図書館にかかわる住民団体として一般的なのは、各地の図書館づくり運動の団体である（UNIT 20, 21参照）。1960年代末から70年代以降、公共図書館の発展と表裏の関係のもとに、各地で図書館の整備・充実を求める住民運動が展開されてきた。図書館があまりに貧しいという事実、同時に図書館のある暮らしのよさが実感できるようになってきたという発展段階を受けての活動で、創造的な住民運動として、戦後日本の市民運動の中でも高く評価される存在である。「○○図書館をつくる会」、「○○図書館を考える会」などの名称で活動している。前項で紹介した「○○図書館友の会」というスタイルをとるものもある。

　1990年代になって、学校図書館の整備充実、とりわけ義務教育学校への専任職員の配置を求める住民運動が各地に輩出し、「学校図書館を考える会○○」として活発な運動で成果を広げている。内実はさまざまだが、各地における学校司書の配置はこの活動に負うところが大きい。文庫活動から地域の図書館づくり運動の経験をもった人たちが、その経験の展開として進めているものが多い。1997年には全国的にそれらをつなぐ「学校図書館を考える全国連絡会」も誕生し、毎年「学校図書館を考える全国集会」を開催し、交流を図っている。2014年の学校図書館法改正に際しては、改正を進める議員連盟への働きかけやヒヤリングに対応するなど、大きな役割を果たした。

学校図書館を考える全国連絡会

●図書館関係団体と学習の手引き
図書館関係学術研究団体

●………図書館（情報）学の研究

　図書をはじめ各種メディアに記録される人間の思索，経験，想像力の成果を，それを必要とする人々の意識に伝える社会的仕組みである図書館の運営，活動に関する知識，技術の総体として図書館学（Library Science）がある。図書館という組織，機関を離れて図書館学は成り立ち得ないが，研究対象を図書館の活用を含めて情報の利用，読書，コミュニケーション，情報メディアの生成や普及，さらには情報と社会との関係といったところにまで広げると，さまざまな諸科学との接点，成果の交流が必要となる。とりわけ情報学との関係を意識し，両者の統合として学際的に研究を進めようとするところで図書館情報学（Library and Information Science）という学問分野が生まれている。日本図書館学会が日本図書館情報学会と名称を改めたのは1998年である。

＊図書館学

＊図書館情報学

●………図書館研究団体と研究情報，書誌

　図書館および図書館（情報）学の研究は，全国的な職能団体である日本図書館協会の諸活動の中で行われることも少なくないが，それを専らにする研究団体としては，日本学術会議にも加盟する学術研究団体もあれば，実務・実践上の課題に取り組む団体，運動体的な性格の強い団体もある。ここではそれらを取り混ぜて全国規模の主な研究団体の概要を紹介する。いずれも図書館に関心を寄せる学生や一般市民も個人で参加できる団体である。

　図書館（情報）学関係の研究成果は，各団体の研究大会や例会，機関誌で公表されるが，それらを収録，レヴューした二次資料として，次のようなものがある。学習の対象や領域，課題を見出す参考に活用するとよい。

☆『図書館情報学研究文献要覧』既刊4冊

　1970〜81年，1982〜90年，1991〜98年，1999〜2006年に公表された図書館情報学関係の図書，雑誌論文を収録した網羅的な文献目録。先行研究・文献を求めるのに不可欠。日本図書館学会編集（初巻は深井人詩他編で学会監修）。日外アソシエーツ発行。

☆『図書館界』 50号ごとのレヴュー特集

　日本図書館研究会の機関誌『図書館界』がこれまで創刊以来50号ごとの特集で，その期間内の図書館および図書館研究の概要を文献レヴューの形で取り上げている。隔月刊の雑誌で50号ごとということは，ほぼ10年に近い間隔での概括であり，主要な課題の所在，その間の主たる研究成果を知る上で貴重な労作である。2010年までに7冊が刊行されており，雑誌とは別に別刷り冊子として刊行された号もある。

☆『図書館年鑑』書誌編

　各1年間に発行された主題ごとに区分した図書館関係図書・資料目録，主要な図書館関係雑誌の目次一覧を掲載しており，単年度の関係文献をまとめて知る上で有益である。2014年版の主要雑誌目次一覧の採録誌は26誌である。目録には小冊子，非販売冊子を含めて単行書を幅広く網羅しており，ほかに紀要や図書館関係の記事を特集した一般誌，視聴覚資料も収めている。

●………**各研究団体の概要紹介**

☆**日本図書館情報学会**（1953年創立，1998年「日本図書館学会」から改称）

　日本の代表的な図書館情報学の学術研究団体。日本学術会議会員。機関誌『日本図書館情報学会誌』の刊行（年4回），研究大会，春季研究集会の開催，会員の研究成果に対する表彰（図書館学会賞，同奨励賞），研究助成などを行っている。会員は大学教員が中心だが，図書館現場で働く研究者も多く参加。

　参考：『日本図書館情報学会創立50周年記念誌』日本図書館情報学会，2003年
＊なお，組織上まったく関係はないが，名称に「学会」を冠した中部図書館情報学会，香川県図書館学会，西日本図書館学会などがある。それぞれ県域あるいはブロック内の図書館関係者を主たる会員としている。

☆**日本図書館研究会**（略称「日図研」，1946年創立）

　戦前の図書館研究団体「青年図書館員聯盟」を継承し，戦後1946年にいち早く結成されたわが国最大の図書館研究団体。日本学術会議会員。機関誌『図書館界』（隔月刊）の刊行，研究大会，図書館学セミナー，ブロックセミナー，研究例会の開催，会員の研究助成などを行っている。図書館現場で働く研究者・実務者も多く参加しており，館種を越えた研究の交流に特色がある。

　参考：『日本図書館研究会の50年』日本図書館研究会，1996年

☆**三田図書館・情報学会**（1963年創立）

　慶應義塾大学文学部図書館・情報学科の教員，卒業生を中心に1963年に設立され，その他の研究者も広く加わっている全国規模の学術研究団体。機関誌は『Library and Information Science』（年2回刊行）。

☆**児童図書館研究会**（略称「児図研」，1953 年創立）

　児童図書館の研究とその充実・発展をめざして 1953 年に設立された。公共図書館における児童サービスがそれほどの関心を集めなかった時期から，その重要性を訴えてきた。毎年の研究集会や機関誌『こどもの図書館』（月刊）を通して児童サービスの普及，技術の向上と位置づけを強める活動を継続している。

☆**図書館問題研究会**（略称「図問研」，1955 年創立）

　「現実の社会，政治，経済との関連のもとに，公共図書館の切実な問題をとらえ，図書館奉仕の科学的，実践的な理論を確立」するという綱領のもとに，1955 年に結成された。公共図書館を中心に，全国大会で図書館の当面する現状の分析と課題を設定し，研究・調査・実践活動により綱領の実現をめざして活動している。個人加盟の運動体的性格を備えた研究団体で，県単位の支部活動を重視している。毎年 1 回全国大会，研究集会を開催。『みんなの図書館』（月刊），『図書館評論』（年刊）を刊行。

☆**大学図書館問題研究会**（略称「大図研」，1970 年創立）

　1960 年代末の大学紛争を機に，図問研を母体として 1970 年に発足。学生・教職員の要求をもとに，利用者のための大学図書館づくりをめざす運動体的性格をもった個人加盟の研究団体。県単位の支部を活動の軸とし，年次研究大会を開催。機関誌は『大学の図書館』（月刊）。

☆**学校図書館問題研究会**（略称「学図研」，1985 年創立）

　専任職員のいる学校図書館の働きと実践の交流，普及を通して「学校図書館の充実と発展」に努めるべく，1985 年に図問研を母体に発足した。毎年夏に全国大会を開催。機関誌『学図研ニュース』（月刊），『がくと』（年刊）を刊行。

☆**日本図書館文化史研究会**（1982 年創立，1995 年「図書館史研究会」から改称）

　図書館史を専門とする研究団体として 1982 年に発足。年報『図書館文化史研究』（日外アソシエーツ発行）のほか，ニュースレターを年 4 回発行。

☆**日本病院患者図書館協会**（1974 年創立，1996 年「日本病院図書館研究会」から改称）

　1974 年に設立された研究・運動団体で，日本の病院の中に患者のための図書館サービスを広める活動を重ねている。1996 年 12 月，これまでの「日本病院図書館研究会」からこの名称に改名した。病院図書館全国会議の開催，機関誌『病院患者図書館』（年 2 回刊行）の発行などをしている。

参考文献

本書の構成にほぼそって，項目ごとに，近年の単行書を主に掲げた。

●現代社会と図書館

『図書館のめざすもの』新版，竹内悊編・訳，日本図書館協会，2014年

『理想の公共図書館サービスのために：IFLA/UNESCO ガイドライン』国際図書館連盟公共図書館分科会ワーキング・グループ編，山本順一訳，日本図書館協会，2003年

『生涯学習と図書館』塩見昇著，青木書店，1991年

『未来をつくる図書館』菅谷明子著，岩波書店（新書），2003年

『電子図書館の神話』バーゾール著，根本彰他訳，勁草書房，1996年

『情報基盤としての図書館』正続（2冊），根本彰著，勁草書房，2002〜2004年

『変革の時代の公共図書館』日本図書館情報学会編，勉誠出版，2008年

『図書館サービスと著作権』改訂第3版（図書館員選書10），日本図書館協会著作権委員会編，日本図書館協会，2007年

『みんなで考える図書館の地震対策：減災へつなぐ』『みんなで考える図書館の地震対策』編集チーム編，日本図書館協会，2012年

『みんなで考える　こんなときどうするの？：図書館における危機安全管理マニュアル作成の手引き』日本図書館協会，2014年

『図書館ハンドブック』第6版補訂2版，日本図書館協会，2016年

『図書館年鑑』（年刊）日本図書館協会

『日本の図書館』（年刊）日本図書館協会

●図書館の理念

『図書館学の五法則』ランガナタン著，森耕一監訳，日本図書館協会，1981年

『図書館の歩む道：ランガナタン博士の五法則に学ぶ』（JLA 図書館実践シリーズ 15），竹内悊解説，日本図書館協会，2010年

『文献世界の構造』根本彰著，勁草書房，1998年

『「図書館の自由に関する宣言 1979年改訂」解説』2版，日本図書館協会，2004年

『図書館の原則　改訂3版』川崎良孝他訳，日本図書館協会，2010年
　　　（ALA の『知的自由マニュアル』第8版の翻訳）

「図書館と自由」シリーズ，日本図書館協会図書館の自由に関する調査委員会編，日本図書館協会（既刊16集）
　　第14集『図書館の自由に関する事例33選』1997年

『図書館の自由に関する事例集』日本図書館協会図書館の自由委員会編，日本図書館協会，2008年

『図書館の自由に関する全国公立図書館調査 2011 年』日本図書館協会，2013 年
『知る自由の保障と図書館』塩見昇・川崎良孝編著，京都大学図書館情報学研究会，2006 年
『知的自由と図書館』塩見昇著，青木書店，1989 年
『「図書館員の倫理綱領」解説』増補版，日本図書館協会，2002 年

●図書館法規と行政，施策
『図書館法規基準総覧』第 2 版，武田英治・山本順一編，日本図書館協会，2002 年
『図書館法』西崎恵著，羽田書店，1950 年（日図協から 1991 年に復刻新装版刊行）
『新図書館法と現代の図書館』塩見昇・山口源治郎編著，日本図書館協会，2009 年
『構造的転換期にある図書館：その法制度と政策』日本図書館研究会，2010 年
『図書館法成立史資料』裏田武夫・小川剛編著，日本図書館協会，1968 年
『図書館の設置及び運営上の望ましい基準　活用の手引き』日本図書館協会，2014 年

●地域社会と図書館
『これからの図書館像：地域を支える情報拠点をめざして』文部科学省・これからの図書館の在り方検討協力者会議編，文部科学省，2006 年
『図書館員として何ができるのか：私の求めた図書館づくり』西田博志著，教育史料出版会，1997 年
『図書館の時代がやってきた』山本哲生著，教育史料出版会，1999 年
『図書館の集会・文化活動』（図書館員選書 9），ちばおさむ他著，日本図書館協会，1993 年

●館種別制度と機能
『公立図書館原論』（図書館学体系 1），森耕一著，全国学校図書館協議会，1983 年
『公立図書館の任務と目標　解説』改訂版増補，日本図書館協会図書館政策特別委員会編，日本図書館協会，2009 年
『中小都市における公共図書館の運営』日本図書館協会編・発行，1963 年
『市民の図書館』日本図書館協会編・発行，1970 年（1976 年増補版刊行）
『われらの図書館』前川恒雄著，筑摩書房，1987 年
『障害者サービス』補訂版（図書館員選書 12），日本図書館協会障害者サービス委員会編，日本図書館協会，2003 年
『多文化サービス入門』（JLA 図書館実践シリーズ 2），日本図書館協会多文化サービス研究委員会編，日本図書館協会，2004 年
『子どもの読書環境と図書館』日本図書館研究会，2006 年
『図書館の基本を求めて』Ⅰ～Ⅷ　田井郁久雄著，大学教育出版，2008 ～ 2016 年
『公共図書館の運営原理』パンジトア著，根本彰他訳，勁草書房，1993 年

『教育を変える学校図書館』塩見昇編著,風間書房,2006 年
『変わりゆく大学図書館』逸村裕・竹内比呂也編,勁草書房,2005 年
『国立国会図書館五十年史』国立国会図書館編・発行,1999 年
『国立国会図書館入門』同編集委員会編,三一書房,1998 年
『刑務所図書館:受刑者の更生と社会復帰のために』中根憲一著,出版ニュース社,2010 年
『病院患者図書館:患者・市民に教育・文化・医療情報を提供』菊池佑著,出版ニュース社,2001 年

●図書館の発展
『アメリカ図書館思想の研究』小倉親雄著,日本図書館協会,1976 年
『近代図書館の歩み』森耕一著,至誠堂,1986 年
『アメリカ公立図書館成立思想史』川崎良孝著,日本図書館協会,1991 年
『図書館の歴史:アメリカ編』増訂第 2 版(図書館員選書 31),川崎良孝著,日本図書館協会,2003 年
『ボストン市立図書館 100 年史』ホワイトヒル著,川崎良孝訳,日本図書館協会,1998 年
『近世日本文庫史』竹林熊彦著,大雅堂,1943 年
『日本近代公共図書館史の研究』石井敦著,日本図書館協会,1972 年
『公共図書館サービス・運動の歴史』1 ~ 2(JLA 図書館実践シリーズ 4 ~ 5),小川徹他著,日本図書館協会,2006 年
『図書館の発展を求めて:塩見昇著作集』日本図書館研究会,2007 年

●外国の図書館
『諸外国の公共図書館に関する調査報告書』文部科学省,2005 年
『白夜の国の図書館』1 ~ 3,図書館計画施設研究所編,リブリオ出版,1994 ~ 1998 年
『新しい図書館:市民のネットワーク』英国図書館情報委員会著,永田治樹他訳,日本図書館協会,2001 年
『21 世紀の図書館:世界のなかの中国の図書館』呉建中著,川崎良孝他訳,京都大学図書館情報学研究会,2007 年

●図書館関係団体と学習の手引き
『近代日本図書館の歩み:日本図書館協会創立百年記念』2 冊,日本図書館協会編・発行,1992~1993 年
「特集・はいってますか?研究団体」『みんなの図書館』296 号,2001 年 12 月
『図書館情報学の地平:50 のキーワード』根本彰他編,日本図書館協会,2005 年
『図書館員への招待』四訂版,塩見昇編著,教育史料出版会,2012 年

索　引

【五十音順】

〈ア〉

愛国者法　237
アイスランドの図書館　246
愛知県立高校の禁書事件　61
アウトリーチ活動　37
アメリカ議会図書館（LC）　17, 203, 235
アメリカ社会に役立つ図書館利用 12 箇条
　　　　　　　　　　　　149, 160
アメリカ図書館協会（ALA）　14, 55, 68, 74,
　128, 149, 234, 237, 258, 259
アメリカの図書館　233-237
有山崧　57, 58
イギリス図書館協会（LA）　74, 241, 258, 259
イギリス図書館・情報専門家協会（CILIP）
　　　　　　　　　　　74, 240, 259
イギリスの図書館　238-241
委託販売　46
医療法　200
インターネット　38, 110, 133, 237, 242, 251
ヴァイツゼッカー　221
英国図書館（British Library）　17, 240
L（エル）プラン21　263
公の施設　64, 91, 128, 155
　　の委託　91-92, 155
公の出版物　84, 127
小倉親雄　159
オルテガ　224

〈カ〉

回収要求　62
各務原の少女誘拐事件　62
学習権　82
学習権宣言（ユネスコ）　35, 82
学習指導要領　161
学習社会　34
学習成果の活用　89, 131
学習到達度調査（PISA）　170, 246
学術情報　19, 182
学術情報基盤　19
学術情報システム　24, 182
学術情報ネットワーク　19, 101, 185, 189
学術審議会　101, 178, 182, 184

学制　229
貸出し　48, 52, 124, 146, 148, 151, 222, 232
　　記録　58, 62, 224
　　方式　62, 223
貸出実態調査　48
貸出図書館　239
『華氏451度』　53
仮想図書館　13
学校教育法　161
　　施行規則第1条　81, 161, 177
学校区図書館　226
学校司書　101, 105, 172
学校図書館　18, 99, 100, 158, 161-172, 265
　　活動　166-167
　　基準　162, 167
　　機能　167
学校図書館宣言（ユネスコ）　165, 174-176
『学校図書館の手引』　162, 269
学校図書館法　18, 81, 100, 163-164, 173-174
　　1997年改正　101, 164
　　2014年改正　105, 164
河島正光　193
韓国の図書館　252-256
関西館　205, 208, 210, 215
官製ワーキングプア　28, 154
館長資格　129, 131
議会図書室　92, 191
機関リポジトリ　179, 186, 188
企業の文化活動　192
危機管理　42-44
菊池佑　200
規制緩和　130, 131, 133
義務設置　81, 126, 128, 132
教育委員会の職務権限　93
教育を受ける権利　82, 83, 88, 127
教育機関　36, 83, 88, 92-93, 131, 155
教育基本法　82, 85-87, 127
教育刷新委員会　86
教育的配慮　61
教育の自由　85
教育の情報化ビジョン　170
教育の目的　86
教員サポート機能　171
行財政改革　99, 133, 155

索引　279

行政作用　98
協力の依頼　104
禁書　53, 61
九鬼隆一　230
刑事収容施設及び被収容者等の処遇に関する法律　202
刑務所図書館　20, 201-202
ケストナー　54
県域ネットワーク　24, 153
検閲　55, 60
検閲官としての図書館員　55, 224
研修　26, 76, 79, 196
県立図書館　103, 153
広域貸出　22, 92
公教育　35, 84, 133, 225
公共財　39, 153
公共サービス基本法　92, 158
公共貸与権（公貸権）　52, 240
公共図書館　18, 98, 127, 146-154, 159, 191
公共図書館宣言（ユネスコ）　18, 30-32, 159
公共図書館・博物館法（イギリス）　238, 240
厚生労働省（厚生省を含む）　20, 199
公立図書館　36, 73, 84, 93, 99, 112, 127, 132, 147, 159, 227, 232
　　の委託　92, 155, 264
公立図書館の任務と目標　148, 153, 263
国際子ども図書館　205, 211, 213
国際人権規約　81, 83
国際成人教育会議（ユネスコ）　82
国際図書館連盟（IFLA）　74, 202, 259
国立学校設置法　177
国立国会図書館　17, 62, 64, 203-215
　　サーチ　213
　　調査及び立法考査局　204, 207
　　デジタル化資料　213
　　長尾ビジョン　212, 220
国立国会図書館法　17, 203-205, 216-219
国立情報学研究所　19, 24, 101, 182, 185, 188-189
国立大学法人法　177
国立図書館　17, 203, 204, 205, 208-210
子どもの読書活動推進法　265
子どもの読書サポーターズ会議　171
『これからの図書館像』　100, 110, 121
コレクション　15, 183
コンドルセ　84

〈サ〉
最低基準　129, 133
再販売価格維持契約制度（再販制）　46
差別表現　62
参政権　84
視覚障碍者　41, 199
滋賀県の図書館振興策　105
資源共有　23, 39
自己規制　56, 63
自己点検・評価　178
司書　25-28, 125, 128, 224, 236
　　課程　10
　　研修　26
　　採用制度　28
　　資格　11, 26, 28, 128, 256
　　職制度　27, 265
　　専門性　25
　　養成教育　26, 128, 258
司書教諭　101, 163-164, 169, 172
市政図書室　112, 115
施設　86, 119
施設整備補助事業（文部省）　99
思想善導　231, 260
視聴覚障害者情報提供施設　199
指定管理者（制度）　92, 156-158, 264
自治事務　91
支部図書館　18, 191, 208
清水幾太郎　131
『市民の図書館』　146, 229, 262
社会教育機関　88, 131
社会教育法　88-89, 126
　　の精神　89, 126
社会的生存権　83
集会・文化活動　37, 122
収集の自由　59, 65
収集方針　59
住民参加　37, 119-120
住民自治　90, 128, 155
住民生活に光をそそぐ交付金　100
受益者負担　133
出版　45-47
出版文化　48, 76
生涯学習　34, 36, 87, 131, 184
　　審議会　130, 133
　　体系への移行　34
生涯学習に関する世論調査（総理府）　102
生涯学習に資する図書館　36-37

の理念　34, 87
生涯教育　34
少年院法　202
少年法第61条　62
情報アクセス　40, 41, 168
情報化　38, 84, 101, 169, 170
情報公開　40, 84
情報資源　39
情報社会　38
情報弱者　36, 37, 40
情報疎外　40, 41
情報と思想のひろば　36, 56
情報リテラシー　37, 40, 169, 186
商用データベース　133, 195
書誌情報サービス　210
書籍館　229
『書物の敵』　42
私立図書館　127, 129, 131, 159
資料を知る　26, 76, 78
資料提供　37, 115, 124, 146, 151, 239, 262
資料費　48, 154, 186
知る権利（知る自由）　58, 59, 73, 82
新教育　19, 161, 165
人権やプライバシーを侵害するもの　59
震災アーカイブ　43
身体障害者社会参加支援施設　199
身体障害者福祉法　20, 199
スウェーデンの図書館　243-244
成人教育　35
戦後教育　85, 125, 165
　　　改革　161
全国学校図書館協議会（SLA）　162, 269
全国書誌　18, 210
全国図書館大会　57, 60, 75, 201
専門職　27, 73
　　　制度　187, 240
専門職の行動綱領（LA）　74
専門図書館　20, 190-196
専門図書館協議会　190, 196, 269
占領軍総司令部民間情報教育局（GHQ/CIE）
　　　　　　　　85, 125, 162
総合的な学習の時間　169
総合目録ネットワーク　24, 210, 215
相互貸借　22, 24
総務省　157-158
組織の図書館　192-193

〈タ〉
第一次米国教育使節団報告　85, 161, 260
大学設置基準　19, 81, 177-178, 187
大学図書館　19, 99, 101, 177-187
　　　改善要項　179
　　　基準　179
　　　コンソーシアム連合　185
第二臨時行政調査会（第二臨調）　155
貸与権　50
多言語サービス　242
田中不二麻呂　230
魂の医薬　13
地域資料　112, 115
地域の情報拠点　40, 100, 110, 152
地域文化の創造　116
地域文庫　117
知識基盤社会　38, 170
知的自由　54, 237, 259
地方教育行政の組織及び運営に関する法律（地教
　　行法）　83, 92, 104
地方行政資料　112,, 115
地方交付税　101
地方自治　90, 128, 130
地方自治法　90-93, 128, 155, 156, 191
地方分権推進委員会　130
中央教育審議会　34, 89, 169
中央図書館制度　125, 126, 232
中期目標・中期計画　177
中国の図書館　247-251
『中小都市における公共図書館の運営』（中小レ
　　ポート）　153, 232, 262
町村図書館づくり　263
著作権　49-51, 199, 212, 264
　　　集中処理　49
著作者の権利制限　51
著作物　49-50
通俗図書館　17, 231
提供の自由　59, 62, 66
帝国図書館　203, 209
デジタル・アーカイブ　210, 213
デモイン公共図書館　55
デューイ，メルヴィル　35
電子化情報サービス　133
電子ジャーナル　185
電子出版　45
点字図書館　20, 199-200
電子図書館　13, 185, 210

『点字図書・録音図書全国総合目録』　215
デンマークの図書館　244-245
東京都の図書館振興策　105
特殊図書館　17, 254
読者からのフィードバック　47
読書　35
図書館　13-16, 29, 54, 56
　　概論　12
　　関係団体　268
　　教育　166-167
　　協会　258
　　協議会　119, 128
　　行政　98, 102
　　協力　21-23, 39, 76, 104, 129, 153, 195, 208, 210, 211
　　財団　235
　　資料　15, 133, 183
　　振興策　105, 107-109, 133
　　友の会　120, 149, 271
　　ネットワーク　23, 31, 175, 195, 215, 236
　　発展のサイクル　117
　　奉仕　21, 127, 132, 147, 166, 180, 203, 204, 262
図書館に関する科目　11, 265
図書館員の専門性　25, 75
図書館員の問題調査研究委員会　25, 75, 265
図書館員の倫理綱領　25, 48, 73-76, 77-80
『図書館学の五法則』　16, 35
『図書館管理法』（西村竹間）　17
図書館政策特別委員会　148, 263
図書館送信サービス　213
図書館づくり運動　117-119
図書館の権利宣言（ALA）　55, 68-69
図書館の自由　56, 69-72
図書館の自由に関する宣言　57-60, 65-67, 75
図書館の自由に関する調査委員会　58, 60
図書館の種類　17
図書館の中立性　57, 58, 59
図書館の図書館　208
図書館法　18, 26, 29, 81, 85, 88, 89, 104, 112, 119, 125-133, 134-137, 262
　　第3条　21, 24, 127, 132
　　第17条　128, 130, 133
　　制定運動　125
　　1999年改正　130, 131
　　2008年改正　131
　　施行規則　138

図書館法制－アメリカ　233-234
図書館本位　36, 131
図書館令　125, 128, 231
図書議員連盟　263, 270
図書整備5カ年計画　19, 101, 169
鳥取県の図書館振興策　105
都道府県教育委員会　93, 103-104
都道府県立図書館　153, 232
富山の「図録」問題　63

〈ナ〉
中井正一　130
中根憲一　201, 202
ナチスの焚書　54, 55
浪江虔　117
西崎恵　127, 147
西田博志　122
日本医学図書館協会　191
日本国憲法　54, 82, 86, 90
日本書籍出版協会　48
日本図書館協会　17, 48, 57-60, 75, 126, 128, 157, 259-261, 262-265
　　認定司書　27, 265
日本病院図書館研究会　200
日本文庫協会　260
日本ペンクラブ　48
練馬のテレビ事件　58, 62
納本（納本制度）　18, 84, 205, 209, 214, 235
望ましい基準　100, 129, 139-144, 263
ノルウェーの図書館　245

〈ハ〉
灰色文献　40, 115, 196
排架　222, 223
ハイブリッドライブラリー　41
配本車　154
破壊活動防止法（破防法）　57
博物館法　88
パッケージ系電子出版物　205
場としての図書館　181
羽仁五郎　203
パブリックライブラリー　128, 132, 159, 230
バリアフリー　44
パンジトア　36
東日本大震災と図書館　42
非正規雇用職員　154, 187
避難誘導　43

日野市立図書館　　58, 112, 115, 118
病院患者図書館　　20, 200-201
表現の自由　　54, 59, 83
フィスク　　63
フィルターソフト　　237
フィンランドの図書館　　246
フェアウェザー　　128
複写サービス　　51
複製　　51
附属図書館　　177
附帯施設（論争）　　125, 232
ブックボート（図書館船）　　245, 246
船橋西図書館蔵書破棄事件　　64, 73, 84
プライバシー　　59, 62, 224, 237
ブラッドベリ　　53
文化機関　　88, 131
文化創造　　41, 76
文庫　　14, 117-118, 120
焚書　　54
ベストセラー　　48, 52
ボストウィック　　55, 224, 232
ボストン公共図書館　　35, 227
保存の分担　　22
ボランティア活動　　20, 120
本（書物）　　45, 53, 54, 223

〈マ〉
まちづくり　　34, 113, 115
マッカーシズム　　53, 54
マン, ホレース　　225-226
宮部頼子　　258
無料公開　　128, 133
メディア・センター　　236
文字・活字文化振興法　　47, 263
森耕一　　159
文部科学省　　98, 99, 170, 171, 185
　　研究振興局情報課　　99
　　生涯学習政策局社会教育課　　98
　　初等中等教育局児童生徒課　　99
文部科学省組織令　　98
文部省　　125, 126, 162

〈ヤ・ラ・ワ〉
山口県立図書館の蔵書隠匿事件　　58
有料サービス　　239
ゆとり教育　　169, 170
八日市図書館（東近江市立）　　114, 122-124

ラーニングコモンズ　　181, 187, 235
ランガナタン　　16, 21, 30, 35
ラングラン　　34
立法調査サービス　　207
利用者を知る　　25
利用者の秘密を守る　　59, 66
臨時教育審議会　　34
臨時職員　　28, 187
倫理綱領　　73
類縁機関　　24
ルーズベルト　　54
令状　　62
レファレンスサービス　　148, 183, 196
レファレンス図書館　　239
私たちの図書館宣言　　124, 271

【アルファベット順】

Bibliothek　　14
DAISY　　200
FBI　　237
First freedom　　55
JAPAN MARC　　210
Learning to be　　34
library　　14
NACSIS-CAT　　182, 185
NACSIS-ELS　　185
NACSIS-ILL　　182, 185
NII　　188
Nordbib　　243
OCLC　　24, 236
OECD　　170
patron　　15
PFI　　156
public library authority　　238
reader's advisory service　　239

執筆者紹介

編著者
　塩見　昇（しおみ　のぼる）
　　所　　属：大阪教育大学名誉教授
　　関心領域：公共図書館の活動と計画，知的自由，学校図書館，生涯学習
　　主要著作：『図書館の発展を求めて―塩見昇著作集』（日本図書館研究会，2007 年）
　　　　　　　『生涯学習と図書館』（青木書店，1991 年）
　　　　　　　『知的自由と図書館』（青木書店，1989 年）
　　　　　　　『日本学校図書館史』（全国学校図書館協議会，1986 年）
　　　　　　　『教育を変える学校図書館』（編著，風間書房，2006 年）
　　担当 UNIT：1 〜 41，47 〜 50

執筆協力者
　井上　靖代（いのうえ　やすよ）
　　所　　属：獨協大学
　　担当 UNIT：42．アメリカの図書館

　小田　光宏（おだ　みつひろ）
　　所　　属：青山学院大学
　　担当 UNIT：43．イギリスの図書館

　吉田　右子（よしだ　ゆうこ）
　　所　　属：筑波大学
　　担当 UNIT：44．北欧の図書館

　小林 Söderman 淳子（こばやし　ソーデルマン　じゅんこ）
　　所　　属：ストックホルム市国際図書館
　　担当 UNIT：44．北欧の図書館

　呉　建中（Wu Jianzhong）
　　所　　属：上海図書館／上海科学技術情報研究所
　　担当 UNIT：45．中国の図書館

　金　容媛（KIM Yong Won）
　　所　　属：駿河台大学
　　担当 UNIT：46．韓国の図書館

（所属は 2012 年 11 月現在）

視覚障害その他の理由で活字のままでこの本を利用できない人のために，日本図書館協会及び著者に届け出る事を条件に音声訳（録音図書）及び拡大写本，電子図書（パソコンなど利用して読む図書）の製作を認めます。ただし，営利を目的とする場合は除きます。

図書館概論　四訂版
JLA 図書館情報学テキストシリーズⅢ　1

1998 年 3 月 30 日	［シリーズ第 1 期］	初版第 1 刷発行
2000 年 3 月 1 日		新訂版第 1 刷発行
2001 年 4 月 2 日		三訂版第 1 刷発行
2004 年 4 月 10 日		四訂版第 1 刷発行
2008 年 2 月 15 日	［シリーズ第 2 期］	初版第 1 刷発行
2008 年 11 月 25 日		新訂第 1 刷発行
2012 年 12 月 25 日	［シリーズ第 3 期］	初版第 1 刷発行
2013 年 11 月 30 日		新訂版第 1 刷発行
2014 年 5 月 10 日		三訂版第 1 刷発行
2015 年 2 月 20 日		四訂版第 1 刷発行ⓒ
2018 年 2 月 20 日		四訂版第 5 刷発行

定価：本体 1,900 円（税別）

編著者……………塩見昇
シリーズ編集……塩見昇・柴田正美・小田光宏・大谷康晴

発行……………公益社団法人 日本図書館協会
　　　　　　　　〒104-0033　東京都中央区新川 1 丁目 11-14
　　　　　　　　TEL 03-3523-0811　（代）
　　　　　　　　〈販売〉TEL 03-3523-0812　FAX 03-3523-0842
　　　　　　　　〈編集〉TEL 03-3523-0817　FAX 03-3523-0841
印刷……………藤原印刷株式会社
ブックデザイン……笠井亞子

JLA201723
ISBN978-4-8204-1417-9　　　　　本文用紙は中性紙を使用しています。　　Printed in Japan.

好評発売中！

図書館用語集 四訂版

日本図書館協会用語委員会 編集

B6変　368p　2600円（税別）　ISBN978-4-8204-1311-0

10年ぶりの改訂，図書館関係用語をハンディに解説！

図書館関係の用語を解説するハンディな用語集として好評を得てきた『図書館用語集』の最新版です。三訂版の刊行から10年を経て，必要最小限の修正を行いました。734の見出し語の下に2,000語に及ぶ参照語を集め，索引から本項目への案内を充実させています。図書館について学ぶ方々にとって，関連の用語を理解するために最適のツールです。

発行：公益社団法人　日本図書館協会　〒104-0033　東京都中央区新川1-11-14　出版販売係
hanbai@jla.or.jp　　　　　　　　　　　　　Tel 03-3523-0812　Fax 03-3523-0842
（お問い合わせ・ご注文はメールでもお受けします）

日本図書館協会に入会しませんか？

司書を目指して勉強中のみなさん、図書館に関心のあるみなさん、私たちと一緒に図書館界を盛り上げていきましょう。日本図書館協会ではこれからの活動をパワフルに進めてくれる若い力を求めています。

今、日本図書館協会では約4000名の個人会員と約2300の施設会員が活動しています。しかし、より力強い活動を展開していくためには、もっと多くの力が必要です。日本図書館協会に入会し、司書や図書館活動に関する問題や疑問を、力を合わせて解決していきましょう!!

日本図書館協会に入会すると…

1. "図書館雑誌"をお届けします

最新の情報と日々の活動に必要な特集記事が豊富に掲載されている"図書館雑誌"を、毎号郵送にてお送りします。ただ読むだけの雑誌ではなく、会員のみなさんの投稿で作られるページ"としょかんCHATTERBOX"もあります。

2. 協会出版物を割引額で購入いただけます

『図書館ハンドブック』『日本十進分類法』など、協会出版物が2割引となります。

※送料および代金送金時にかかる払込手数料はご負担いただきます。

現在学部学生である方を対象とした**準会員**という会員制度も用意しています。詳しくはお問い合わせください。

- 年会費　個人会員　9,000円／準会員　4,000円
　　　　　施設会員　A　50,000円／B　37,000円／C　23,000円

入会案内をお送りしています。ご希望の方は下記までお申しつけください。

《連絡先：日本図書館協会・会員係　somu@jla.or.jp》

☎03-3523-0811　http://www.jla.or.jp

JLA図書館情報学テキストシリーズⅢ

●シリーズ編集● 塩見 昇・柴田正美・小田光宏・大谷康晴　B5判・並製

1巻	図書館概論　四訂版	塩見昇編著	1,900円（税別）
2巻	図書館制度・経営論	永田治樹編著	1,900円（税別）
3巻	図書館情報技術論	大谷康晴編著	
4巻	図書館サービス概論	小田光宏編著	
5巻	情報サービス論	小田光宏編著	1,800円（税別）
6巻	児童サービス論	堀川照代編著	1,900円（税別）
7巻	情報サービス演習	齋藤泰則・大谷康晴共編著	1,900円（税別）
8巻	図書館情報資源概論	馬場俊明編著	1,900円（税別）
9巻	情報資源組織論　新訂版	柴田正美著	1,900円（税別）
10巻	情報資源組織演習　新訂版	和中幹雄［ほか］共著	1,900円（税別）
11巻	図書・図書館史	小黒浩司編著	1,300円（税別）
12巻	図書館施設論	中井孝幸編著	
別巻	図書館員のための 生涯学習概論	朝比奈大作著	1,900円（税別）

1～10巻，別巻は50ユニット，約260ページ
11,12巻は25ユニット，約150ページ

JLA 図書館情報学テキストシリーズ（第1期［※印］・第2期［※印以外］）

① 図書館概論　新訂版 [品切]　　塩見昇編著
② 図書館経営論 [品切]　　永田治樹編著
③ 図書館サービス論　　小田光宏編著　1,800円（税別）
④ 情報サービス概説※ [品切]　　小田光宏編著
⑤ レファレンスサービス演習※ [品切]　　大串夏身編著
⑥ 情報検索演習 [品切]　　大谷康晴編著
⑦ 図書館資料論 [品切]　　馬場俊明編著
⑧ 専門資料論　新訂版　　三浦逸雄・野末俊比古共編著　1,200円（税別）
⑨ 資料組織概説 [品切]　　柴田正美著
⑩ 資料組織演習 [品切]　　吉田憲一編著
⑪ 児童サービス論 [品切]　　堀川照代編著
⑫ 図書及び図書館史 [品切]　　小黒浩司編著
（別巻）図書館員のための 生涯学習概論※ [品切]　　朝比奈大作編著

B5判／並製
1,3,4,7,9,10巻は50ユニット，約260ページ
2,5,6,8,11,12巻と別巻は25ユニット，約150ページ